Le CLUB des GENTLEMEN

Gary M. Douglas
avec la contribution du Dr Dain Heer

The Gentlemen's Club
Copyright © 2014 Gary M. Douglas
ISBN: 978-1-63493-073-4

Tous droits réservés. Aucune partie de cette publication ne peut être reproduite, transmise, transcrite, stockée dans un système d'archivage sous quelque forme ou quelque moyen que ce soit - électronique, mécanique, photocopie ou enregistrement - sans l'autorisation préalable écrite de l'éditeur.

L'auteur et l'éditeur de ce livre ne prétendent et ne garantissent pas offrir de résultats physiques, mentaux, émotionnels, spirituels ou financiers. Tous les produits, services et informations sont fournis par l'auteur uniquement à des fins d'enseignement général et de divertissement. Les informations présentées dans ce livre ne visent pas à se substituer à un avis médical ou professionnel. Dans le cas où vous utiliseriez les informations contenues dans ce livre, l'auteur et l'éditeur déclinent toutes responsabilités relatives à vos actions.

Publié par
Access Consciousness Publishing, LLC
www.accessconsciousnesspublishing.com
Imprimé aux Etats-Unis

Il y avait trois hommes mariés dans la classe d'origine du Club des Gentlemen. Peu de temps après la fin des classes, j'ai reçu des appels de leurs femmes. Chacune d'entre elles m'a dit : « Merci infiniment d'avoir organisé ces classes. J'ai retrouvé l'homme dont j'étais tombée amoureuse. »

Chapitres

Préface.. 7

1. Franchir le pas vers quelque chose de différent................ 9

2. Créer le Sexe et les Relations à partir d'une
   Conscience de Ce Qui est... 53

3. Tu es le Produit de Qualité 85

4. Deviens le Roi des Possibilités 123

5. Le Sexe, la Copulation et les Relations Phénoménaux
   que Tu Pourrais Choisir 167

6. Qu'est-ce que Tu Désires Vraiment ? 209

7. Être Bon au Lit 235

8. Qu'est-ce qu'un Gentleman ? 263

9. Que veux-tu réellement dans une relation ?................ 311

10. La Présence Agressive de la Sexualness 349

11. Choisir l'Engagement 373

12. Décrypter les sous-entendus des femmes 401

La Formule de Déblayage d'Access Consciousness............ 429

Glossaire 433

Qu'est-ce qu'Access Consciousness ? 441

Index Des Titres et En-Têtes De Chapitres 443

Préface

Le Club des Gentlemen est basé sur une série de 12 téléclasses que j'ai facilitées avec un groupe d'hommes incroyables et courageux. Mon intention avec les classes du Club des Gentlemen, était de créer un environnement « réservé aux hommes », où les participants pouvaient parler librement du fait d'être un homme dans cette réalité. Il y a beaucoup d'énergie dans ces conversations. Les femmes lectrices vont peut-être tressaillir face au langage du « Club pour hommes », mais j'espère qu'elles vont ressortir de la lecture ce livre avec une reconnaissance plus profonde pour les hommes qui sont dans leur vie, et une plus grande compréhension de ce que représente la création d'une relation à partir d'une réalité complétement différente.

Dans les discussions qui suivent, il y aura sans doute des mots, concepts et outils que vous n'avez jamais rencontrés auparavant. Il y aura aussi des mots communs comme « être », « humain », ou « recevoir » que nous utiliserons de manière peu familière. Nous avons essayé de définir ceux-ci dans un glossaire à la fin de ce livre.

Vous trouverez aussi la formule de déblayage que nous utilisons dans Access Consciousness. C'est une façon raccourcie de s'exprimer afin de s'adresser aux énergies qui créent les limitations et les contractions dans votre vie.

Quand vous la lirez pour la première fois, il se peut qu'elle vous fasse un peu tourner la tête. C'est notre intention. Elle est conçue pour passer outre votre mental afin d'accéder à l'énergie de ces situations.

Avec la formule de déblayage, nous nous adressons à l'énergie des limitations et des barrières qui nous empêchent d'avancer et de nous développer dans tous les domaines où nous aimerions aller.

La formule de déblayage d'Access Consciousness est : "Right and Wrong, Good and Bad, POD and POC, All 9, Shorts, Boys and Beyonds"®. Il y a une brève explication de ce que ces mots signifient à la fin de ce livre.

Vous pouvez choisir d'utiliser la formule de déblayage ou pas ; je n'ai pas de point de vue à ce sujet, mais j'aimerais vous inviter à l'essayer et à voir ce qui se passe.

1
Franchir le pas vers quelque chose de différent

Voulez-vous fonctionner en essayant de changer les choses pour qu'elles paraissent différentes ? Ou voulez-vous faire quelque chose de différent qui fonctionnera pour vous ?

Gary :

Bienvenue au Club des Gentlemen. Commençons par une question.

VOUS FAIRE CONFIANCE EN TANT QU'HOMME / FAIRE CONFIANCE AUX AUTRES HOMMES

Participant :

J'ai commencé un groupe d'émancipation pour hommes, mais les inscriptions tardent à se concrétiser. Avez-vous des idées à me suggérer ?

Gary :

Ne l'appelle pas « groupe d'émancipation pour hommes ». Les hommes sont censés avoir tout le pouvoir. En vérité, ils sont complétement dépourvus de pouvoir mais ils ne le savent pas. Si tu l'appelles « émancipation », personne ne va venir parce qu'ils ne savent même pas qu'ils ont besoin ou qu'ils veulent avoir plus de pouvoir. Appelle-le : « Rendre votre vie plus facile avec les femmes ».

Dain :

Les hommes veulent que leur vie avec les femmes soit plus facile, ils veulent cela plus que d'être émancipés et plus que de vouloir être connectés avec les autres hommes. La plupart des choses que la plupart des hommes font, concernent avoir une femme ou coucher avec elle. Pour la plupart des hommes, l'idée de rencontrer les autres hommes est une situation de trop de puissance. Ça leur fait peur.

Il y a quelques années, nous avons fait une classe de Niveau 2 et 3 d'Access à Santa Barbara. Quelques-unes des femmes d'Access sont sorties cette nuit-là et elles ont vu deux hommes se bagarrer. Les femmes ont dit : « Tu sais quoi ? Il était évident que ce que voulaient réellement ces gars était de coucher ensemble, mais ils ne pouvaient pas avoir ça dans leur monde alors ils se sont bagarrés à la place. La bagarre, c'était leur façon de l'exprimer. »

Quand vous parlez aux hommes du fait de les rassembler en tant qu'hommes, cela fait apparaître tout ce qu'ils ne sont pas supposés être, tout ce qu'ils ne sont pas supposés faire et surtout tout ce qu'ils ne sont pas supposés être et faire ensemble.

Ce fut très intéressant d'écouter les réactions des femmes qui étaient présentes lors des téléclasses du Salon des Femmes. Après deux appels, elles disaient des choses comme :

« Je pensais qu'écouter un tas de femmes et n'avoir aucun homme avec lequel jouer ou flirter allait être complétement nul, mais maintenant j'ai le sentiment d'avoir toutes ces sœurs et c'est incroyable à quel point je peux accéder à une plus grande partie de moi, et combien je me sens plus connectée avec les femmes et avec moi-même. »

Je me suis rendu compte, en écoutant ces réactions, que nous les hommes, avons la même chose. Nous créons une séparation des uns envers les autres plutôt que de nous rassembler. Si nous pouvions changer ça, nous pourrions réellement changer le monde. Et nous aurions aussi de meilleures relations sexuelles, nous serions la puissance que nous sommes vraiment et nous nous amuserions beaucoup plus.

Gary :

J'ai un processus :

Quelle stupidité choisis-tu d'utiliser pour créer la séparation des hommes envers les femmes, des femmes envers les femmes et des hommes envers les hommes ? Tout ceci multiplié par un dieulliard, vas-tu le détruire et le décréer totalement ? Right and Wrong, Good and Bad, POD and POC, All Nine, Shorts, Boys and Beyonds.

Participant :
Dans ce processus, tu demandes : « Choisis-tu ? » J'ai tendance à dire : « Que tu choisis». Je me rends compte que tu ne dis pas ça. Peux-tu me dire pourquoi ?

Gary :
« Que tu choisis » justifie ta raison pour choisir. C'est un point de vue fixe. Ça veut dire : « Je choisis ceci par ce que _____.» Tu préférerais croire que tu choisis pour une raison, plutôt que de *simplement choisir*. J'essaie de t'amener à voir qu'il n'y a pas de raison pour laquelle tu choisis- tu choisis simplement. C'est pourquoi je pose la question : « Choisis-tu ? »

Participant :
Merci.

CRÉER UN PARTENARIAT AVEC LES HOMMES

Participant :
Peux-tu parler de la séparation que je crée envers les autres hommes ?

Gary :
LA chose que tu n'es pas supposé faire, c'est d'avoir une énergie sexuelle avec les autres hommes. C'est comme un gros « Non-Non ». Alors, tu fais tout ce que tu dois faire afin de ne pas avoir d'énergie sexuelle avec les autres hommes. Et pourtant, à peu près tout dans ce que l'on appelle énergie

sexuelle, est une question de recevoir. Sans énergie sexuelle, tu n'as aucun recevoir. Alors quand nous nous coupons de la réception de l'énergie sexuelle avec les autres hommes, nous nous coupons aussi de notre recevoir venant des femmes, venant des relations et venant du sexe. Nous nous coupons du recevoir avec l'argent, les affaires et tout le reste.

Si vous pouvez avoir les hommes avec les hommes, alors vous avez une situation où vous pouvez créer un partenariat qui peut créer de l'argent ou tu peux créer un partenariat qui créé de l'amusement ou bien toutes sortes de choses. Par exemple, Dain et moi passons la majorité de notre temps ensemble. Nous sommes prêts à être là en en tant qu'homme pour nos amis. J'encourage Dain à sortir et à coucher avec différentes femmes, je l'encourage à faire ce dont il a envie, mais il est mon ami et il a mon soutien. Si vous créez une séparation des hommes envers les autres hommes, vous ne pourrez jamais supposer qu'un homme vous soutienne.

Dain :

Vous supposez que les hommes vont vous poignarder dans le dos. Mais la plupart du temps, ça ne va pas être l'homme dans ta vie qui va te poignarder.

Participants :

(Rires)

Gary :

Les femmes ne vous poignardent pas. Elles vous coupent simplement les couilles !

Dain :

Quand les hommes adoptent l'idée que l'énergie sexuelle n'est pas censée être là entre eux, ils se coupent de l'enrichissement et de la bienveillance, de l'énergie expansive, génératrice, créatrice et guérissante qu'ils ont avec les autres hommes.

Gary :

L'énergie de « Je te soutiens, je suis là pour toi »

Dain :

Vous vous coupez aussi du fait d'avoir cette énergie pour vous-même et avec vous-même.

Gary :

Vous êtes un homme et vous devez vous séparer de vous. Dans ce cas-là, vous ne pouvez pas vous soutenir vous-même. Et c'est pourquoi autant d'hommes renoncent à eux-mêmes, surtout pour les femmes.

Dain :

Tant d'entre vous pensez : « Alors, peut-être que je peux trouver la femme qui va enfin me compléter, qui va remplir ce vide que je ne remplis pas pour moi-même. » En vous séparant de vous-même, vous faites partie de la séparation des hommes envers les autres hommes.

Nous avons tendance à regarder cela comme si les hommes desquels nous nous séparons sont en dehors de nous, mais vous devez vous séparer de vous-même afin de rendre la séparation envers les autres hommes réelle.

Gary :

La question que j'ai est : « Est-ce que vous vous faites confiance en tant qu'homme ? »

Dain :

Et la réponse est : « Putain non ! »

Participant :

La réponse est « non. »

Gary :

Si tu ne peux pas avoir ton propre soutien, où trouver quelqu'un qui va te soutenir ? Tu ne peux pas laisser un homme te soutenir, alors qui peut te soutenir ?

Dain :

Tu penses que si un homme te soutient, tu ne sauras pas ce qu'il pourrait faire quand il est dans le monde ; tu ne le laisses pas te soutenir parce qu'il pourrait te foutre un coup dans les couilles.

Gary :

C'est de la folie.

Dain :

C'est de la folie furieuse. Quand tu te permets ces rares moments de proximité avec un homme, sans avoir de point de vue à ce propos, ça ouvre ton monde de manière tellement dynamique.

Gary :

C'est un cadeau incroyable et une possibilité incroyable.

Dain :

Quelle stupidité choisis-tu d'utiliser pour créer la séparation des hommes envers les femmes, des femmes envers les femmes et des hommes envers les hommes ? Tout ceci multiplié par un dieulliard, vas-tu le détruire et le décréer totalement ? Right and Wrong, Good and Bad, POD and POC, All Nine, Shorts, Boys and Beyonds.

Gary :

Quelle stupidité choisis-tu d'utiliser pour créer la séparation des hommes envers les femmes, des femmes envers les femmes et des hommes envers les hommes ? Tout ceci multiplié par un dieulliard, vas-tu le détruire et le décréer totalement ? Right and Wrong, Good and Bad, POD and POC, All Nine, Shorts, Boys and Beyonds.

Hé Dain, sais-tu comment ils séparent les hommes des garçons en Grèce ?

Dain :

Avec un pied de biche !

Gary :

J'ai pensé qu'on pourrait entremêler une blague salace pour vous garder alertes. OK, activons ça encore une fois.

Quelle stupidité choisis-tu d'utiliser pour créer la séparation des hommes envers les femmes, des femmes envers les femmes et des hommes envers les hommes ? Tout ceci multiplié par un dieulliard, vas-tu le détruire et le décréer totalement ? Right and Wrong, Good and Bad, POD and POC, All Nine, Shorts, Boys and Beyonds.

Un instant. Nous devons ajouter « des hommes envers

les garçons » à ce processus. Une énergie bizarre est apparue après qu'on ait raconté cette histoire et je me suis rendu compte qu'on essaie de créer une séparation des hommes envers les garçons. Les hommes sont les mentors des garçons, sans jamais les soutenir.

Dain :

Nous grandissons avec l'idée que nous sommes seuls. Nous croyons non seulement que nous sommes mauvais et avons tort, mais en plus que nous ne méritons même pas que quelqu'un nous soutienne.

Gary :

Nous ne pensons même pas que nous méritons d'avoir notre propre soutien, c'est pourquoi je pense que les hommes n'ont pas confiance en eux.

Dain :

Quelle stupidité choisis-tu d'utiliser pour créer la séparation des hommes envers les femmes, des femmes envers les femmes, des hommes envers les hommes et des hommes envers les garçons ? Tout ceci multiplié par un dieulliard, vas-tu le détruire et le décréer totalement ? Right and Wrong, Good and Bad, POD and POC, All Nine, Shorts, Boys and Beyonds.

SE COUPER DE SON SENS DE LA BEAUTÉ

Gary :

Vous savez, on pourrait aussi ajouter « des hommes envers les filles » à ce processus. J'ai remarqué que si un adulte de sexe masculin voit une jeune fille et qu'il a un soupçon d'énergie sexuelle, il doit se juger comme étant un genre de pervers ou une personne terrible ou quelqu'un qui veut avoir des relations sexuelles avec les enfants, quand rien de tout ça n'est particulièrement vrai.

Si je vois un beau cheval, pour moi c'est un cheval. Je vois un beau cheval et ça me fait bander ! Voir le beau cheval bouger est tout ce qui m'importe. Je ne dois rien faire avec ça. Je ne dois pas en devenir propriétaire. Je ne dois pas avoir une situation où je peux le contrôler. Je reconnais simplement que le cheval est beau.

Les hommes se coupent de leur sens de la beauté parce qu'ils ont peur que ce soit une énergie sexuelle et que ça « veuille dire » quelque chose.

Dain :

Quand vous en tant qu'homme « hétéro », avez ce sens de la beauté, vous pensez que ça signifie que vous êtes quelque part homosexuels ou trop doux.

Gary :

Ça s'appelle « métro sexuel. »

Dain :

Précisément. Métro sexuel c'est quand vous pouvez avoir tous les bons trucs des hommes gays et tous les bons trucs des hommes hétéros combinés : métro sexuel.

Gary :

Oui.

Participants :

(Rires)

Dain :

Qu'est-ce que c'était ?

Gary :

Quelqu'un a rigolé parce que nous sommes marrants.

Dain :

Oh, je n'ai pas entendu ce son là depuis un moment. C'est pour ça que je ne savais pas ce que c'était.

Participants :

(Rires)

Gary :

Tu as trop parlé avec les femmes !

Dain :

Quelle stupidité choisis-tu d'utiliser pour créer la séparation des hommes envers les femmes, des femmes envers les femmes, des hommes envers les hommes, des hommes envers les garçons et des hommes envers les filles ? Tout ceci multiplié par un dieulliard, vas-tu le détruire et

le décréer totalement ? Right and Wrong, Good and Bad, POD and POC, All Nine, Shorts, Boys and Beyonds.

Gary :

Nom de Dieu. Le niveau de charge sur ça est simplement incroyable !

" NOUS NOUS SOUTENONS LES UNS LES AUTRES "

Dain :

J'ai dîné avec notre ami Ricky l'autre soir. C'était la première fois que lui et moi avions du temps en tête-à-tête. Je lui parlais de l'amitié que je partage avec Gary. J'ai dit : « Nous nous soutenons l'un et l'autre, mais ça n'était pas évident dès le premier jour. Notre amitié s'est développée au fil du temps. Nous avons créé un niveau de confiance en étant nous-mêmes, en choisissant ce qui soutiendrait l'autre et en ayant le soutien de l'autre. »

J'ai dit : « Quand j'ai appris à connaître Gary, j'ai partagé toutes sortes d'informations avec lui qu'il aurait pu utiliser contre moi et me trahir, mais il ne l'a pas pris de cette façon-là. Et il a partagé toutes sortes de choses que j'aurais pu utiliser contre lui aussi, mais je ne l'ai pas fait. C'était « comment peut-on contribuer l'un à l'autre et se soutenir mutuellement ? » Nous avions passé du temps ensemble, à avoir une amitié incroyable pendant un an, quand un jour il est venu me voir et m'a dit : « Notre amitié est terminée. »

Je lui ai demandé : « Mais de quoi tu parles ? »

Gary a dit : « Tu n'as pas arrêté de me juger. Tu m'as jugé

vraiment très durement. Le reste du monde peut me juger. C'est OK, mais je ne donne pas la permission à mes amis de me juger, alors notre amitié et terminée. Tu peux continuer à travailler pour Access Consciousness, mais notre amitié est terminée à partir de maintenant. Je ne veux plus être ton ami. Ça ne fonctionne pas pour moi. »

C'était du genre «Waouh ! » Quand il m'a dit : « Tu me juges », dans mon esprit je me suis littéralement dit : « Ben oui, bien sûr ! N'est-ce pas ce que font les amis ? » C'était mon point de vue.

Gary :

C'est ce que font les amants, pas les amis.

Dain :

Il est parti et j'ai senti un vide dans ma vie et dans mon monde. Je me suis dit : « Attends un peu. Il n'y a pas eu un seul instant où Gary ne m'a pas soutenu et moi je le juge ? C'est tordu. Même s'il s'en va, j'ai besoin de changer ça pour moi-même. »

Je l'ai appelé et lui ai dit : « Gary, tu as absolument raison et je suis vraiment désolé. Je veux changer la situation mais je ne sais pas comment. Je ne sais pas quoi faire avec tout ça, alors je te demande ton aide. Je peux payer pour une séance si nécessaire, mais est-ce que tu pourrais s'il te plaît m'aider à traverser cela ? »

Gary a dit : « OK, je te donnerai une heure et on verra où on va à partir de là.» J'ai mis 45 minutes à me rendre compte que je *choisissais* de le juger. C'était comme si j'avais dû traverser un mur de briques pour pouvoir réaliser que j'avais choisi de faire ça, parce que ça semblait tellement automatique.

Quand j'ai enfin compris ça, tout a complétement changé dans mon univers et ma réalité entière. Je me suis rendu compte que mon jugement était que s'il prenait soin de moi autant qu'il le faisait, c'était parce qu'il était intéressé à avoir une relation sexuelle avec moi. Il était homosexuel et voulait simplement une relation sexuelle. Il voulait juste coucher avec moi. C'était la chose sous-jacente, qui tenait en place les montagnes de jugements que j'avais érigées contre mon ami.

Est-il possible que tu ne te permettes pas d'avoir une amitié avec un homme, parce que quelque part dans ton univers, tu as conclu et jugé que seulement un homme qui voudrait avoir une relation sexuelle avec toi serait gentil et attentionné et s'occuperait de toi ? Tout ce que ça fait apparaître multiplié par un dieulliard, vas-tu le détruire et le décréer totalement ? Right and Wrong, Good and Bad, POD and POC, All Nine, Shorts, Boys and Beyonds.

Gary :

Je travaillais avec quelqu'un l'autre jour. J'avais toujours eu cette sensation qu'il avait été maltraité, mais il ne l'exprimait jamais. Dans la séance, je lui ai posé une question et il est apparu qu'un coach de football l'avait maltraité.

Je lui ai demandé : « Qu'est-ce que tu veux dire ? Qu'a fait le coach ? »

Il a dit : « Eh bien, il avait l'habitude de me frictionner les épaules. Il disait qu'il essayait d'enlever les nœuds. »

Je lui ai demandé : « Est-ce que ton coach avait de l'énergie sexuelle quand il faisait ça ? »

Il a dit : « Oui ! »

J'ai demandé : « Est-ce qu'il avait de l'énergie sexuelle envers toi ? »

Il a dit : « Bien sûr. »

Ce gars n'a pas eu d'expérience sexuelle avec son coach. Le coach essayait de l'aider. Il avait un sentiment d'affection et de bienveillance pour le gosse et le gamin l'a interprété comme un désir sexuel, alors il a supprimé sa conscience d'un homme dont émanait ce genre d'énergie. Il a conclu que c'était une question de sexe et, par conséquent, il s'est senti offensé.

Dans chaque situation où tu t'es senti offensé quand en fait un homme te voyait comme un gamin vraiment mignon, ou comme quelqu'un qui était tellement adorable qu'il ne pouvait presque pas le supporter, ou qu'il ne ressentait pas le besoin de se couper de son énergie sexuelle en ta présence et tu l'as rejeté et t'es rejeté toi-même et tu as considéré la situation comme négative et ça a créé une sorte de séparation de toi envers toi, de toi envers lui, de toi envers les hommes, de toi envers les hommes et les garçons, vas-tu détruire et décréer tout ça ? Right and Wrong, Good and Bad, POD and POC, All Nine, Shorts, Boys and Beyonds.

Apparemment, certains d'entre vous ont eu des expériences similaires. Est-ce qu'il y en a parmi vous qui ont eu une expérience identique, où quelqu'un qui était un « mâle » a en fait été perçu comme sexuel envers vous, et vous avez eu le sentiment d'être maltraité ou qu'il voulait quelque chose de vous que vous ne pouviez ou vous ne vouliez pas donner ?

Tout ce que ça fait apparaître multiplié par un dieulliard, vas-tu le détruire et le décréer totalement ? Right and

Wrong, Good and Bad, POD and POC, All Nine, Shorts, Boys and Beyonds.

LA GENTILLESSE QU'ONT LES HOMMES

Participant :

En grandissant, je ne pouvais pas trouver la gentillesse qu'ont les hommes. Quand je vous ai rencontrés, toi et Dain et beaucoup d'autres gars d'Access Consciousness, je me suis dit :

« Oh ! C'est ça. C'est ce que je recherchais ! » Je ne me laissais pas le voir quand j'étais plus jeune.

Gary :

Qu'est-ce qui s'est passé que tu ne voulais pas savoir quand tu étais plus jeune, qui a créé une situation où tu devais te séparer de toi et des autres hommes, pour avoir le sentiment que tu pouvais trouver la gentillesse qui devait exister, comme tu le savais ?

Participant :

J'ai vu comment les hommes autour de moi agissaient. J'ai vu ce que mon grand-père faisait avec mes sœurs et ce que mon père faisait avec ma mère et j'ai décidé : « Si c'est ça être un homme, je ne veux pas en être un. »

Gary :

Tout ce que tu as décidé que tu ne voulais pas être, parce que tu ne voyais pas de gentillesse là-dedans et parce que ce que tu voyais était de la douleur, de la souffrance, des blessures, du tort et de la méchanceté, vas-tu détruire et décréer tout ça et te revendiquer toi ? Right and Wrong, Good and Bad, POD and POC, All Nine, Shorts, Boys and Beyonds.

Dain :

Un autre aspect de tout ça est apparu pendant que tu parlais. A quel point étais-tu conscient du dégoût et de la haine des hommes de ta mère, du dégoût et de la haine des hommes de ta sœur et du dégoût et de la haine des hommes de ta grand-mère ?

Gary :

En fait, ça ne serait même pas de la haine. Ce serait un manque de confiance total, une méfiance.

Dain :

OK, cool. Un manque total de confiance, ce qui est exactement ce que nous avons pour nous-mêmes en permanence.

Gary :

Oui, c'est ce qu'on finit par faire. Tu ne peux pas t'attendre à ce que les femmes fassent confiance aux hommes. Tu ne vois aucun signe de confiance des femmes envers les hommes, tu ne vois aucun signe de confiance des hommes envers les hommes, par conséquent tu ne peux pas te faire confiance, parce que tu es un homme.

Dain :

La chose qui est tellement tordue sur ce point, c'est que tu rassembles ces informations de l'univers des femmes et tu ne t'en rends jamais compte. C'est là, sous tout le reste, et ça te ronge tout le temps. Ça ne provient pas d'un homme et ça ne provient pas de toi. C'était quelque chose que tu étais censé garder comme point de vue. Tu n'étais pas censé être comme les hommes dont les femmes se méfiaient. Est-ce que tu comprends ?

Participant :
Oui.

Gary :
Les femmes ne se font pas confiance non plus. Elles sont rarement douées pour la haine, mais elles sont très douées pour la méfiance, et elles vont faire des choses haineuses et méchantes au nom de l'émancipation et sous prétexte de gagner du pouvoir, parce qu'elles se sentent impuissantes face à leur manque total de s'honorer et leur manque total de confiance.

Tout ce que ça a fait apparaître ou disparaître, vas-tu le détruire et le décréer totalement ? Right and Wrong, Good and Bad, POD and POC, All Nine, Shorts, Boys and Beyonds.

Dain:
Il y a beaucoup de choses liées à ne pas se faire confiance en tant qu'homme et de ne pas faire confiance aux autres hommes non plus. Tu comprends le manque de confiance projeté par les mères, les sœurs, les tantes et toutes les figures féminines parce qu'elles ne voient que ce qu'elles sont parvenues à définir comme vrai : elles ne peuvent pas faire confiance aux hommes. La réalité est qu'elles ne se font pas

confiance et elles ne font pas confiance aux hommes. Tu ne te fais pas confiance et tu ne fais pas confiance aux hommes non plus, alors combien de bienveillance peux-tu vraiment avoir pour toi ?

Aucune. Et le peu d'attention et de bienveillance qu'il pourrait y avoir, est érodé par la méfiance et donc tu ne peux pas avoir de bienveillance envers toi-même. Tu ne peux pas te soutenir toi-même. Tu dois te séparer de toi en permanence. Et tu ne vois aucun autre homme avec de la bienveillance.

Quand tu grandis et que tu aimerais vraiment avoir des relations sexuelles, tu vois que les gars qui attirent les femmes sont des salauds et tu te dis : « Attends un peu. Je ne comprends plus rien. » Tu n'as aucun moyen de percevoir l'énergie de la bienveillance et de la puissance que tu es. Tu n'as même pas idée que c'est une bonne chose de te tourner vers ce qui est vrai pour toi.

Gary :

Il y a tellement de femmes qui se méfient d'elles-mêmes et de leur choix d'homme. Tout ce qu'elles peuvent faire, c'est choisir un homme qui est aussi méfiant qu'elles. Certains d'entre vous ont choisi des partenaires qui ont ce genre de méfiance, parce que ça correspond à votre propre vibration et votre propre entraînement envers le manque de confiance que vous ressentez envers vous-mêmes.

Dain :

Tu choisis des femmes qui te voient d'une certaine façon et tu penses que tu es comme elles te voient. Tu penses que tu n'es pas digne de confiance et tu adoptes le mensonge que c'est ce que tu es. Mais tu ne l'es pas. Aucun d'entre vous n'est comme ça.

Quelle stupidité choisis-tu d'utiliser pour créer la séparation des hommes envers les femmes, des femmes envers les femmes, des hommes envers les hommes, des hommes envers les garçons et des hommes envers les filles ? Tout ceci multiplié par un dieulliard, vas-tu le détruire et le décréer totalement ? Right and Wrong, Good and Bad, POD and POC, All Nine, Shorts, Boys and Beyonds.

CRÉER UNE SÉPARATION

Participant :

Je ne ressens pas que j'ai un problème à recevoir de l'énergie sexuelle d'un homme, mais je ressens que je crée de manière générale une séparation. Je crée la séparation comme si j'avais un problème avec l'énergie sexuelle d'un homme.

Gary :

Est-ce que tu reçois vraiment l'énergie d'un homme ? Ou est-ce que tu reçois le point de vue, te concernant, que tu es ouvert d'esprit ?

Participant :

Oui, ça.

Gary :

Tout ce que tu as fait pour créer un point de vue ouvert qui t'élimine toi, vas-tu le détruire et le décréer totalement ?

Right and Wrong, Good and Bad, POD and POC, All Nine, Shorts, Boys and Beyonds.

Participant :

Est-ce que ça créé une séparation ?

Gary :

Ta raison et ta justification pour créer une séparation est : « Oui, mais je suis ouvert d'esprit. » Beaucoup de gens disent : « Oui, mais je suis ouvert d'esprit. »

« Mais je suis ouvert d'esprit » est le mensonge que tu te racontes pour pouvoir continuer à fonctionner dans la séparation que tu as créée. Tu adoptes l'idée que l'ouverture d'esprit est ce qui est requis pour pouvoir dépasser la séparation, plutôt qu'une prise de conscience de ce qui pourrait être véritablement différent.

Participant :

Oui. Waouh.

Gary :

A quel point as-tu utilisé ton ouverture d'esprit comme justification pour créer la séparation alors que tu prétends ne pas le faire ? Beaucoup ? Un peu ? Ou des mégatonnes ? Tout ceci multiplié par un dieulliard, vas-tu le détruire et le décréer totalement ? Right and Wrong, Good and Bad, POD and POC, All Nine, Shorts, Boys and Beyonds.

Dain :

Quelle stupidité choisis-tu d'utiliser pour créer la séparation des hommes envers les femmes, des femmes envers les femmes, des hommes envers les hommes, des hommes envers les garçons et des hommes envers les filles ? Tout ceci multiplié par un dieulliard, vas-tu le détruire et le décréer totalement ? Right and Wrong, Good and Bad, POD and POC, All Nine, Shorts, Boys and Beyonds.

Participant :
J'aimerais changer cela. J'aimerais créer autre chose, être autre chose et faire autre chose - et je suis totalement perdu quant à comment le faire.

Gary :
Eh bien, tu n'as pas eu un exemple de comment être présent comme toi-même et t'apprécier, n'est-ce pas ?

Participant :
Non.

Gary :
As-tu pensé que te juger, c'était t'apprécier ?

Participant :
Oui, il se peut que ce soit la seule façon que j'ai de m'apprécier.

Gary :
La seule façon de t'apprécier est de juger que tu n'as pas tort, afin que tu puisses apprécier à quel point tu as raison. Ça ne donne pas plus d'espace à ton univers d'une façon ou d'une autre, donc il y a quelque chose qui cloche avec ce point de vue.

Dain :

Quelle stupidité choisis-tu d'utiliser pour créer la séparation des hommes envers les femmes, des femmes envers les femmes, des hommes envers les hommes, des hommes envers les garçons et des hommes envers les filles ? Tout ceci multiplié par un dieulliard, vas-tu le détruire et le décréer totalement ? Right and Wrong, Good and Bad, POD and POC, All Nine, Shorts, Boys and Beyonds.

ÉNERGIE SEXUELLE ET RECEVOIR

Gary :

Ajoutons-en un autre à cela : « et de toi envers toi. »

Qu'est-ce qui crée le sens de sexualness ? C'est le sens du recevoir. Si tu as un homme comme Dain qui peut te recevoir totalement et qui ne porte aucun jugement sur toi, tu es reçu. C'est la même énergie sexuelle que tu aimerais recevoir d'une femme, mais je serais prêt à parier que tu rejettes l'énergie sexuelle de Dain de la même façon que tu rejettes l'énergie sexuelle des femmes. Ça concerne comment tu n'es pas prêt à recevoir tout ce que tu es capable de recevoir pour, vers, avec et par toi.

Tout ce que ça fait apparaître et tout ceci multiplié par un dieulliard, vas-tu le détruire et le décréer totalement ? Right and Wrong, Good and Bad, POD and POC, All Nine, Shorts, Boys and Beyonds.

Est-ce que tu as une idée de ce que je viens de dire ?

Participant :

Je suis un peu perdu là.

Gary :

C'est ça le problème. Est-ce que tu te rends compte à quel point tu as été désorienté sur le sujet des relations avec les hommes ?

Participant :

Oui, et avec les femmes.

Gary :

Oui. Tu te perds avec les femmes, mais ça fonctionne de se perdre avec une femme parce qu'elle t'excite quand même, sexuellement parlant.

Participant :

Oui, absolument.

Gary :

Mais si tu es désorienté avec un homme, c'est parce que cet homme est X, Y, ou Z, ce qui n'est rien d'autre qu'un jugement.

Participant :

Oui, je peux sentir que je garde une distance confortable, donc j'imagine que je me coupe du recevoir. Je ne sais pas pourquoi, mais c'est ce que je fais.

Gary :

Tu te coupes de tout ce qui ne correspond pas au schéma défini de la volonté à recevoir.

Participant :

Je pourrais facilement dire que je n'ai jamais eu, dans

ma vie, de modèle qui ait fait autre chose, alors je peux revendiquer : « Oh, je ne savais pas, bla-bla-bla » mais je ne veux pas que ce soit comme ça. Je veux choisir quelque chose d'autre. Je me sens juste perdu.

Gary :

C'est la raison pour laquelle nous faisons ces classes. C'est la raison pour laquelle nous utilisons ce processus. Faisons-le à nouveau, Dr Dain.

Dain :

Quelle stupidité choisis-tu d'utiliser pour créer la séparation des hommes envers les femmes, des femmes envers les femmes, des hommes envers les hommes, des hommes envers les garçons, des hommes envers les filles et de toi envers toi ? Tout ceci multiplié par un dieulliard, vas-tu le détruire et le décréer totalement ? Right and Wrong, Good and Bad, POD and POC, All Nine, Shorts, Boys and Beyonds.

CHOISIR QUELQUE CHOSE DE DIFFÉRENT

Participant :

Quand je me vois créer cette séparation, est-il approprié de me demander quoi faire, comment être et comment créer quelque chose de différent ? Quand je me retrouve dans l'énergie de séparation, je prends du recul et je contracte mon énergie. Je me rétracte en fait.

Gary :

Tu dois te demander : « Pour quelle raison un être infini choisirait ceci ? » Tu dois comprendre que tu choisis de te rétracter. C'est toujours un choix et pour changer ça, tu dois te demander : « OK, je choisis ceci et pour quelle raison je choisirais ça ? » Puis : « Je vais choisir quelque chose de différent, peu importe à quoi ça ressemble. »

Participant :

J'ai essayé de faire quelque chose de différent, mais je n'obtiens pas de changement et je me sens alors encore plus stupide…

Gary :

A quoi est-ce que ça ressemblerait si tu étais disposé à reconnaître que faire quelque chose de différent te demande seulement de considérer ce que tu choisirais ? Tu n'as même pas besoin de le choisir.

Participant :

Considérer ce que tu choisirais et ne pas le choisir ?

Gary :

Oui. Disons que tu es fâché contre ta copine et tu te dis : « Tu sais quoi ? Je veux faire quelque chose de différent. Qu'est-ce qui serait différent plutôt que de se fâcher ? »

Tu pourrais te dire : « Voyons, se venger serait un choix, lui hurler dessus serait un choix, l'aimer serait un choix » et en faisant cela, tu commencerais à voir que tu as de multiples choix, pas juste un.

Participant :
   Oui.

Gary :
   Tu cherches ce qui va résoudre le problème que tu as défini comme le fait que tu te rétractes. C'est trop compliqué. Tu te rétractes, c'est tout. C'est la somme totale de tout ça. Ce n'est rien d'autre. Alors tu te dis : « J'aimerais faire autre chose. À quoi ça ressemblerait de ne pas me rétracter ? Waouh, ça serait de rester là, être là et faire ce qui est requis à cet instant. »

Participant :
   Oui.

Gary :
   Tu vois de quoi je parle ?

Participant :
   Oui, ça aide beaucoup.

Gary :
   Cool. Choisir de ne pas se rétracter ouvre les portes à d'autres choix. Demande-toi : "Quel autre choix ai-je ici ? Si je ne choisis par ceci, quels autres choix s'offrent à moi ?" Si tu commences à fonctionner à partir d'autres choix que tu as, d'autres possibilités peuvent se présenter.

Participant :
   Oui, absolument.

Gary :

Tout le monde essaie en permanence de m'amener à leur montrer comment créer une solution et je continue de dire : « Tout ce que tu as à faire, c'est choisir ».

Ils disent : « Oui, mais je ne peux pas. »

Pourquoi pas ? Parce que tu continues de regarder ce qui cloche ou comment tu dois régler ce qui ne va pas afin de choisir quelque chose de différent. Non. Reconnais simplement que ça ne fonctionne pas et puis demande-toi : « Que puis-je faire qui soit différent ? »

Participant :

Je comprends. Je vois que je demandais une sorte de solution. Ça m'aide énormément.

Gary :

Si je ne choisis pas ceci, quels autres choix ai-je disponibles ?

Participant :

Oui, c'est génial.

Gary :

C'est comme ça que tu arrêtes de faire tout le temps la même chose, en pensant que tu vas obtenir un résultat différent.

CHANGEMENT CONTRE DIFFÉRENT

Participant :

J'étais totalement perdu là et je n'avais aucune idée de comment changer ça.

Gary :
« Je n'avais aucune idée de comment changer ça », c'est une des choses où tu as été formé et entraîné. C'est un point de vue de femme. « Je dois avoir un problème. Maintenant je dois le changer » et pas : « Je dois faire autre chose. »

Participant :
C'est exactement ce que je faisais.

Gary :
La question n'est pas : « Comment puis-je changer ceci ? » Ou « Que puis-je faire qui soit différent afin de changer ceci ? » 'est demander ce *changement* dont il est question. C'est : « Que puis-je faire de différent maintenant ? »

Tu dois être prêt à faire et être *différent*, pas *différemment*. Faire quelque chose *différemment* c'est encore essayer de le changer. Tu dois être prêt à être et à faire tout ce qui est nécessaire pour être suffisamment différent, afin d'obtenir ce que tu recherches.

Participant :
Merci beaucoup.

Participant :
Je ne comprends pas la différence entre *changement* et *différent*.

Gary :
Change ta position sur la chaise, maintenant.

Participant :
OK.

Gary :

Maintenant, fais autre chose. Est-ce que tu vas rester sur la chaise ou est-ce que tu vas faire quelque chose de différent ?

Participant :

Oh, je comprends !

Gary :

Le *changement*, c'est rester avec ce que tu as et ajouter ou soustraire quelque chose à cela ou bien le modifier d'une façon différente – mais c'est rester là où tu es.

Participant :

Ça n'est vraiment pas faire quelque chose de différent alors, n'est-ce pas ? Tu as simplement toujours le même vieux truc.

Gary :

Exactement. C'est la raison pour laquelle, quand tu changes quelque chose, que tu perds le sens du choix. Mais si tu fais autre chose, tu as plus de choix. Les femmes disent souvent aux hommes avec lesquels elles sont en relation : « Nous devons changer ceci. » Ce que ça signifie n'est pas : « Tu as besoin de faire quelque chose de différent » mais : « Tu as besoin de t'adapter à ce que je voudrais que tu sois. »

Participant :

C'est ce que j'ai fait dans ma relation. Je lui ai demandé de changer plutôt que de demander que la relation soit différente. Et ça ne change pas et ça n'est pas différent.

Gary :

Eh bien, ça *change*, par contre ça ne fonctionne pas forcément mieux.

Participant :

Oui.

Gary :

Si tu essaies de changer la relation, tu essaies de t'asseoir sur la chaise en regardant dans une direction différente. Tu n'essaies pas de faire quelque chose de différent qui te permet de choisir autre chose. Est-ce que ça aide ?

Participant :

Oui, ça aide énormément. Je parlais à un ami hier du fait que les femmes sont plus compliquées que les hommes. Je semble avoir adopté le point de vue venant des femmes, que je dois changer les choses et je ressens cela comme vraiment compliqué.

Gary :

Oui, c'est ce que chaque homme apprend des femmes qui l'entourent. Le point de vue d'une femme sera toujours : « Qu'est-ce que *tu* as besoin de changer ? Comment puis-je *te* changer ? » C'est compliqué, parce que tu ne peux pas voir ce qu'elles veulent que tu changes - et elles ne vont pas te le dire.

Participant :

Oui.

Gary :

Quand tu es prêt à *changer* la relation, tu n'es pas prêt à quitter la relation.

Différent veut dire : « OK, alors qu'est-ce que j'aimerais faire de différent maintenant ? » *Différent* peut signifier quitter la relation. Tu as plus de choix.

Participant :

Merci.

Dain :

Tu as assimilé ceci depuis le moment où tu as eu une mère. *Différent* ouvre toutes sortes de possibilités, parce que tu n'es plus lié à ce qui faisait partie intégrante de ce qui doit se passer dans le futur, ce qui est l'essence même du *changement*.

Tu dois fonctionner à partir de : "Qu'est-ce que je peux être ou faire de différent aujourd'hui pour que ceci devienne comme je le souhaite." Si tu changes simplement les choses, tu essaies de *changer la façon dont elles apparaissent* et pas *de faire autre chose qui crée un résultat différent*. Tu comprends ça ?

Participant :

Oui, j'ai pigé !

Gary :

Quelle stupidité choisis-tu d'utiliser pour créer le besoin de changement comme plus réel que la possibilité de différence ? Tout ceci multiplié par un dieulliard, vas-tu le détruire et le décréer totalement ? Right and Wrong, Good and Bad, POD and POC, All Nine, Shorts, Boys and Beyonds.

Quand tu as un besoin de changement, tu opères à partir d'une conclusion. Tu ne demandes pas : « Quelles autres possibilités sont disponibles ici ? » C'est la différence entre choisir d'être un homme et essayer de fonctionner comme une femme.

Une femme va porter une robe et elle va utiliser différents accessoires pour changer son apparence. La plupart des femmes ont appris à changer d'apparence et pas à faire quelque chose de différent. Est-ce que ça signifie quelque chose ? Non. C'est juste la façon dont elles fonctionnent. Tu dois être disposé à regarder comment elles fonctionnent et à voir comment tu veux fonctionner. Est-ce que tu veux fonctionner en essayant de changer les choses pour qu'elles semblent différentes ? Ou est-ce que tu veux faire quelque chose de différent qui va fonctionner pour toi ?

QUE PUIS-JE FAIRE DE DIFFÉRENT ?

Participant :

Je suis sûr que vous les gars avez parlé de ça avant, mais je ne l'ai jamais entendu. J'ai regardé toutes les choses qui n'ont pas fonctionné pour moi récemment et toutes les façons par lesquelles j'ai essayé de les changer sans demander : "Qu'est-ce que je peux faire de différent ici ?" C'est toujours : "Comment est-ce que je peux rendre ça un peu mieux ?" ou "Comment est-ce que je peux faire fonctionner ceci un peu mieux ?" Plutôt que : "Que puis-je faire de différent ?"

Gary :

Quand tu t'embarques dans une relation, tu as tendance à

faire du *changement*, pas du *différent*, parce que la base sous-jacente à partir de laquelle tu crées est "j'ai cette relation."

Dain :

La relation devient le point central autour duquel tout évolue. C'est comme prendre une ficelle et clouer un bout dans le sol et te dire que tu ne peux pas aller plus loin que va la ficelle. C'est une des raisons pour lesquelles beaucoup de gars commencent à fatiguer une fois qu'ils ont une relation. Tu rentres chez toi pour voir ta copine ou ton partenaire et tu te dis : « Je veux juste m'asseoir et boire une bière » ou « Je veux simplement regarder la télévision » ou « Je veux juste aller fumer » ou « Je veux juste faire quelque chose ». Tu es dans le changement ; tu n'es pas perpétuellement à être *différent* ; et il n'y a pas assez de vibration dans le changement. Ça n'est pas "vivre" assez. Ça n'est pas assez de différence pour vous.

Gary :

Si tu commençais à fonctionner à partir de *différent*, tu créerais la vitalité qui a créé ta relation en premier lieu.

Dain :

Et la femme te prierait pour en avoir plus ! Elle te respecterait, elle te désirerait, tu l'émoustillerais en permanence. Mais tu essaies de jouer leur jeu, façon de parler. Tu vas dans le changement, ce qui leur donne envie de ne pas te respecter. Elles pensent qu'elles peuvent te piétiner, qu'elles peuvent te posséder, qu'elles peuvent te contrôler et elles croient que tu ne vaux rien.

Gary :

Ce qui n'est pas ce qu'elles veulent vraiment avoir.

Dain :

Exactement. Et malheureusement qui est celui qui impose ça ?

Gary :

C'est toi.

Dain :

On a vu des hommes qui semblent être les pires salauds de la planète et les femmes se bousculent pour les avoir. La chose qui te rendra plus attirant que ces salauds méchants et sans bienveillance, est ta volonté à créer quelque chose de différent.

Gary :

La partie importante de ceci est de créer. Quand tu essaies de changer, tu n'essaies pas de créer. Tu essaies de prendre ce qui a été mis en place et l'altérer suffisamment pour que ce ne soit plus aussi inconfortable. Est-ce que ça te suffit ?

Dain :

Tu penses que tu dois vivre à partir du *changement* plutôt que de la *différence*. Cette idée sous-tend tout avec tellement d'intensité.

Gary :

On a été entraîné à ça.

Dain :

Quand tu commences à considérer choisir quelque chose de différent, ta structure cellulaire commence à vibrer. Tu penses que tu es effrayé par *différent*, tu penses que tu n'aimes pas *différent*, tu penses que tu veux simplement être capable de changer suffisamment pour rendre les choses meilleures, mais c'est ce qui te tue. Tu dois sortir de ce mode de fonctionnement et la façon de le faire, c'est de demander : "Que puis-je être ou faire de différent ici, qui permettrait à une possibilité complétement différente d'apparaître maintenant ?"

Tout ce qui ne permet pas cela, multiplié par un dieulliard, vas-tu le détruire et le décréer totalement s'il te plaît ? Right and Wrong, Good and Bad, POD and POC, All Nine, Shorts, Boys and Beyonds.

Quelle stupidité choisis-tu d'utiliser pour créer le besoin de changement comme étant plus réel et plus nécessaire que la possibilité de différence ?

Gary :

Les femmes diront : « Il est nécessaire que tu changes. » Et quand quelque chose devient une nécessité, tu dois résister.

Et si tu choisissais de faire quelque chose de différent avec les hommes dans ta vie ? Est-ce que cela veut dire que tu devrais avoir des relations sexuelles avec eux ? Non, parce qu'en ce moment, tu maintiens tes relations avec eux, tu essaies de changer les relations avec les hommes, tout en ne faisant rien de différent de ce que tu as fait par le passé. Tout est question de changement.

Les femmes apprennent très tôt à avoir une poupée de carton et à lui mettre des robes neuves en papier, pour lui changer son apparence et la rendre différente. Mais ça n'est en fait pas différent ; son apparence a été changée par ce qu'on lui a mis dessus. Est-ce que ça suffit ?

Un jour mon ex-femme a dit : « Gary et moi avons une relation complétement différente maintenant que j'ai changé la façon dont il s'habille. »

Dain :

Waouh ! « Regardez, j'en ai fait une poupée mâle. »

Gary :

J'étais sa poupée mâle.

Dain :

Combien d'entre vous sont devenus la poupée mâle dans la plupart des relations que vous avez eues ? Tout ceci multiplié par un dieulliard, allez-vous le détruire et le décréer totalement ? Right and Wrong, Good and Bad, POD and POC, All Nine, Shorts, Boys and Beyonds.

La chose qui te mène à ça, est la séparation de toi envers toi-même.

Quelle stupidité choisis-tu d'utiliser pour créer le besoin de changement comme plus réel et plus nécessaire que les possibilités, les choix et les questions de différence ? Tout ceci multiplié par un dieulliard, vas-tu le détruire et le décréer totalement ? Right and Wrong, Good and Bad, POD and POC, All Nine, Shorts, Boys and Beyonds.

Gary :

Tu as demandé : « Comment puis-je changer ceci ? » Plutôt que : « Quels autres choix, quelles autres possibilités et quelles autres questions puis-je avoir ici ? » Ce qui signifie que rien ni personne ne peut être une contribution pour toi. Tu peux seulement essayer de donner à quelqu'un d'autre. Est-ce que vous comprenez ?

Participant :

Totalement.

Participant :

C'est trop bien. Ça s'applique précisément à toute ma vie. Je me rends compte de la façon dont je me suis empêché de choisir de faire quelque chose de différent.

Gary :

Malheureusement, on ne nous a pas donné la conscience de la différence. Une partie de cette information est apparue au Costa Rica, en parlant avec Dain d'une situation de sa vie. Il m'a demandé : « Comment est-ce que je peux arranger ça ? » Je lui ai demandé : « Pourquoi voudrais-tu l'arranger ? Tu peux faire quelque chose de différent. »

Dain :

J'ai dit : « Ce n'est pas ce que font les gens. Personne dans le monde ne fait quelque chose de différent. Tu l'arranges pour que ça fonctionne mieux. » Gary en est tombé à la renverse.

Gary :

J'ai dû m'allonger. Ça m'a tellement surpris, parce que

j'avais passé tout mon temps à créer Access Consciousness avec le point de vue que si tu savais que tu pouvais choisir autre chose, tu le ferais. Ce fût surprenant et étonnant pour moi que ma réalité soit si différente de celle des autres.

Dain :

Quelle stupidité choisis-tu d'utiliser pour créer le besoin de changement comme plus réel et plus nécessaire que les possibilités, les choix et les questions de différence ? Tout ceci multiplié par un dieulliard, vas-tu le détruire et le décréer totalement ? Right and Wrong, Good and Bad, POD and POC, All Nine, Shorts, Boys and Beyonds.

Quand tu fonctionnes à partir des possibilités, des choix et des questions, c'est une contribution qui va dans les deux sens. C'est la contribution que tu es envers les autres et la contribution que tu es pour toi-même dont il est question. Si tu cesses d'essayer de te changer pour t'adapter à la relation, et que tu commences à regarder : « Que devrait-il se passer qui soit différent pour moi à cet instant ? » ; tu vas obtenir un ensemble différent de possibilités et un ensemble différent de choix à partir desquels tu peux commencer à fonctionner. Je peux presque te garantir que la plupart des hommes ne regardent jamais ce qui devrait se passer de différent pour que leur relation fonctionne pour eux.

Vous vous dites : « Comment puis-je me changer moi-même ? » Plutôt que : « Comment pourrions-nous faire quelque chose de totalement différent, peu importe ce que c'est ? » Ou « Que pouvons-nous être ou faire de différent ? » Ou « Qu'est-ce que je peux être ou faire de différent qui permettrait à une possibilité, un choix et une question différente d'apparaître, afin d'être une contribution différente et afin de recevoir une contribution différemment ? »

POSSIBILITÉ, CHOIX, QUESTION ET CONTRIBUTION

Gary :

Vous comprenez que vous aimeriez vraiment être une contribution ?

Participant :

Oui.

Gary :

La seule façon de fonctionner à partir de la contribution est par le choix, la possibilité et la question. Tu connais déjà l'objectif d'être une contribution. Ça n'est pas comment la contribution doit être ajoutée à ceci ; c'est ce que toi et tous les autres désirent en tant qu'être - Être une contribution.

Si tu commences à fonctionner à partir de « différent », des choses différentes peuvent apparaître dans ta vie. Tu dois créer une réalité différente, plutôt que d'essayer de changer cette réalité. N'essaie pas d'être l'homme qui arrange tout.

Participant :

Quand j'essaie de me changer, pour que les choses fonctionnent mieux ou pour mieux m'adapter, est-ce là où je me perds ?

Gary :

Oui, c'est là où tu te perds, parce que tu ne fais pas ou tu n'es pas quelque chose de différent ; tu changes pour mieux t'adapter. C'est comme si tu avais changé tes habits. Tu t'es habillé pour le rôle. Tu ne t'es pas habillé pour le succès.

Participant :

Je prends tellement conscience de ce que j'ai pu choisir et dont je n'ai jamais été conscient. J'en suis véritablement reconnaissant.

Dain :

Ça explique beaucoup de domaines où nous, en tant qu'hommes, n'avons pas pu être des hommes et ça explique beaucoup la non-masculinité à partir de laquelle nous avons essayé de fonctionner.

Gary :

Parce que tu essaies de t'adapter et de changer, pour correspondre à l'univers de changement coupé dans du carton.

Participant :

Exactement. Je me suis demandé : « Comment puis-je changer pour que ça fonctionne mieux pour quelqu'un d'autre ? » Au lieu de demander : « Qu'est-ce qui va fonctionner pour moi ? » Et « Qu'est-ce que je peux faire de différent qui fonctionnerait pour moi et peut-être pour l'autre personne aussi ? »

AS-TU ÉTÉ ENCOURAGÉ À ÊTRE UN HOMME ?

Participant :

Ça me désole d'avoir du mal à comprendre ça et à être ce que je peux être en tant qu'homme. Je suis tellement reconnaissant pour le Club des Gentlemen.

Gary :

Est-ce que je peux te poser une question ?

Participant :

Oui.

Gary :

Est-ce qu'on t'a jamais encouragé à être un homme ?

Participant :

Non, pas du tout.

Gary :

Est-ce quelqu'un dans cette téléclasse a jamais été encouragé à être un homme ?

Participant :

Maintenant tu me fais pleurer.

Gary :

On ne m'a jamais encouragé à être un homme. On m'a encouragé à être un homme que les femmes choisiraient d'épouser.

Participant :

Je n'ai jamais rencontré d'homme qui ait choisi d'être un homme. Ils ont seulement essayé d'être ce qui fonctionne pour leur femme ou leur épouse.

Participant :

Merci, les gars, d'être prêts à travailler avec nous.

Gary :

Nous vous apprécions. Nous vous apprécions plus que vous ne le faîtes vous-mêmes.

Dain :

Oui, exactement ! Nous vous aimons beaucoup plus que vous ne vous aimez vous-mêmes.

Gary :

Nous voulons vous voir franchir le pas pour être quelque chose de différent.

Participant :

Différent est mon nouveau mot.

Gary :

Allez les gars, prenez soin de vous. Je vous aime beaucoup.

Participant :

Merci, les gars.

Gary :

Salut.

Dain :

Salut.

2
Créer le Sexe et les Relations à partir d'une Conscience de Ce Qui est

Tu as tendance à rechercher la légitimité de ton point de vue limité, pas la vérité de ce que tu peux percevoir, savoir, être et recevoir, et tu te retrouves avec des relations qui ne marchent pas.

Gary :
    Bonjour Messieurs. Est-ce que quelqu'un a une question ?

CRÉATION CONTRE INVENTION

Participant :
    En ce moment, je n'ai pas le temps de m'occuper de ce truc des hommes. Toute mon énergie est tournée vers générer de l'argent et créer mon business. Il n'y a pas de temps pour cette histoire de gentlemen. Toutes ces choses sont bien plus importantes. Qu'est-ce que je crée avec ça ? Qu'est-ce que je peux faire ou être qui créerait quelque chose de différent pour moi afin de pouvoir tout avoir ?

Gary :

Tu dois clairement voir qu'il y a une différence entre création et invention. *Invention*, c'est quand tu regardes la télévision et que tu vois des gens qui font des choses et tu essaies d'inventer que ce qu'ils font est vraiment réel, alors tu dis les mêmes mots et tu te comportes de la même manière, en pensant que tu vas créer ce qu'ils ont. Mais tu ne crées rien. C'est une totale *invention* de ce qu'est la réalité. Ce n'est pas être *conscient* de ce qu'est la réalité.

Nous aimerions t'amener dans une situation où tu as une autre sorte de choix, pour que tu puisses commencer à regarder ce qui est, et te demander : "Comment aimerais-je utiliser ceci ?" Et « Comment puis-je créer ceci ? »

Un jour où nous étions au Costa Rica, je regardais un film à la télé. Tout était en espagnol et je ne comprenais pas tout, mais j'ai saisi l'essentiel de ce qui se passait. Ils voulaient représenter la « passion », en montrant les sous-vêtements de quelqu'un tomber au sol. La personne portait des baskets Nike et des socquettes. J'aurais pensé à « passion », si ça avait été une culotte en dentelle qui tombait sur de hauts talons. J'aurais pensé à « passion », si je savais si c'était un homme ou une femme qui portait les Nike, mais tel que c'était présenté, ça ne marchait pas pour moi en tant que « passion ». En regardant, je me suis rendu compte que nous inventons les pensées, les sentiments, les émotions, le sexe et le pas de sexe à partir desquels nous fonctionnons. Nous ne *générons* et ne *créons* pas les véritables éléments de ce qui nous donnerait tout ce que nous désirons. Par exemple, quel pourcentage de ta vie sexuelle est inventé selon le cortex visuel de cette réalité ?

Dain :

Le cortex visuel est la partie du cerveau qui traite les données visuelles. Tu vois quelqu'un qui correspond à l'invention de ton cortex visuel de ce qu'une personne est censée être, et tu inventes que ça signifie ceci, cela et ça. Ce que tu vois n'a rien à voir avec tout ça, mais tu te coupes de ta conscience au profit de la limitation de l'invention.

LA MANIÈRE DONT LES CHOSES PARAISSENT CONTRE LA FAÇON DONT LES CHOSES SONT

Gary :

Toi, en tant qu'être infini, tu perçois, tu sais, tu es et tu reçois, d'accord ?

L'harmonie mineure de percevoir, savoir, être et recevoir fonctionne à partir de pensées, sentiments, émotions et de sexe ou pas de sexe. Quand tu fais ça, tout est délimité par ce que tu vois visuellement dans le monde, en tant qu'être limité. Tu as un point de vue totalement limité de ce qui peut vraiment être. Par exemple, quand tu essaies de faire quelque chose à partir de l'aspect visuel, tu peux seulement voir comment les choses paraissent - et pas comment elles sont.

Tu as tendance à rechercher la légitimité de ton point de vue limité, pas la vérité de ce que tu peux percevoir, savoir, être et recevoir et tu te retrouves dans des relations qui ne fonctionnent pas.

Quelle stupidité utilises-tu pour créer l'invention des signes, sceaux, symboles, emblèmes et l'importance du sexe, de la copulation et des relations comme le tort, le refus de la réussite, l'élimination du recevoir et la perte que tu choisis ? Tout ceci multiplié par un dieulliard, vas-tu le détruire et le dé créer totalement ? Right and Wrong, Good and Bad, POD and POC, All Nine, Shorts, Boys and Beyonds.

Les signes, sceaux, symboles et emblèmes et l'importance sont les badges que tu portes qui n'ont rien à voir avec qui tu es. Tu recherches les signes, les sceaux, les symboles, les emblèmes et l'importance du sexe, de la copulation et des relations.

Les signes, sceaux, symboles, emblèmes et l'importance de la copulation sont : « C'est mon genre », « Ce n'est pas mon genre », « Elles pourraient être plaisantes », « Elles pourraient ne pas être plaisantes », « Je peux les regarder faire ça, mais je n'ai pas besoin de m'impliquer ». C'est toutes les situations bizarres dans lesquelles tu vas, où, au lieu d'avoir du choix, tu as l'élimination des possibilités.

Les signes, sceaux, symboles, emblèmes et l'importance des relations sont : « Oh, elles m'apprécient », « Oh, elles ne m'apprécient pas », « Oh, elle veulent être avec moi », « Elles ne veulent pas être avec moi », « Oh, je veux quelqu'un dans ma vie », « Je ne veux personne dans ma vie ».

Combien de fois est-ce que tu regardes quelqu'un et tu te dis : "C'est la personne avec laquelle je veux être." Et pourtant tu n'as aucune idée de qui est cette personne. Tu n'as aucune conscience de ce qu'elle désire véritablement et tu te coupes de toute ta conscience de ce qu'elle va te demander, parce que tu veux que personne ne te demande quoi que ce soit que tu n'es pas prêt à donner. Est-ce que ça marche ?

Participant :

Pas du tout. C'est comme une espèce d'autopilote d'homme des cavernes. Ça semble essentiel au fait d'être un homme (en parlant avec une voix d'homme des cavernes) : « Euh, ça paraît bon, vas-y. »

LA RÈGLE DE LA BITE

Gary :

La chose fondamentale au fait d'être un homme est que tu es supposé être régi par ta bite. Que tu sois un homme homo ou hétéro, c'est la bite qui régit. Est-ce la vérité ou est-ce une invention ?

Participant :

Invention.

Gary :

Combien d'entre vous ont inventé la règle de la bite ? Chaque fois que vous avez inventé la règle de la bite, allez-vous maintenant le détruire et le décréer totalement ? Right and Wrong, Good and Bad, POD and POC, All Nine, Shorts, Boys and Beyonds.

Dain :

C'est génial. La règle de la bite.

Gary :

Combien d'entre vous ont eu cette situation où vous avez inventé que vous étiez un genre de gars "euh" ?

Dain :

Chaque fois que quelqu'un d'attirant passe par là !

Gary :

Chaque fois que tu as de l'attirance pour quelqu'un, tu vas dans le "euh".

Tout ce que tu as fait pour t'inventer comme un genre de gars "euh", vas-tu le détruire et le décréer totalement ? Right and Wrong, Good and Bad, POD and POC, All Nine, Shorts, Boys and Beyonds.

Dain :

"Euh, est-ce que je peux avoir ça, s'il te plaît ? Est-ce que je peux avoir un de ces trucs ? Ok, merci. Je peux en avoir un autre s'il te plaît ? Ok, merci." C'est comme si rien d'autre ne comptait. Tu deviens un "euh".

Gary :

Tu finis par avoir un QI d'un seul chiffre.

Tout ce que tu as fait pour t'inventer comme un QI d'un seul chiffre, c'est à dire que ta bite te régit, vas-tu le détruire et le décréer totalement ? Right and Wrong, Good and Bad, POD and POC, All Nine, Shorts, Boys and Beyonds.

Dain :

Waouh. J'aime déjà cette téléclasse.

Gary :

Moi aussi.

Dain :

Quelle stupidité utilises-tu pour créer l'invention des

signes, sceaux, symboles, emblèmes et de l'importance du sexe, de la copulation et des relations comme le tort, le refus de réussite, l'élimination du recevoir et la perte que tu choisis ? Tout ceci multiplié par un dieulliard, vas-tu le détruire et le décréer totalement ? Right and Wrong, Good and Bad, POD and POC, All Nine, Shorts, Boys and Beyonds.

SI TU ES UN HOMME, TU AS TORT

Gary :

As-tu déjà eu cette idée que tu avais tort quand tu étais avec quelqu'un que tu trouvais mignonne, belle et que tu pensais être la bonne personne pour toi ?

Participant :

Oui, mais nous avons aussi tort si nous ne sommes pas avec cette personne.

Gary :

Eh bien, évidemment ! Si ta queue ne pointe pas dans la bonne direction, tu as tort. Si elle pointe dans une direction, tu as tort. Si elle pointe, de manière générale, tu as tort.

Dain :

Et si elle ne pointe pas, tu as encore plus tort.

Gary :

Tout ce que tu as fait pour inventer ça comme ta réalité, vas-tu le détruire et le décréer totalement ? Right and Wrong, Good and Bad, POD and POC, All Nine, Shorts, Boys and Beyonds.

Dain :

J'ai remarqué, quand je me préparais pour sortir avec différentes filles pour aller dîner ou pour avoir une relation sexuelle ou quoi que ce soit d'autre, que je pensais : "Est-ce que ceci a l'air bien ? Oh mon dieu, est-ce que je me suis bien fait beau et viril ? Je vais me brosser les dents encore une fois. Euh, je dois être sûr d'avoir mis du déodorant. Je dois m'assurer de laver ça." Il y avait une intensité de jugement à propos de comment j'allais avoir tort, de comment j'avais déjà tort et de comment, si je pouvais avoir l'air suffisamment parfait, ou avoir une voix suffisamment parfaite, ou dire les choses de manière suffisamment parfaite, cela éliminerait tous mes torts. J'ai mis du temps à me rendre compte que je percevais ce qui était dans leur monde.

Tout ceci, que tu as fait pour t'inventer comme ayant besoin d'être la perfection d'un partenaire sexuel, vas-tu le détruire et le décréer totalement ? Right and Wrong, Good and Bad, POD and POC, All Nine, Shorts, Boys and Beyonds.

Apparemment les gars, chacun d'entre vous a essayé de faire le « partenaire sexuel parfait ».

Gary :

Si tu es un homme, tu as tort. Si tu es un homme avec les hommes, tu as encore tort. Si tu considères avoir des relations sexuelles avec les hommes, tu as tort. Si tu considères avoir des relations sexuelles avec les femmes, tu as tort. La bonne nouvelle est que tu as juste tort.

Tout ce que tu as fait pour inventer ça comme ta réalité, vas-tu le détruire et le décréer totalement ? Right and

Wrong, Good and Bad, POD and POC, All Nine, Shorts, Boys and Beyonds.

Dain :

Quelle stupidité utilises-tu pour créer l'invention des signes, des sceaux, des symboles, des emblèmes et de l'importance du sexe, de la copulation et des relations comme le tort, le refus de réussite, l'élimination du recevoir et la perte que tu choisis ? Tout ceci multiplié par un dieulliard, vas-tu le détruire et le décréer totalement ? Right and Wrong, Good and Bad, POD and POC, All Nine, Shorts, Boys and Beyonds.

Gary :

Mon dieu, mon dieu. La bonne nouvelle, les gars, c'est que vous êtes des experts du tort !

Dain :

C'est bien d'avoir raison pour quelque chose.

Gary :

Oui, c'est toujours bien d'avoir raison d'avoir tort. C'est comme si, parce que tu es un homme, tu as automatiquement tort.

Dain :

Tu as raison.

Gary :

Je sais, mais si j'ai raison, tu as tort et si j'ai tort, tu as raison et si je suis un homme, j'ai tort quoi que je fasse.

Tout ce que tu as inventé à propos de ce point de vue, vas-tu le détruire et le décréer totalement ? Right and Wrong, Good and Bad, POD and POC, All Nine, Shorts, Boys and Beyonds.

Participant :

Pensons-nous pouvoir avoir tout bon si nous obtenons la femme, d'une certaine manière ?

Gary :

Eh bien, tu penses que si tu l'obtiens, tu vas finalement prouver que tu as les bons signes, sceaux, symboles, emblèmes et importance. La plupart d'entre vous sont seulement prêts à avoir le badge rouge de courage ou la lettre rouge « A », ce qui signifie que vous êtes un « Adultère » et un « salaud ». Imagine si tu étais la personne qui pouvait activer et concrétiser une réalité différente ? Est-ce que tu vas choisir cela ou l'éviter ? Combien de fois t'es-tu inventé comme perdant avant même d'avoir commencé ? Plus d'un dieulliard, ou moins ?

Participant :

Plus.

Gary :

Tout ceci multiplié par un dieulliard, vas-tu le détruire et le décréer totalement ?

Right and Wrong, Good and Bad, POD and POC, All Nine, Shorts, Boys and Beyonds.

N'est-ce pas génial ? Tu as perdu avant même d'avoir ouvert la bouche. Est-ce que ça rendrait ça un petit peu difficile de créer une relation ou copulation ? Oui ! Ce n'est pas dans ton meilleur intérêt.

L'INVENTION DE LA CONTRACEPTION

Dain :

Quelle stupidité utilises-tu pour créer l'invention des signes, des sceaux, des symboles, des emblèmes et de l'importance du sexe, de la copulation et des relations comme le tort, le refus de réussite, l'élimination du recevoir et la perte que tu choisis ? Tout ceci multiplié par un dieulliard, vas-tu le détruire et le décréer totalement ? Right and Wrong, Good and Bad, POD and POC, All Nine, Shorts, Boys and Beyonds.

Les signes, les sceaux, les symboles, les emblèmes et l'importance sont des inventions qui t'empêchent de donner naissance à ta conscience. Ils sont comme la contraception ultime. Tu as le sexe, la copulation et les relations comme les choses qui créent le tort, le refus de réussite, l'élimination du recevoir et l'assurance de perdre. Tu essaies d'obtenir le bon sexe, la copulation correcte et la bonne relation afin de cesser de te sentir comme un perdant, un non-gagnant et quelqu'un qui peut recevoir et ne pas avoir tort.

Participant :

Quand Dain a dit : « Les signes, les sceaux, les symboles, les emblèmes et l'importance sont des inventions qui t'empêchent de donner naissance à ta conscience » ça me parle. Qu'est-ce que c'est ?

Gary :

A quel point l'invention du sexe, de la copulation et de la relation est une façon d'éliminer et de ne pas donner naissance à la conscience, mais plutôt une façon d'avorter la conscience ?

Participant :
Tout.

Gary :
A quel point les relations sexuelles que tu as eues, étaient fondées sur l'avortement de toute ta conscience ? Beaucoup ? Un peu ? Ou des mégatonnes ? Right and Wrong, Good and Bad, POD and POC, All Nine, Shorts, Boys and Beyonds.

Dain :
Quelle stupidité utilises-tu pour créer l'invention des signes, des sceaux, des symboles, des emblèmes et de l'importance du sexe, de la copulation et des relations comme le tort, le refus de réussite, l'élimination du recevoir et la perte que tu choisis ? Tout ceci multiplié par un dieulliard, vas-tu le détruire et le décréer totalement ? Right and Wrong, Good and Bad, POD and POC, All Nine, Shorts, Boys and Beyonds.

Gary :
Crois-tu vraiment qu'il soit possible pour toi de perdre ? Tout ce que tu as fait pour créer cette croyance, vas-tu le détruire et le décréer totalement ? Right and Wrong, Good and Bad, POD and POC, All Nine, Shorts, Boys and Beyonds.

Il n'y a pas de perdants. La différence entre un perdant et un gagnant est la différence entre quelqu'un qui va essayer, quoi qu'il arrive et quelqu'un qui ne prendra même pas la peine d'essayer pour ne pas perdre.

Combien de ce que tu as créé comme étant toi-même a été une invention pour que tu n'aies en fait pas à réussir, recevoir ou perdre, mais afin que tu puisses toujours prouver que tu avais tort de ne pas choisir autre chose ? Tout ceci multiplié par un dieulliard, vas-tu le détruire et le décréer totalement ? Right and Wrong, Good and Bad, POD and POC, All Nine, Shorts, Boys and Beyonds.

Les gars, voici le processus que vous avez besoin de commencer à activer :

Quelle concrétisation de création du sexe, de la copulation et de la réussite suis-je maintenant capable de générer, créer et instituer ? Tout ce qui ne permet pas à cela d'apparaître multiplié par un dieulliard, vas-tu le détruire et le décréer totalement ?

ET SI LA RÉUSSITE N'ÉTAIT QU'UN CHOIX ?

Participant :

Tu as dit : "Sexe, copulation et réussite". Où est-ce que la réussite fait partie de cette équation ? Ça paraît hors-sujet.

Gary :

Si tu parviens à avoir une relation sexuelle avec quelqu'un, le ressens-tu comme un succès ?

Participant :

Oui.

Gary :

Si tu parviens à avoir plus d'argent, le ressens-tu comme une réussite ?

Participant :
   Oui.

Gary :
   Ces exemples sont-ils en fait différents ?

Participant :
   Ce sont des énergies différentes, mais la satisfaction ou la réussite est là.

Gary :
   Peu importe, la réussite est toujours là. C'est pourquoi je te donne ce processus à activer.

   Quelle concrétisation de création du sexe, de la copulation et de la réussite suis-je maintenant capable de générer, créer et instituer ? Tout ce qui ne permet pas à ceci d'apparaître multiplié par un dieulliard, vas-tu le détruire et le décréer totalement ?

Participant :
   Je reviens toujours à la *réussite*. C'est un mot tellement chargé pour moi. Ça concerne ma propre validation et c'est juste une question de jugement.

Gary :
   La réussite est toujours un jugement. Et si tu n'avais pas à t'inquiéter du jugement ? Et si la réussite était juste un choix ?

Participant :
   Pourrait-on juste choisir la réussite sans jugement ?

Gary :
   Oui.

Participant :
   Peux-tu expliquer ça ?

Gary :
   Oui. La réussite avec jugement, c'est l'idée que tu vas avoir une relation sexuelle avec quelqu'un. La réussite avec jugement c'est l'idée que tu vas créer quelque chose comme résultat de cette relation sexuelle. As-tu vraiment besoin de ça ? Et si tu étais disposé à considérer quelque chose sans ce sens de réussite ? Comment pourrait-ce être, si tu étais prêt à avoir tout ce que tu es capable d'avoir ? Les choses que l'on considère comme réussite, sexe, copulation et romance, sont artificielles. Elles sont une réalité inventée.

TU PEUX CRÉER – OU TU PEUX INVENTER

Dain :
   Parce que tu peux soit *créer* soit *inventer,* ce qui nous ramène au tout début de cette conversation.

Gary :
   Combien de ta réussite avec la romance, le sexe et la copulation est inventée, au point de t'étouffer et de te détruire ? Beaucoup ? Un peu ? Ou des mégatonnes ? Tout ceci multiplié par un dieulliard, vas-tu le détruire et le décréer totalement ? Right and Wrong, Good and Bad, POD and POC, All Nine, Shorts, Boys and Beyonds.

L'invention, c'est quand tu regardes quelqu'un et que tu essaies de créer une connexion émotionnelle. Tu essaies de créer ton sexe et ta copulation à partir de ça, mais ça ne fonctionne pas, parce que ça n'a aucune substance. Toi, en étant l'être que tu es, tu as beaucoup plus de substance dans la vie et malheureusement, si tu as vraiment de la substance, tu as tendance à effrayer les gens qui t'intéressent.

Dain :

Tu les effraies de manière dynamique. Tu apprends depuis tout petit à atténuer tout ce qui est intense chez toi. Tout ce qui est superbe avec toi. Tout ce qui est bizarre avec *toi*. Tout ce qui est différent avec toi, ce qui, dit en passant, est tout ce qui est toi, toi. C'est tout ce qui te rend attirant pour quelqu'un que tu aurais plaisir à avoir dans ta vie. Tu atténues toutes ces choses, et tu essaies de t'inventer comme quelque chose qui serait attirant pour cette personne, qui selon ton invention, devrait t'attirer.

Gary :

Comment ça fonctionne pour toi ?

Participant :

Pas du tout.

Gary :

Tu dois être réaliste avec ce que tu veux créer. Si tu as le point de vue : « Je veux avoir quelqu'un dans ma vie » qu'est-ce que ça veut dire ? Quelque chose ? Rien ? N'importe quoi ? Ou bien est-ce que c'est tellement informe, que tu n'as pas besoin de voir ce qui va en fait marcher pour toi ?

Combien de ce que tu as décidé qu' « être avec quelqu'un » est, est une invention de la réalité informe du néant ?

Dain :

Quelle stupidité utilises-tu pour créer l'invention des signes, des sceaux, des symboles, des emblèmes et de l'importance du sexe, de la copulation et des relations comme le tort, le refus de réussite, l'élimination du recevoir et la perte que tu choisis ? Tout ceci multiplié par un dieulliard, vas-tu le détruire et le décréer totalement ? Right and Wrong, Good and Bad, POD and POC, All Nine, Shorts, Boys and Beyonds.

Quelle concrétisation de la création du sexe, de la copulation et de la réussite es-tu maintenant capable de générer, créer et instituer ? Tout ce qui ne permet pas à ceci d'apparaître multiplié par un dieulliard, vas-tu le détruire et le décréer totalement ? Right and Wrong, Good and Bad, POD and POC, All Nine, Shorts, Boys and Beyonds.

CRÉER QUELQUE CHOSE QUI EST DIFFÉRENT

Gary :

Les gars, est-ce vous comprenez que nous parlons de créer quelque chose qui est différent ? Il faut que vous sachiez ce que vous aimeriez que cette autre chose soit. Demandez :
- Est-ce que ce sera facile ?
- Est-ce que ce sera ludique ?
- Est-ce que ce sera expansif pour moi ?
- Est-ce que ce sera enrichissant pour moi ?
- Est-ce que je vais apprendre quelque chose ?

Si la réponse est non, tout ce que tu fais est de demander que quelqu'un te baise. Et si tu demandes à ce que quelqu'un te baise, beaucoup de gens vont te baiser – et pas toujours de façon plaisante.

Dain :

C'est vrai.

Gary :

Vous comprenez ?

Participant :

Oui.

Gary :

Combien d'entre vous ont été baisés – et pas de façon plaisante – par quelqu'un avec qui vous aviez décidé que vous vouliez vivre ? Chaque fois que vous avez pris cette décision, parce que chaque fois que vous prenez une décision, que vous avez un jugement, que vous calculez ou que vous avez une conclusion à propos de quelqu'un avec qui vous allez avoir une relation sexuelle ou copuler, vous avez cloué votre cercueil et vous allez mourir dans la situation. Tout ceci multiplié par un dieulliard, allez-vous le détruire et le décréer totalement ? Right and Wrong, Good and Bad, POD and POC, All Nine, Shorts, Boys and Beyonds.

Dain :

Quelle stupidité utilises-tu pour créer l'invention des signes, des sceaux, des symboles, des emblèmes et de l'importance du sexe, de la copulation et des relations comme le tort, le refus de réussite, l'élimination du recevoir et la perte que tu choisis ? Tout ceci multiplié par un dieulliard, vas-tu le détruire et le décréer totalement ? Right and Wrong, Good and Bad, POD and POC, All Nine, Shorts, Boys and Beyonds.

Quelle concrétisation de création du sexe, de la copulation et de la réussite es-tu maintenant capable de générer, créer et instituer ? Tout ce qui ne permet pas à ceci d'apparaître multiplié par un dieulliard, vas-tu le détruire et le décréer totalement ? Right and Wrong, Good and Bad, POD and POC, All Nine, Shorts, Boys and Beyonds.

Quelle stupidité choisis-tu d'utiliser pour créer l'invention de la règle de la bite ? Tout ce qui ne permet pas à ceci d'apparaître multiplié par un dieulliard, vas-tu le détruire et le décréer totalement ? Right and Wrong, Good and Bad, POD and POC, All Nine, Shorts, Boys and Beyonds.

Gary :

Combien d'entre vous pensent que votre bite régit tout, vous y compris ? Tout ce que vous avez fait pour donner à votre bite le contrôle sur vous, allez-vous le détruire et le décréer totalement ? Right and Wrong, Good and Bad, POD and POC, All Nine, Shorts, Boys and Beyonds.

VOUS RENDEZ-VOUS MOINS SEXUEL ?

Dain :

Combien d'entre vous se sont rendus totalement asexués, pour vous assurer que votre bite ne régisse pas votre vie ? Tout ceci multiplié par un dieulliard, allez-vous le détruire et le décréer totalement ? Right and Wrong, Good and Bad, POD and POC, All Nine, Shorts, Boys and Beyonds.

Gary :

Waouh. Ce n'est pas qu'ils se sont rendus asexués. Ils se sont rendus moins sexuels, afin de pouvoir être reçus par ceux qui n'aiment pas le sexe.

Dain :

Oh oui, j'ai fait ça pendant très, très longtemps.

Participant :

Oh mon Dieu.

Gary :

Tout ce que tu as fait pour te rendre moins sexuel afin de pouvoir être reçu par ceux qui n'aiment pas le sexe, vas-tu le détruire et le décréer totalement, multiplié par un dieulliard ? Right and Wrong, Good and Bad, POD and POC, All Nine, Shorts, Boys and Beyonds.

Participant :

Nous apprenons à faire ça étant gosses. Hier, j'ai emmené mon fils chez sa mère et c'était intéressant d'observer la façon dont il a complétement réprimé toute sa sexualness, pour qu'elle puisse le recevoir.

Gary :

Oui, tu te rends compte que tu vas être vilipendé et qu'on va te découper en morceaux si tu as ce genre de sexualness.

Quelle stupidité choisis-tu d'utiliser pour créer l'invention du tort de ta sexualness comme la perfection des jugements de ta sexualness et le besoin de procurer de l'énergie sexuelle à ceux qui sont morts et mourants ? Tout ceci multiplié par un dieulliard, vas-tu le détruire et le décréer totalement ? Right and Wrong, Good and Bad, POD and POC, All Nine, Shorts, Boys and Beyonds.

Dain :

Waouh. Waouh. Ai-je déjà dit "Waouh" ?

ESSAIES-TU DE SOIGNER CEUX QUI SONT MOURANTS PAR MANQUE D'ÉNERGIE SEXUELLE ?

Gary :

C'est un bon processus. Ça a une tonne de charge. Apparemment, la plupart d'entre vous avez réduit votre énergie sexuelle, pour pouvoir soigner ceux qui sont mourants par manque d'énergie sexuelle.

Participant :

Oh mon Dieu.

Dain :

Quelle stupidité choisis-tu d'utiliser pour créer l'invention du tort de ta sexualness comme la perfection des jugements de ta sexualness et le besoin de procurer de l'énergie sexuelle à ceux qui sont morts et mourants ? Tout ceci multiplié par un dieulliard, vas-tu le détruire et le décréer totalement ? Right and Wrong, Good and Bad, POD and POC, All Nine, Shorts, Boys and Beyonds.

Hé, j'ai une question. Est-ce la raison pour laquelle, quand tu côtoies quelqu'un qui a de l'énergie sexuelle, surtout un autre gars, tu piques une crise et tu crées une sorte de compétition bizarre ? Tu préférerais choisir une femme ou un partenaire qui est mort ou mourant et tu préférerais essayer de les ranimer et tu es furieux si un autre gars est intéressé à les ranimer à ta place ?

Quelle stupidité choisis-tu d'utiliser pour créer l'invention du tort de ta sexualness comme la perfection des jugements de ta sexualness, toi le mauvais, mauvais garçon et le besoin de procurer de l'énergie sexuelle à ceux qui sont morts et mourants ? Tout ceci multiplié par un dieulliard, vas-tu le détruire et le décréer totalement ? Right and Wrong, Good and Bad, POD and POC, All Nine, Shorts, Boys and Beyonds.

Gary :

Est-ce que je peux juste ajouter qu'injecter ton sperme à l'intérieur de quelqu'un ne crée pas la vie et la façon de vivre ?

Chaque situation où tu as essayé de créer ça et tout ce que tu as inventé qui créerai vraiment la vie et vivre, vas-tu le détruire et le décréer totalement stp, multiplié par un dieulliard ? Right and Wrong, Good and Bad, POD and POC, All Nine, Shorts, Boys and Beyonds.

Participant :

Et si tu l'injectes sur eux ?
(Rires)

Dain :

Je t'adore. Je t'adore.

Quelle stupidité choisis-tu d'utiliser pour créer l'invention du tort de ta sexualness comme la perfection des jugements de ta sexualness, parce que, qu'est-ce que tu pourrais faire d'autre avec tout ton temps et ton énergie et le besoin de procurer de l'énergie sexuelle à ceux qui sont morts et mourants ? Tout ceci multiplié par un dieulliard, vas-tu le détruire et le décréer totalement ? Right and Wrong, Good and Bad, POD and POC, All Nine, Shorts, Boys and Beyonds.

Gary :

Combien d'entre vous ont en fait inventé que les gens avec qui vous avez des relations sexuelles, qui sont mort et mourants, sont les gens qui ont besoin du sexe que vous pouvez procurer ? Tout ce que vous avez fait pour créer ça au lieu de véritablement prendre votre pied, allez-vous le détruire et le décréer totalement ? Right and Wrong, Good and Bad, POD and POC, All Nine, Shorts, Boys and Beyonds.

Dain :

Quelle stupidité choisis-tu d'utiliser pour créer l'invention du tort de ta sexualness comme la perfection des jugements de ta sexualness et le besoin de procurer de l'énergie sexuelle à ceux qui sont morts et mourants ? Tout ceci multiplié par un dieulliard, vas-tu le détruire et le décréer totalement ? Right and Wrong, Good and Bad, POD and POC, All Nine, Shorts, Boys and Beyonds.

Gary :

As-tu décidé que tu étais le mort et le mourant à qui tu dois procurer de l'énergie sexuelle ?

Dain :

Et que tu peux vraiment obtenir de l'énergie sexuelle des gens qui sont morts et mourants ?

Gary :

Tout ce que tu as fait pour créer cette invention comme réelle, vas-tu le détruire et le décréer totalement ? Right and Wrong, Good and Bad, POD and POC, All Nine, Shorts, Boys and Beyonds.

Participant :

Ça semble être une marque de réussite, d'être capable de soutenir quelqu'un qui est mort et mourant.

Dain :

Il n'y a rien là et tu dis : « Je vais te ramener à la vie ! Par conséquent, je suis fort. J'ai réussi parce que je t'ai ramené à la vie. »

Quelle stupidité choisis-tu d'utiliser pour créer l'invention du tort de ta sexualness comme la perfection des jugements de ta sexualness et le besoin de procurer de l'énergie sexuelle à ceux qui sont morts et mourants ? Tout ceci multiplié par un dieulliard, vas-tu le détruire et le décréer totalement ? Right and Wrong, Good and Bad, POD and POC, All Nine, Shorts, Boys and Beyonds.

Gary :

Tout ce qui ne te permet pas de voir où tu as choisi les morts et les mourants pour avoir des relations sexuelles avec eux plutôt que de choisir les gens qui seraient vraiment plaisants, vas-tu le détruire et le décréer totalement ? Right and Wrong, Good and Bad, POD and POC, All Nine, Shorts, Boys and Beyonds.

Dain :

Tout ce qui fait de ceci une situation où tu dois devenir le mort et le mourant pour que quelqu'un vienne te donner de l'énergie, vas-tu le détruire et le décréer totalement stp ? Right and Wrong, Good and Bad, POD and POC, All Nine, Shorts, Boys and Beyonds.

ATTRACTION SEXUELLE

Gary :

Est-ce que c'est ce que tu appelles l'attraction sexuelle ?

Dain :

Waouh.

Gary :

C'est ce que tu as inventé comme étant l'attraction sexuelle. Si tu as quelqu'un qui est mort et mourant, il sera attiré par toi. Si tu es mort et mourant, tu seras attirant pour quelqu'un d'autre.

Tout ceci multiplié par un dieulliard, vas-tu le détruire et le décréer totalement ? Right and Wrong, Good and Bad, POD and POC, All Nine, Shorts, Boys and Beyonds.

Quel pourcentage de ton attraction sexuelle est une invention pour te permettre de voir ou d'être tes mauvais côtés ? Beaucoup ? Un peu ? Ou des mégatonnes ? Tout ceci multiplié par un dieulliard, vas-tu le détruire et le décréer

totalement ? Right and Wrong, Good and Bad, POD and POC, All Nine, Shorts, Boys and Beyonds.

Dain :

Quelle stupidité choisis-tu d'utiliser pour créer l'invention du tort de ta sexualness comme la perfection des jugements de ta sexualness et le besoin de procurer de l'énergie sexuelle à ceux qui sont morts et mourants ? Tout ceci multiplié par un dieulliard, vas-tu le détruire et le décréer totalement ? Right and Wrong, Good and Bad, POD and POC, All Nine, Shorts, Boys and Beyonds.

Gary :

Waouh, c'est encore plus intense que ce que j'espérais.

Participant :

Je suis véritablement reconnaissant.

Dain :

Mec, c'est réellement incroyable. Et je pensais que l'autre processus était un processus sans fin.

Quelle stupidité choisis-tu d'utiliser pour créer l'invention du tort de ta sexualness comme la perfection des jugements de ta sexualness et le besoin de procurer de l'énergie sexuelle à ceux qui sont morts et mourants ? Tout ceci multiplié par un dieulliard, vas-tu le détruire et le décréer totalement ? Right and Wrong, Good and Bad, POD and POC, All Nine, Shorts, Boys and Beyonds.

Gary :

Et si tu avais plus d'énergie sexuelle que les autres gens autour de toi ?

Combien d'entre vous sont des guérisseurs sexuels et veulent que les autres soient des guérisseurs sexuels pour vous ? C'est ça qui vous tue. Vous voulez que les autres soient des guérisseurs sexuels pour vous. Chaque invention que vous avez créée dans ce monde, allez-vous la détruire et la décréer totalement ? Right and Wrong, Good and Bad, POD and POC, All Nine, Shorts, Boys and Beyonds.

CONCENTRATION SUR LA CRÉATION

Tu essaies *d'inventer* que quelque chose va se passer, plutôt que de le *créer* pour que ça arrive vraiment. Si tu veux réussir, tu dois prendre en considération ce que tu es capable de créer. Tu dois te concentrer sur la création de t'associer avec quelqu'un sexuellement.

Dain :

Quand tu inventes que quelque chose va se passer et que ça ne se produit pas, tu restes avec le tort de ne pas être capable de créer ce que tu as inventé, que tu devrais être capable de créer. Tu es prêt à dépenser beaucoup de temps et d'énergie avec qui ou avec quoi tu pourrais avoir une relation sexuelle, ou coucher, ou quelle que soit la façon dont tu veux l'exprimer ; mais combien d'énergie es-tu prêt à investir dans la création de la réussite dans chaque domaine de ta vie ?

Gary :

Tu as tendance à utiliser le sexe comme l'identification de la réussite. Tu réussis si tu as une énergie sexuelle qui est attirante pour un grand nombre de gens. Et si c'était le mensonge qui te garde prisonnier ?

Tout ce que tu as fait pour adopter le mensonge que l'énergie sexuelle sera le signe de réussite et que cette énergie sexuelle te permettra de coucher, vas-tu le détruire et le décréer totalement ? Right and Wrong, Good and Bad, POD and POC, All Nine, Shorts, Boys and Beyonds.

Participant :

Hé, Gary, tu dis que c'est un mensonge, mais ça semble tellement vrai. J'ai gobé jusqu'à l'hameçon l'idée que si tu as de l'énergie sexuelle, tu réussiras.

Gary :

Est-ce que c'est vrai, ou est-ce que c'est ce que tu fais contre toi ?

Dain :

Ou est-ce que c'est ce que tu inventes contre toi ?

Gary :

Tout ce que tu as fait pour utiliser cette énergie contre toi plutôt qu'à ton avantage, vas-tu le détruire et le décréer totalement ? Right and Wrong, Good and Bad, POD and POC, All Nine, Shorts, Boys and Beyonds.

PARTIR EN VACANCES

Dain :

Toutes ces inventions sont en grande partie ce qui empêche d'éprouver le moindre plaisir avec le sexe, parce que tout est justement fondé sur toutes ces inventions. C'est aussi un des domaines où tu te prives de la réussite qui est disponible. Pense à la quantité d'énergie que tu mets dans le sexe et dans le fait d'arriver à coucher- ou éviter de coucher- et demande-toi : « Si je mettais autant d'énergie dans mes affaires qu'est-ce que j'aurais créé l'an passé ? » Peut-être pourrais-tu envisager la possibilité de changer ça pour commencer à mettre cette énergie dans tes affaires ?

Il y a eu une période de ma vie où les femmes étaient la chose la plus importante. Un jour, j'avais un rendez-vous le matin et plus tard dans la journée, je couchais avec une autre fille. J'ai passé la nuit avec elle, et une troisième fille est venue chez moi l'après-midi et on a couché ensemble. J'étais en vacances pendant deux jours et demi d'une certaine manière.

Gary :

C'est ce qu'on appelle maintenant : "Dain part en vacances."

Dain :

Oui, "Je pars en vacances !" C'était là où je débranchais mon cerveau. C'était mes vacances de la conscience, des prises de conscience et de la création de mon business.

Gary :

Quelle concrétisation du sexe et de la copulation comme étant "des vacances" es-tu maintenant capable de générer, créer et instituer ? Tout ce qui ne permet pas à cela d'apparaître multiplié par un dieulliard, vas-tu le détruire et le décréer totalement ? Right and Wrong, Good and Bad, POD and POC, All Nine, Shorts, Boys and Beyonds.

Dain :

J'étais véritablement reconnaissant d'avoir eu cette expérience, parce que je me suis rendu compte que je mettais des quantités énormes d'énergie dans les univers des gens pour les ramener à la vie et pour faire du sexe l'espace où je pouvais défaire leurs jugements, allumer leurs corps et avoir un niveau d'intensité que j'aime. J'ai examiné ça et je me suis dit : « Mec, si j'avais mis cette quantité d'énergie dans mes affaires, mon business aurait décollé ce week-end au lieu de juste toussoter un peu en avant. » J'en avais retiré tellement d'énergie. Ce n'est pas que tu aies une quantité limitée d'énergie, mais quand tu as cette idée : « C'est ce qui est créatif, c'est ce qui est génératif et très peu d'autres choses le sont », tu te prives de la réussite que tu pourrais créer.

Gary :

Tu sais comment j'avais l'habitude de contourner ça ? Dans le bon vieux temps, quand je faisais des drogues, du sexe et du rock and roll, je prenais deux joints avant de coucher avec quelqu'un, comme ça je pouvais contourner tous leurs jugements. Ça marchait super bien.

Dain :

Si tu peux avoir cette prise de conscience et te demander : "Est-ce qu'en réalité je détruis ma réussite par les choix que je fais ?" Tu pourrais découvrir que tu peux faire un choix différent. Tu pourrais te dire : «Ok, que faudrait-il pour que ceci soit créatif et génératif ? Toutes les inventions que j'ai, qui me font aller là en ce moment, détruis et décrées les.»

A QUOI RESSEMBLERAIT LA CRÉATION DU SEXE ET DES RELATIONS À PARTIR D'UNE RÉALITÉ TOTALEMENT DIFFÉRENTE ?

Gary :

J'aimerais que, cette semaine, tu envisages comment ce serait si tu étais prêt à générer et créer le sexe et les relations à partir d'une réalité totalement différente. Mets cette question en boucle et écoute-la sans arrêt :

Quelle concrétisation du sexe, de la copulation, des relations et de la réussite d'une réalité au-delà de cette réalité suis-je maintenant capable de générer, créer et instituer ? Tout ceci multiplié par un dieulliard, vas-tu le détruire et le décréer totalement ? Right and Wrong, Good and Bad, POD and POC, All Nine, Shorts, Boys and Beyonds.

Dain :

Ok, mes jolis hommes.

Participant :

Je veux simplement dire que je suis tellement reconnaissant pour ces appels. Ils sont formidables. Merci beaucoup.

Participant :

Merci infiniment.

Dain :

Merci. Comment ça devient encore mieux que ça ?

Gary :

Merci, les gars. Je vous aime beaucoup.

3
Tu es le Produit de Qualité

*Je ne fais plus des autres le produit de qualité.
Je suis devenu le produit de qualité et j'ai plus
de possibilités que jamais auparavant.*

Gary :

Bonjour Messieurs. Commençons avec quelques questions.

LES DÉMONS DE LA NÉCESSITÉ

Participant :

Je suis tellement reconnaissant pour le Club des Gentlemen. Pour la première fois de ma vie, je suis heureux d'être un homme et d'être dans un corps d'homme. J'ai posé la question : « Comment ça devient encore mieux que ça ? » et dans presque 90% des cas j'entends : « Ça ne devient pas mieux. » Je ne sais pas si c'est ma pensée, celle de quelqu'un d'autre ou celle d'une entité.

J'ai aussi demandé : « Quelle stupidité est-ce que je choisis d'utiliser pour créer l'éradication et l'élimination totale de :

«Comment ça devient encore mieux que ça ? » Peux-tu me donner plus de clarté là-dessus, s'il-te-plaît ?

Gary :

Tu dois demander : Démons de la séparation ? Et leur dire qu'il est temps de partir. Tu dis : Démons, retournez d'où vous venez et ne revenez plus jamais vers moi ou cette réalité.

Quelqu'un ou quelque chose qui te dit que tu ne peux pas faire quelque chose, est un démon. Une entité est un être qui prendrait volontiers un nouveau corps. Un démon est une entité, à qui on a donné le job de prendre le pouvoir sur quelqu'un ou quelque chose. Il va t'enfermer et te diminuer. Nous voulons vous amener à une situation où ce n'est pas le cas. Les démons viennent chaque fois que tu deviens un adepte de quelqu'un, parce que tu essaies d'obtenir du pouvoir de la personne dont tu es adepte. As-tu jamais cédé le pouvoir à une femme ?

Participants :

(Rire)

Gary :

Ça serait un *Oui*. Commençons avec ce processus :

Quelle stupidité choisis-tu d'utiliser pour créer les inventions, les intensités artificielles et les démons de la nécessité de suivre le sexe opposé ? Tout ceci multiplié par un dieulliard, vas-tu le détruire et le décréer totalement ? Right and Wrong, Good and Bad, POD and POC, All Nine, Shorts, Boys and Beyonds.

Participant :

Peux-tu parler de ce qu'est l'intensité artificielle ?

Gary :

Quand tu veux véritablement avoir quelque chose, tu adoptes le point de vue : « C'est vraiment une bonne idée ! » Tu le rends intense. Tu te dis : « J'ai tellement besoin de ça ! »

C'est un point de vue inventé. C'est artificiel. Tu utilises l'intensité pour créer la croyance que tu vas créer quelque chose de bien.

Chaque fois que tu veux suivre une femme, ou le vagin en or, tu crées une situation où tu es sous l'influence des démons. Et si tu étais une femme dans une vie antérieure, tu vas essayer de suivre les hommes. Quand tu te rends adepte de quelqu'un, tu invites les démons à te contrôler.

Participant :

Quand tu es adepte d'un gourou, est-ce que tu essaies d'avoir du pouvoir sur lui ?

Gary :

Tu es adepte d'un gourou parce que tu veux qu'il te voie comme la personne géniale que tu es. Tu invites les démons pour qu'ils te voient et reconnaissent combien tu es génial. Les démons s'activent à chaque fois que tu essaies de suivre quelqu'un.

Participant :

C'est vraiment intéressant.

Gary :

Quelle stupidité choisis-tu d'utiliser pour créer les inventions, les intensités artificielles et les démons de la nécessité de suivre le sexe opposé ? Tout ceci multiplié par un dieulliard, vas-tu le détruire et le décréer totalement ? Right and Wrong, Good and Bad, POD and POC, All Nine, Shorts, Boys and Beyonds.

Tu inventes que les démons sont une source de pouvoir et que l'intensité artificielle est une source de pouvoir. Bien entendu, aucun d'entre vous n'a jamais été artificiellement intense. Ou l'avez-vous été ?

Quelle stupidité choisis-tu d'utiliser pour créer les inventions, les intensités artificielles et les démons de la nécessité de suivre le sexe opposé ? Tout ceci multiplié par un dieulliard, vas-tu le détruire et le décréer totalement ? Right and Wrong, Good and Bad, POD and POC, All Nine, Shorts, Boys and Beyonds.

Quand tu essaies d'être l'adepte de quelque chose ou de quelqu'un, tu invites dans ta vie ce qui va créer le pire résultat. L'idée d'être un adepte est l'idée que quelqu'un a besoin de te contrôler ou qu'ils peuvent te contrôler et que c'est plus important pour toi que quelqu'un te contrôle plutôt que d'être toi.

Quelle stupidité choisis-tu d'utiliser pour créer les inventions, les intensités artificielles et les démons de la nécessité de suivre le sexe opposé ? Tout ceci multiplié par un dieulliard, vas-tu le détruire et le décréer totalement ? Right and Wrong, Good and Bad, POD and POC, All Nine, Shorts, Boys and Beyonds.

Participant :

J'ai beaucoup de mal à rester présent dans cette classe. Je ne veux vraiment pas être ici. Je veux arracher mes écouteurs. Est-ce que c'est un truc de démon ou quelque chose d'autre ?

Gary :

Les démons essaient toujours de te faire fuir quelque chose qui va te libérer d'eux. Alors, dites tous maintenant aux démons que vous avez toujours choisi afin d'obtenir le sexe opposé ou d'être le sexe opposé : "Retournez d'où vous venez et ne revenez jamais plus vers moi ou cette réalité."

Participant :

Waouh, c'est cool.

Participant :

Merci.

Gary :

Est-ce que certains se sentent mieux ?

Participant :

Oui !

Gary :

Quelle stupidité choisis-tu d'utiliser pour créer les inventions, les intensités artificielles et les démons de la nécessité de suivre le sexe opposé ? Tout ceci multiplié par un dieulliard, vas-tu le détruire et le décréer totalement ? Right and Wrong, Good and Bad, POD and POC, All Nine, Shorts, Boys and Beyonds.

Es-tu capable de rester plus présent maintenant ?

Participant :

Je suis bien plus présent maintenant. Mon corps en tremble presque.

Gary :

Bien. Est-ce du tremblement – ou est-ce être l'énergie que ton corps peut véritablement être ? Tu invites des entités et des démons dans ton corps et ta réalité pour pouvoir être le démon que tu es censé être au lit. C'est là où tu es supposé exiger du sexe d'une femme, et tu t'attends à ce qu'elle te satisfasse parce qu'elle est supposée te suivre, mais tu es déjà son adepte alors qui est en charge et comment est-ce que ça fonctionne ?

Participant :

Ça ne fonctionne pas.

Participant :

Gary, je t'ai entendu dire à l'occasion d'une téléconférence l'autre jour, et c'était la première fois que je t'entendais le dire, que plus nous devenons conscients, plus nous réveillons ces démons.

Gary :

Plus tu deviens conscient, plus tu réveilles les démons et les entités parce que quand tu n'es plus disposé à subir les choses, il devient plus difficile pour eux de continuer leur boulot.

Participant :

J'ai remarqué, depuis que j'utilise ce processus sur les démons, que certains jours les voix disparaissent et d'autres jours elles sont décuplées.

INSUFFLER LA CONSCIENCE DANS LE MONDE D'UN DÉMON

Gary :

Oui, parce qu'un nouveau groupe d'entre eux se réveille. Tu peux activer :

Quelle stupidité est-ce que j'utilise pour éviter la conscience perméable que je pourrais choisir ? Tout ce qui ne permet pas à ceci d'apparaître multiplié par un dieulliard, vas-tu le détruire et le décréer totalement ? Right and Wrong, Good and Bad, POD and POC, All Nine, Shorts, Boys and Beyonds.

Si tu insuffles la conscience dans le monde d'un démon, il ne peut pas rester ici. Les démons ont eu le boulot de créer des adeptes et des gens qui sont sous leur emprise pendant des milliards d'années et ils n'ont plus véritablement envie de le faire. Ils n'aiment pas être où ils sont ; ils n'aiment pas être là où ils sont bloqués, pas plus que tu n'aimes les avoir coincés sur toi. Plus la conscience fait surface sur la planète Terre, plus leur boulot perd de la valeur. En Inde et la plupart du Moyen Orient, par exemple, ils ont vénéré des dieux-démons pendant des siècles. Et dans d'autres parties du monde, les gens pratiquent la magie noire.

L'idée que toi, en tant qu'être, tu aies besoin de quelque chose qui soit en dehors de toi est une réalité inventée. Les gens disent des choses comme : « Oh, le démon du rhum » ou « Les démons me l'ont fait faire » ou « Le diable me l'a fait faire. » Ce sont nos manières d'inviter les démons à exister mais ils ne peuvent pas continuer leur boulot face à la conscience. Alors, continuez à utiliser :

Quelle stupidité est-ce que j'utilise pour éviter la conscience perméable que je pourrais choisir ? Tout ce qui ne permet pas à ceci d'apparaître multiplié par un dieulliard, vas-tu le détruire et le décréer totalement ? Right and Wrong, Good and Bad, POD and POC, All Nine, Shorts, Boys and Beyonds.

Participant :
Existe-t-il un démon de l'argent ?

Gary :
Oui. L'argent est considéré comme un démon. Les gens considèrent l'argent comme le démon qui les empêche d'avoir une vie. « L'argent est la racine de tous les maux » ou « L'amour de l'argent est la racine du mal. » Peu importe comment tu l'exprimes, l'argent est défini comme étant diabolique, pas comme quelque chose qui est facile, joyeux ou précieux à avoir. Tu vois comment ça fonctionne ?

Quelle stupidité est-ce que tu utilises pour éviter la conscience perméable que tu pourrais choisir ? Tout ce qui ne permet pas à ceci d'apparaître multiplié par un dieulliard, vas-tu le détruire et le décréer totalement ? Right and Wrong, Good and Bad, POD and POC, All Nine, Shorts, Boys and Beyonds.

Voici un autre processus que tu pourrais utiliser :

Quelle concrétisation d'être les lois perméables de la conscience es-tu maintenant capable de générer, créer et instituer ? Tout ce qui ne permet pas à ceci d'apparaître multiplié par un dieulliard, vas-tu le détruire et le décréer totalement ? Right and Wrong, Good and Bad, POD and POC, All Nine, Shorts, Boys and Beyonds.

Si tu mets ces deux processus en boucle, ils vont commencer à changer les choses dans tous les domaines de ta vie, pas seulement avec les relations et les femmes.

RENDS-TU QUELQU'UN VERTUEUX ?

Participant :

Je suis en conflit avec ce que je veux faire de ma vie. Je me remets en question constamment.

Gary :

Essayons ce processus :

Quelle stupidité utilises-tu pour créer les inventions, les intensités artificielles et les démons qui gardent et protègent les vertueux dont tu es adepte que tu choisis ? Tout ceci multiplié par un dieulliard, vas-tu le détruire et le décréer totalement ? Right and Wrong, Good and Bad, POD and POC, All Nine, Shorts, Boys and Beyonds.

Participant :

As-tu dit "les vertueux" ? Qu'est-ce que c'est ?

Gary :

Les vertueux dont tu es adepte que tu choisis ? Disons que tu décides que quelqu'un est une personne vertueuse. Elles ne sont pas faciles ; ce ne sont pas des putes. Elles ne vont pas s'abandonner facilement. Alors, tu décides qu'elles sont vertueuses et *vertueuse* signifie mieux que toi. Chaque fois que tu décides que quelqu'un est mieux que toi, tu dois te donner tort par rapport à tout ce que tu choisis. Ensuite, tu dois considérer à quel point tu es foutu pour que cette personne ne te choisisse pas.

Ce n'est pas comme si les hommes faisaient ça avec les femmes. Ah oui, ils le font ! Utilisons ça encore une fois.

Quelle stupidité utilises-tu pour créer les inventions, les intensités artificielles et les démons qui gardent et protègent les vertueux dont tu es adepte que tu choisis ? Tout ceci multiplié par un dieulliard, vas-tu le détruire et le décréer totalement ? Right and Wrong, Good and Bad, POD and POC, All Nine, Shorts, Boys and Beyonds.

As-tu déjà remarqué comment tu dis : "C'est la fille parfaite ?" Ça la rend vertueuse. « Cette fille est parfaite. Elle est si belle. » Vertueuse. C'est la façon dont tu rends quelqu'un vertueux plutôt que d'être celui qui est précieux.

Tout ceci multiplié par un dieulliard, vas-tu le détruire et le décréer totalement ? Right and Wrong, Good and Bad, POD and POC, All Nine, Shorts, Boys and Beyonds.

Quelle stupidité utilises-tu pour créer les inventions, les intensités artificielles et les démons qui gardent et protègent les Vertueux dont tu es adepte que tu choisis ? Tout ceci multiplié par un dieulliard, vas-tu le détruire et le décréer totalement ? Right and Wrong, Good and Bad, POD and POC, All Nine, Shorts, Boys and Beyonds.

Participant :

Quand je t'ai appelé la semaine dernière, tu m'as donné un déblayage sur le fait de choisir pour moi au lieu de choisir pour tous les autres. J'ai commencé à choisir plus pour moi, surtout avec ma partenaire, et ça a créé beaucoup de situations très intenses parce qu'elle avait pris l'habitude que je la choisisse *elle* d'abord ou *nous* d'abord et jamais *moi*.

Gary :

Eh bien, elle a bien un vagin en or.

Participant :

(Rires) Absolument. Tout ce qui s'est passé dans les deux dernières semaines correspond à l'énergie de tout ce que tu dis aujourd'hui. Peux-tu m'aider à clarifier ce que je ne vois pas là ?

Gary :

Quelle stupidité utilises-tu pour créer le vagin en or que tu choisis ? Tout ceci multiplié par un dieulliard, vas-tu le détruire et le décréer totalement ? Right and Wrong, Good and Bad, POD and POC, All Nine, Shorts, Boys and Beyonds.

PASSER UN ACCORD ET TENIR SES ENGAGEMENTS

Participant :

Elle réagit fortement quand je choisis de faire ou d'être quelque chose de différent de ce qui a été.

Gary :

Tu changes les choses. Tu n'as jamais fait un "Accord et Engagement" entre vous n'est-ce pas ?

Participant :

Non, absolument pas.

Gary :

Une relation est une négociation d'affaires, alors tu dois faire un "Accord et Engagement", comme tu le ferais dans toute négociation d'affaires. Les difficultés dans les interactions d'affaires et de relations se produisent parce que la plupart des gens n'ont aucune idée de ce qu'ils aimeraient. Ils croient que s'ils sont gentils et cordiaux, les gens vont leur donner des choses gentilles et bonnes.

Tu n'es pas disposé à voir ce que les gens veulent donner, ce qu'ils vont donner et ce que l'accord est pour eux. Tu as un dieulliard de fantasmes sur de ce qui est censé se passer, ce qui veut dire que tu ne regardes pas ce qui va véritablement se produire. Tu dois faire un "Accord et Engagement" ou il n'y aura pas d'espace à partir duquel accroître ta réalité. Tu dois être très clair sur ce dont tu as besoin et ce que tu désires ainsi que ce dont l'autre personne a besoin et ce qu'elle désire. Demande :

- Quel est l'Accord ?
- A quoi vas-tu t'engager ?
- Qu'attends-tu comme engagement de ma part ?
- A quoi est-ce que ça va ressembler et comment ça va fonctionner exactement ?
- Qu'est-ce que je vais devoir être pour toi ?

Tu dois dire : « Hey, ma chérie. Pouvons-nous faire un "Accord et Engagement" ? Qu'attends-tu de moi ? » Si tu l'appelles "ma chérie" au lieu de "ma petite" ou "bébé", elle devra être plus gentille, plus douce, pour honorer le titre que tu lui as attribué.

Participant :

Cool. Est-ce que j'ai créé des démons avec mes choix autour d'elle ?

Gary :

Oui. Combien de démons as-tu qui te créent comme son adepte à tout moment ? Beaucoup, un peu ou des mégatonnes ?

Participant :

Des mégatonnes.

Gary :

As-tu fait d'elle le gourou de ta vie ? Combien d'entre vous, les gars, ont fait des femmes le gourou que vous êtes censés suivre ? Tout ce que vous avez fait pour créer les démons qui vous conduisent à la suivre, à suivre ses ordres et à faire ce qu'elle dit et tout ceci multiplié par un dieulliard, allez-vous le détruire et le décréer totalement ? Right and Wrong, Good and Bad, POD and POC, All Nine, Shorts, Boys and Beyonds.

Participant :

Ça correspond à la question que je te posais pour savoir si suivre quelqu'un, c'est essayer d'avoir le pouvoir sur eux.

EST-CE QUE ÇA VA DÉVELOPPER MON ORDRE DU JOUR ?

Gary :

Pendant plusieurs années, quand Dain et moi considérions faire quelque chose, nous posions la question : « Est-ce que ça va développer mon ordre du jour ? » L'idée était que si faire quelque chose développait notre ordre du jour, nous devions le choisir.

Ce fut un choc de découvrir que tous les pénis des hommes ont le nom "Ordre du jour" et que s'il y a une femme impliquée, vous pensez tous que votre ordre du jour va se développer. En fait, vous savez que c'est le cas.

Participants :

(Rires)

Gary :

Votre ordre du jour est cette chose qui pend entre vos jambes. Chaque fois que vous pensez au sexe, vous développez votre ordre du jour. Dain et moi avons trouvé qu'une façon de contourner la question concernant notre ordre du jour, est :

- Si je choisis ceci, comment sera ma vie dans cinq ans ?
- Si je ne choisis pas ceci, comment sera ma vie dans cinq ans ?

C'est la seule manière de découvrir ce que vous aimeriez créer, ce qui développerait votre ordre du jour.

Participant :

Pourquoi cinq ans ? C'est assez lointain. Pourquoi est-ce que ce n'est pas juste un an ?

Gary :

Cinq ans est tellement loin dans le futur que tu ne peux pas inventer à quoi va ressembler quelque chose. En le mettant à cinq ans il t'est possible de percevoir quelque chose énergétiquement plutôt qu'à partir de tes pensées, sentiments et émotions.

Participant :
Merci.

QUAND TU ES LE MENEUR, TU DEVIENS LE PRODUIT DE QUALITÉ

Participant :
Le fait de suivre le vertueux décrit bien la façon dont j'ai toujours créé mes relations sexuelles avec les hommes. Je vois un gars et je me dis : « Oui, c'est le bon. » Je me retrouve avec un QI d'un chiffre et c'est parti ! Je lui donne tout mon pouvoir, comme tu dis et je lui donne raison et s'il ne me choisit pas, alors j'ai tort. Peux-tu me montrer une façon différente de faire ça ?

Gary :
Oui. Tu dois demander "Pourquoi est-ce que je suis, plutôt que de mener ?"
Quelle stupidité choisis-tu pour éviter d'être le meneur que tu pourrais choisir ? Tout ceci multiplié par un dieulliard, vas-tu le détruire et le décréer totalement ? Right and Wrong, Good and Bad, POD and POC, All Nine, Shorts, Boys and Beyonds.

Participant :
A quoi ça ressemble ?

Gary :

Eh bien, quand tu es le meneur, tu deviens le produit de qualité. Dans Access Consciousness, les femmes viennent voir Dain et disent : « Oh, j'adorerais coucher avec toi. » Est-ce vraiment ce qu'elles veulent dire ?

Participant :

Non.

Gary :

Non. Que veulent-elles dire ?

Participant :

Elles veulent le pouvoir sur lui. Elles veulent avoir de l'importance.

Gary :

Oui. Elles veulent avoir de l'importance et elles veulent avoir une relation. J'ai reçu un mot d'une dame ce week-end. Elle disait : « J'adorerais aller dîner avec toi et avoir du bon temps, voire plus. » Elle est canon, mais c'est une garce démoniaque infernale.

Participant :

Est-ce que ce n'est pas ton type, Gary ? N'est-ce pas ce que tu aimes ?

Gary :

C'est ce que j'avais l'habitude d'aimer. J'ai découvert que suivre le vagin en or fonctionne généralement très mal pour moi. Je ne rends plus les autres le produit de qualité. Je suis devenu le produit de qualité et j'ai beaucoup plus de possibilités qu'auparavant.

Quelle stupidité utilises-tu pour éviter d'être le produit de qualité et le meneur que tu pourrais choisir ? Tout ceci multiplié par un dieulliard, vas-tu le détruire et le décréer totalement ? Right and Wrong, Good and Bad, POD and POC, All Nine, Shorts, Boys and Beyonds.

La plupart d'entre vous pensent que si quelqu'un est disposé à vous avoir ou à coucher avec vous, ils ne peuvent pas avoir de valeur. Et s'ils ne sont pas disposés à coucher avec vous, vous n'avez pas de valeur. Pourquoi vous dévaluez-vous ?

Tout ceci multiplié par un dieulliard, allez-vous le détruire et le décréer totalement ? Right and Wrong, Good and Bad, POD and POC, All Nine, Shorts, Boys and Beyonds.

Participant :

J'ai récemment rencontré une femme et j'ai l'impression qu'elle dit : "Nous devons coucher ensemble maintenant, avant de partir."

Gary :

Ça a à voir avec son désir, sa réalité, ce qu'elle choisit et ce qu'elle veut créer.

Qu'est-ce que ça a à voir avec ce que tu désires ?

Participant :

Rien.

Gary :

La plupart des gens fonctionnent à partir de ce que les autres désirent et requièrent plutôt que de choisir ce qui fonctionne pour eux.

Participant :

Comment se fait-il qu'elle ait le même truc de manque dans son univers ?

Gary :

Elle essaie aussi de trouver une personne qu'elle peut suivre. Prête attention au fait que le premier processus que je vous ai donné ne parlait pas d'homme ou de femme, mais du sexe opposé :

Quelle stupidité choisis-tu d'utiliser pour créer les inventions, les intensités artificielles et les démons de la nécessité de suivre le sexe opposé ? Tout ceci multiplié par un dieulliard, vas-tu le détruire et le décréer totalement ? Right and Wrong, Good and Bad, POD and POC, All Nine, Shorts, Boys and Beyonds.

Ça s'applique des deux côtés. C'est la chose dont tu dois prendre conscience. Comment joues-tu des deux côtés du jeu ? Quand tu trouves quelqu'un qui a de la folie correspondant à la tienne, tu te retrouves très attiré par lui ou par elle. N'est-ce pas mignon ? Votre folie correspondante vous attire l'un vers l'autre.

Participants :

(Rires)

Participant :

Et à quoi cela correspond lorsqu'on veut tuer les gens que l'on connaît de vies antérieures ? Est-ce autre chose ?

Gary :

Quand tu as ces attirances vraiment intenses où tu ne peux pas te séparer de la personne, c'est généralement ça. C'est quand tu te dis : "J'aimerais vraiment faire bla, bla, bla" ou : "C'est vraiment important pour moi qu'on soit ensemble" ou : "Je sais qu'on a été ensemble dans beaucoup de vies antérieures."

Participant :

Récemment, j'ai commencé à faire des choses différentes. Je n'ai pas choisi ces vieux schémas autant qu'avant. Quelque chose a véritablement changé.

Gary :

Cool, nous sommes sur le bon chemin. Et c'est ce qu'on recherche : le bon chemin.

LE TORT AUTOUR DU DÉSIR DU SEXE

Participant :

Pourrais-tu parler des démons concernant le tort autour du désir d'avoir du sexe ?

Gary :

Tout d'abord, le sexe et la copulation ont toujours été un tort.

Dans combien de vies antérieures as-tu choisi des démons et demandé de l'aide du Divin ou de quelqu'un qui pourrait t'arrêter de vouloir du sexe ? Combien de démons as-tu qui te séparent de ton énergie sexuelle ?

Participant :

Beaucoup.

Gary :

Tout ceci multiplié par un dieulliard, vas-tu maintenant demander qu'ils retournent d'où ils sont venus et qu'ils ne reviennent jamais vers toi ou ta réalité pour toute l'éternité ?

Participant :

Oui.

Gary :

Tout ce qui ne permet pas à ceci de se produire, multiplié par un dieulliard, à trois : Un…deux…trois ! Merci.

N'as-tu jamais dit : "S'il te plait mon Dieu, ne me fait pas vouloir du sexe en permanence, parce que j'ai tellement tort de vouloir du sexe tout le temps" ou : «Je dois avoir du sexe. Est-ce que quelqu'un peut m'aider pour que j'aie du sexe ?» L'un et l'autre invitent les démons. L'un et l'autre t'enlèvent ton pouvoir. Tu as besoin d'avoir le choix et la volonté de recevoir.

PRÉSENCE TOTALE DANS LE SEXE ET LA COPULATION

Participant :

Qu'est-ce qu'il se passe quand tu quittes ton corps pendant l'acte sexuel ? Est-ce lié aux démons ?

Gary :

Eh bien, en général quitter ton corps pendant l'acte sexuel

est une façon d'être présent sans être présent. Tu essaies de maintenir en place ton ordre du jour croissant sans être toi-même. Donc ça ne fonctionne pas, n'est-ce pas ?

Participant :
Non.

Gary :
Comment ce serait si tu étais totalement présent ?
Quelle stupidité choisis-tu d'utiliser pour éviter la présence totale pendant le sexe et la copulation ? Tout ceci multiplié par un dieulliard, vas-tu le détruire et le décréer totalement ? Right and Wrong, Good and Bad, POD and POC, All Nine, Shorts, Boys and Beyonds.

ENTRAÎNEMENT CULTUREL

Participant :
Je suis asiatique et il me semble que les gens asiatiques sont plus conservateurs à propos du sexe.

Gary :
Non, ils sont plus réprimés à propos du sexe.

Participant :
Est-ce que c'est une programmation culturelle ?

Gary :
Oui.

Participant :

Je suis célibataire et j'ai du mal à aborder les filles. Je ne sais pas quel est le véritable problème.

Parfois c'est comme un sentiment de peur ou d'inquiétude.

Gary :

Les gars, vous devez comprendre que vous êtes conscients. Il y a autant de peur et d'inquiétude dans le monde de la femme que dans le vôtre, si ce n'est plus. Tu pourrais poser la question : « Est-ce que c'est à moi ? » parce que souvent, la fille a autant de problèmes que toi.

Quand j'étais au Lycée, il y avait une fille qui était considérée comme la plus belle femme de l'école. Personne n'osait lui parler ou l'inviter à sortir. Ils avaient tous peur de le faire parce qu'ils étaient sûrs qu'elle les rejetterait. Finalement, j'ai pris mon courage à deux mains et je l'ai invitée. Elle s'est avérée être la personne la plus ennuyeuse avec laquelle je suis jamais sorti. Après ça, j'ai choisi les filles moches pour sortir avec moi parce qu'au moins elles étaient intéressantes. Il était clair pour moi qu'une personne qui est véritablement jolie a autant d'inquiétude sur le fait d'être invitée que quelqu'un qui est moche. Tu dois te demander : « Est-ce que cette peur ou cette inquiétude ou peu importe ce que c'est, m'appartient ? Ou est-ce que ça leur appartient ? » Pour que tu saches ce qui se passe.

Participant :

Comment est-ce que je peux surmonter ça, indépendamment des jugements de tous les autres concernant le fait d'aborder les filles ?

Gary :

Tu peux reconnaître que tu es le produit de qualité.

Participant :

J'ai participé aux trois jours de classe sur le corps et je voulais échanger les processus corporels avec des filles mais la société et ma mère en particulier, m'ont appris que toucher le corps des filles était mal.

Gary :

On t'a appris que toucher le corps des filles était mal. Tu as tort si tu les touches et tu as tort si tu ne le fais pas. C'est un entraînement culturel. L'entraînement culturel, c'est toutes les idées que tu adoptes des autres. C'est tout ce que la société et ta culture disent. Toutes ces choses sont des monceaux de débris erronés. Essaie d'utiliser ceci :

Quelle stupidité est-ce que j'utilise pour créer l'entraînement culturel que je choisis ? Tout ceci multiplié par un dieulliard, vas-tu le détruire et le décréer totalement ? Right and Wrong, Good and Bad, POD and POC, All Nine, Shorts, Boys and Beyonds.

Participant :

Est-ce que ça s'étend aux religions aussi ?

Gary :

Oui, la religion est toujours un entraînement culturel. Dans combien de vies antérieures as-tu été un prêtre et rompu tes vœux en ayant une relation sexuelle avec quelqu'un, généralement un garçon, mais on ne va pas parler de ça. Ce n'est pas normal d'être chaste.

Tout ceci multiplié par un dieulliard et toutes les vies passées dans lesquelles tu t'es jugé pour avoir rompu tes vœux de chasteté, vas-tu le détruire et le décréer totalement ? Right and Wrong, Good and Bad, POD and POC, All Nine, Shorts, Boys and Beyonds.

Quelle stupidité utilises-tu pour créer le « dé-sexuer » que tu choisis ? Tout ceci multiplié par un dieulliard, vas-tu le détruire et le décréer totalement ? Right and Wrong, Good and Bad, POD and POC, All Nine, Shorts, Boys and Beyonds.

ÊTRE L'ÉNERGIE SEXUELLE QUE TU ES

Participant :

Gary, qu'est-ce que « dé-sexuer » veut dire ?

Gary :

« Dé-sexuer » c'est quand, au lieu d'être l'être sexuel que tu es, tu essaies de le renier, de le réprimer, de ne pas l'être et de trouver des manières de l'éliminer.

Participant :

D'accord.

Gary :

Quelle stupidité utilises-tu pour créer le « dé-sexuer» et le « dé-copuler» que tu choisis ? Tout ceci multiplié par un dieulliard, vas-tu le détruire et le décréer totalement ? Right and Wrong, Good and Bad, POD and POC, All Nine, Shorts, Boys and Beyonds.

Les gars, vous mettez tellement d'énergie dans le « dé-sexuer » et le « dé-copuler » ! C'est étonnant que vous arriviez même à coucher.

Quelle stupidité utilises-tu pour créer le « dé-sexuer» et le « dé-copuler» que tu choisis ? Tout ceci multiplié par un dieulliard, vas-tu le détruire et le décréer totalement ? Right and Wrong, Good and Bad, POD and POC, All Nine, Shorts, Boys and Beyonds.

Tu as essayé de te « dé-sexuer » et te « dé-copuler » toi-même depuis toujours ! Je ne sors pas et je ne couche pas, mais j'ai plein d'opportunités et je me pose toujours les questions :

- Est-ce que ce sera facile ?
- Est-ce que ce sera ludique ?
- Est-ce que je vais apprendre quelque chose ?

En général, quand je me demande : "Est-ce que je vais apprendre quelque chose ?" je perçois un : « Oui, je vais apprendre à quel point ça va foirer ! » alors je n'y vais pas. J'avais l'habitude de calculer qu'à partir du moment où mon ordre du jour se développait, ça devait être bien de le faire. Aucun de vous n'a ce point de vue, n'est-ce pas ?

Quelle stupidité choisis-tu d'utiliser pour créer les inventions, les intensités artificielles et les démons de ton pénis comme étant toujours la source pour développer ton ordre du jour ? Tout ceci multiplié par un dieulliard, vas-tu le détruire et le décréer totalement ? Right and Wrong, Good and Bad, POD and POC, All Nine, Shorts, Boys and Beyonds.

A quel point supprimes-tu ce qui est l'énergie sexuelle ?

Participant :

C'est encore ce truc de suivre, n'est-ce pas ? Tu vas changer ou réprimer ton énergie sexuelle basé sur ce que tu penses que la femme apprécie.

Gary :

Oui, plutôt que d'être véritablement toi. Si tu es réellement l'énergie sexuelle, tu es tout ce que tu es. Si tu es tout ce que tu es, tu deviens plus intensément excitant, plus précieux et plus désirable.

Tout ceci multiplié par un dieulliard, vas-tu le détruire et le décréer totalement ? Right and Wrong, Good and Bad, POD and POC, All Nine, Shorts, Boys and Beyonds.

Participant :

Je suis confus parce que je me demandais : « Qu'est-ce que cette personne requiert de ma part ? » Et « Qu'est-t-elle disposée à recevoir ? » J'ai perçu ce qu'elle était disposée à recevoir et j'ai décidé de l'être – mais elle n'était pas prête à recevoir grand-chose.

QU'EST-CE QUE J'AIMERAIS CRÉER POUR MOI ?

Gary :

C'est ce que la plupart d'entre nous faisons. Nous essayons de donner seulement ce que les autres gens peuvent recevoir et nous leur donnons raison. Et si, au lieu de supposer que l'autre personne a raison, ou qu'elle est vertueuse, ou qu'elle a de la bonté, tu étais disposé à considérer la situation et à dire : « J'aimerais vraiment créer quelque chose de différent. Qu'est-ce que j'aimerais créer pour moi ? »

Si tu commençais à considérer ce que tu pourrais créer pour toi, est-ce que tu créerais et générerais plus - ou moins ? Est-ce que tu créerais des gens dans ta vie qui seraient plus disposés à recevoir si tu faisais ce qui fonctionne pour toi ?

Je parlais avec Dain récemment et je lui ai dit : "Tu dois arrêter de chercher ce que les femmes désirent et commencer à te demander ce que toi tu désires. Ton ordre du jour en expansion n'a aucune conscience."

Est-ce que ton ordre du jour développé désire plus que ce qui vient au tout début ? Tout ce que ça fait apparaître multiplié par un dieulliard, vas-tu le détruire et le décréer totalement ? Right and Wrong, Good and Bad, POD and POC, All Nine, Shorts, Boys and Beyonds.

Quelle stupidité choisis-tu d'utiliser pour créer le tort d'être un homme ?

Tout ceci multiplié par un dieulliard, vas-tu le détruire et le décréer totalement ? Right and Wrong, Good and Bad, POD and POC, All Nine, Shorts, Boys and Beyonds.

Un homme est mou quand il est dur et dur quand il est mou. Tu vois ce que ça veut dire ?

Participant :
Non.

ORGASME PAR CONTRACTION / ORGASME PAR EXPANSION

Gary :

Si tu bandes pour quelqu'un, tu vas leur donner tout ce qu'ils veulent. Quand tu ne leur donnes pas ce qu'ils veulent, quand tu obtiens ce que tu veux, tout d'un coup, tu n'as plus aucun intérêt.

C'est la façon dont fonctionne le corps. Ce n'est ni un mal, ni un bien. Si tu choisis le sexe dans l'idée d'avoir un orgasme et que tu as un orgasme par contraction, ce que font la plupart des gens, avoir du sexe ne te motive pas à continuer de vivre. Si tu choisis la contraction pour créer l'orgasme, tu ne crées pas l'énergie génératrice de ce qu'est vivre, ce que tu obtiens en revanche quand tu choisis l'expansion pour créer l'orgasme.

Tout ce qui vient de faire que tu n'as rien compris à ce que je viens de dire, vas-tu le détruire et le décréer totalement ? Right and Wrong, Good and Bad, POD and POC, All Nine, Shorts, Boys and Beyonds.

Quand tu étais gosse, tu es sans doute allé dans la salle de bains pour te masturber. Tu essayais d'en finir le plus vite possible parce que tu ne voulais pas que quelqu'un sache ce que tu faisais. Il est probable que tes parents ne t'encourageaient pas à te donner du plaisir. Très peu de mères ou de pères disent : « Prends ton temps de douceur. Fais-toi plaisir et profites bien de ton pénis. » Ils demandent : « Qu'est-ce que tu fais là-dedans ? »

Si tu veux vraiment accroître ton énergie sexuelle, je te recommande vivement de commencer à te masturber différemment. Tu peux le faire avec ta copine ou sans elle.

Elle pourrait apprécier si tu prenais vraiment ton temps quand tu te masturbes. Décides de ne pas éjaculer dans les premières trois minutes trente ; tu vas prendre plus de temps que ça. Sois disposé à prendre une heure à jouer avec ton pénis de manière douce et délicate et chaque fois que tu sens que tu es proche, au lieu d'aller plus vite pour éjaculer, ralentis. Fais le plus lentement et délicatement. Ajoute du lubrifiant si tu veux, mais fais-le lentement et délicatement. Sois tranquille, tendre et doux. Chaque fois que tu sens que tu te contractes, dis : « Non » et choisis l'expansion.

Tu vas peut-être perdre ton érection pendant le processus mais continue de jouer avec ton pénis doucement jusqu'à ce qu'il raidisse à nouveau. Continue de le caresser doucement et tranquillement. Si tu fais ça, tu arriveras au point où a) tu deviendras un meilleur amant, b) tu seras prêt à t'autoriser à avoir des maîtresses qui prendront ce genre de temps avec et pour toi et c) au lieu d'exploser dans un éclat d'énergie qui devient une limitation, tu commenceras à créer un orgasme qui génère de l'énergie. Après avoir eu un orgasme de cette manière- en expansion et pas en contraction- tu voudras aller travailler, t'amuser, tu voudras faire plus qu'aller dormir.

S'il t'est déjà arrivé de vouloir aller dormir juste après avoir éjaculé, tu as fait de la contraction pour créer l'orgasme. Utiliser la contraction pour créer l'orgasme amoindrit toujours les énergies génératrices et créatrices de ton corps en faveur de l'orgasme.

Participant :

Est-ce l'intensité artificielle que l'on crée à partir de l'excitation par la pornographie ?

Gary :

Quand tu crées le fait de toucher ton truc aussi rapidement que tu peux pour éjaculer, tu crées une intensité artificielle pour pouvoir en éjaculer.

Participant :

Cool.

Gary :

Tu inventes ça comme la seule façon pour toi d'éjaculer, puis quand tu as une relation sexuelle avec une femme, tu dois tout le temps aller vite et de manière dure, comme si vite et de manière dure est la seule façon de la satisfaire. Tout d'abord, pourquoi est-ce qu'il est toujours question de la façon dont elle est satisfaite, pas de la façon dont tu es satisfait ? Quand tu es disposé à fonctionner à partir de l'expansion au lieu de pousser à l'orgasme, tu invites l'orgasme. Tu invites toute personne avec qui tu as une relation sexuelle à une possibilité différente et un choix différent.

Participant :

La femme que je vois en ce moment a fait ça avec moi l'autre jour. Elle caressait mon pénis, me suçait, me léchait et je m'endormais. J'ai même ronflé plusieurs fois. Qu'est-ce que c'est ? Est-ce que c'est simplement le corps qui se relaxe ?

Gary :

Oui, parce que le corps devrait être détendu. T'es-tu déjà réveillé avec une érection ?

Participant :

Quand je suis détendu, j'ai de grosses érections.

Gary :

Exactement ! La relaxation est la source de l'érection. La relaxation est la source d'excitation. C'est la raison pour laquelle je veux que tu t'entraînes à ça. Oublie l'idée que tu essaies de créer un orgasme. A la place, vises la capacité à créer une érection plus durable, plus plaisante. Ça contribuera à te rendre meilleur quand tu coucheras avec quelqu'un.

Ça va aussi t'amener à une situation où tu as un choix concernant ce que tu veux créer et sur la façon dont tu veux le créer, ce qui fait de toi un produit de qualité. Pour l'instant, la plupart d'entre vous seriez juste très heureux d'avoir un endroit mouillé et tiède où enfoncer votre pénis. C'est tout ce qui suffit à la plupart des hommes. Et parce que c'est suffisant pour la plupart des hommes, les femmes commencent à penser que les hommes sont égoïstes. Elles pensent que les hommes sont trop rapides ; qu'ils ne vont pas assez lentement. Beaucoup de femmes ont le point de vue que le sexe c'est juste bang, bang, bang. Elles pensent : « Vas-tu bientôt en finir et éjaculer pour qu'on puisse arrêter ? » Ça n'a rien à voir avec le fait d'inviter les femmes à vivre de façon expansive par le biais de la qualité orgasmique du sexe. C'est en relation avec le fait que tu prennes du plaisir ou que tu leur fasses prendre du plaisir. Rien de cela ne devrait être votre objectif.

Participant :

As-tu un déblayage connecté au fait de passer de la contraction de l'orgasme à l'expansion ?

Gary :

Malheureusement je ne peux pas créer cela. Tu dois pratiquer parce que tu as appris à le faire de l'autre manière. Ce n'est pas que ce soit mal. Ça ne va simplement pas créer ce que je pense que la plupart d'entre vous aimeriez avoir. Est-ce que j'ai tort ?

Participant :

Non.

Gary :

Tu aimerais que le sexe soit quelque chose qui t'énergise et donne de l'expansion à ta vie – pas juste à ton ordre du jour. Il y a une possibilité différente ici, à mes yeux. Quelle possibilité aimerais-tu avoir en priorité ? La version la plus expansive du sexe et de la copulation ou la version la plus contractive ?

Participant :

La version la plus expansive.

Participant :

Gary, tu m'as donné une question qui m'a vraiment beaucoup aidé : "Qu'est-ce qui créerait une plus grande possibilité dont je n'ai jamais suspecté l'existence - dans le sexe et la copulation si je me sentais détendu ?"

Gary :

Merci pour ça. J'avais oublié cette question. Ça aide, mais vraiment, ce n'est pas simplement poser une question. Tu dois avoir la volonté de le pratiquer. Quand je t'ai donné cette question, personne ne me laissait parler assez longtemps pour expliquer ce que vous avez besoin de faire. Alors pratique- et utilise cette question. C'était quoi déjà ?

Participant :

Dans quoi est-ce que je peux me relaxer qui créerait une plus grande possibilité dans le sexe et la copulation, dont je n'ai jamais suspecté l'existence ?

Gary :

Quelle concrétisation de la relaxation totale dans le sexe et la copulation es-tu maintenant capable de générer, créer et instituer ? Tout ce qui ne permet pas à ceci d'apparaître multiplié par un dieulliard, vas-tu le détruire et le décréer totalement ?

Right and Wrong, Good and Bad, POD and POC, All Nine, Shorts, Boys and Beyonds.

Participant :

Quand je travaille et que ça devient intense, parfois je vais me masturber de cette manière contractive. Qu'est-ce que c'est ?

Gary :

Tu penses qu'éjaculer va te détendre. Mais veux-tu vraiment éjaculer – ou veux-tu élargir ta vie ?

Participant :

La deuxième réponse.

Gary :

Quand tu sens ce genre de tension, va à la salle de bains et caresse toi pendant quinze minutes au lieu de trois minutes et demie et fais le sans éjaculer, ensuite retourne travailler et vois comment tu vas. Le truc c'est que pour être dur, tu dois te détendre.

Participant :

Souvent je me rends compte que l'intensité n'est pas la mienne.

Gary :

L'intensité n'est pas la tienne mais tu veux te détendre en jouant de façon non orgasmique avec ton pénis et puis quand tu ressors, les gens vont regarder la bosse dans ton pantalon et commencer à avoir envie de toi. Ça fera plus pour développer ton ordre du jour que toute autre chose.

INTÉGRITÉ AVEC SOI

Participant :

Quand je marche dans la rue, j'évite souvent les gens et je contracte mon énergie sexuelle. Je peux me sentir disparaître en fait. Est-ce que c'est juste une question d'accroître cette sexualness ou d'être présent ?

Gary :

Est-ce que tu contractes ton énergie sexuelle et tu te fais disparaître ? Ou est-ce les autres qui ne peuvent pas être sexuels du tout ?

Participant :

La deuxième réponse, oui.

Gary :

Essaies-tu de t'adapter aux gens autour de toi ?

Participant :

Oui.

Gary :

Quelle stupidité choisis-tu d'utiliser pour t'adapter à la désintégrité vibrationnelle autour de toi ? Tout ceci multiplié par un dieulliard, vas-tu le détruire et le décréer totalement ? Right and Wrong, Good and Bad, POD and POC, All Nine, Shorts, Boys and Beyonds.

Participant :

Que signifie *désintégrité* ? Comment ça marche ?

Gary :

Est-ce que les gens fonctionnent à partir d'intégrité - ou est-ce qu'ils fonctionnent à partir des conclusions et des jugements ?

Participant :

De la conclusion et du jugement.

Gary :

OK, est-ce que c'est à partir de ça que tu veux fonctionner ?

Participant :

Non. Devrais-je fonctionner à partir de l'intégrité alors ?

Gary :

Oui. L'intégrité avec toi. Tu t'adaptes aux vibrations autour de toi comme si les vibrations autour de toi étaient ce que tu devrais être. Mais ce que tu devrais réellement être est *toi*, peu importe le reste. L'intégrité c'est franchir le pas dans la magnificence que tu es, sans jugement. L'intégrité c'est être vrai envers toi.

Quelle stupidité choisis-tu d'utiliser pour créer l'entraînement vibrationnel avec les réalités désintégrantes que les autres gens utilisent ? Tout ceci multiplié par un dieulliard, vas-tu le détruire et le décréer totalement ? Right and Wrong, Good and Bad, POD and POC, All Nine, Shorts, Boys and Beyonds.

Participant :

Est-ce que ça a un lien avec ce que tu disais à propos des démons ? Es-tu en train de dire que quand je suis avec des gens et que je les rends plus importants que moi, j'invite les démons ?

Gary :

Si tu rends n'importe qui plus important que toi au lieu de simplement différent de toi, tu dois déterminer si tu es un adepte. Vérité, es-tu un bon adepte ? J'ai dit «vérité» avant de poser cette question, du coup tu dois admettre ce qui est vrai.

Participant :

Non, pas vraiment.

Gary :

En effet, non, tu es un adepte de merde, c'est pourquoi quand tu as une relation, tu en arrives toujours au point où ça te gonfle. Ou bien tu fais chier l'autre personne pour pouvoir avoir raison.

Participant :

Est-ce qu'on peut changer ça maintenant ?

Gary :

Tout ce que tu as fait pour avoir ça comme étant ta réalité, vas-tu le détruire et le décréer totalement ? Right and Wrong, Good and Bad, POD and POC, All Nine, Shorts, Boys and Beyonds.

Comment ce serait si tu étais toi en intégrité et si tu étais tout ce que tu es sans aucune excuse ? Serais-tu plus attirant ou moins attirant ?

Participant :

Qui s'en préoccuperait ?

Gary :

Précisément ! Tu t'en foutrais et parce que tu t'en foutrais, tout le monde te trouverait très attirant. Tant que tu ne t'en fous pas, on cherchera la façon dont on peut t'utiliser, comment te manipuler pour devenir ce qu'on veut que tu sois et comment te convaincre que tu devrais faire ce qu'on veut que tu fasses.

Participant :

Merci pour tout ça. Je viens juste de comprendre cette énergie et c'est «waouh !"

Gary :

Eh bien, les gars. Je crois qu'on en a terminé là.

Participants :

Merci, Gary.

Gary :

Ok, mes amis, prenez soin de vous. Je vous aime beaucoup. On se reparle bientôt.

4
Deviens le Roi des Possibilités

Et si tu étais vraiment ce que tu as prétendu ne pas être ?
Et si tu étais vraiment le roi des possibilités ?

Gary :
Bonjour Messieurs. Dr Dain est avec nous aujourd'hui.

LA SAISON ÉTERNELLE DU MÉCONTENTEMENT

Dain :
Bonjour tout le monde. Je suis heureux de participer à cette télé-classe. Je dois dire qu'avant qu'on commence à faire ces téléclasses, j'étais aussi résistant à être connecté avec les autres hommes que vous l'êtes les gars, alors je pense que quelque chose est en train de changer dans notre monde. Quelque chose est certainement en train de changer dans le mien. J'espère que ça change dans le vôtre aussi.

D'un côté, tu sais que tu es ici pour changer les choses dans le monde ; d'un autre côté, il y a un mécontentement familier qui apparaît en présence d'autres hommes. Tu penses qu'il ne sera pas là avec les femmes, mais c'est encore plus intense avec les femmes. Tu ne veux pas le voir parce que les femmes ont tendance à avoir d'autres attributs que tu trouves…disons, intéressants.

Gary :

Quelle stupidité utilises-tu pour créer les inventions, les intensités artificielles et les démons de la saison éternelle du mécontentement que tu choisis ? Tout ceci multiplié par un dieulliard, vas-tu le détruire et le décréer totalement ? Right and Wrong, Good and Bad, POD and POC, All Nine, Shorts, Boys and Beyonds.

Dain :

Oh, quelle joie !

Gary :

Oh, quelle misère !

Dain :

Je me demande ce que nous pourrions vraiment créer ensemble si nous dépassions l'idée que notre séparation nous était plus précieuse que la connexion des possibilités que nous pourrions créer.

Quelle stupidité utilises-tu pour créer les inventions, les intensités artificielles et les démons de la saison éternelle du mécontentement que tu choisis ? Tout ceci multiplié par un dieulliard, vas-tu le détruire et le décréer totalement ? Right and Wrong, Good and Bad, POD and POC, All Nine, Shorts, Boys and Beyonds.

Participant :

Que veux-tu dire par *mécontentement ?*

Gary :

Ça veut dire que tu n'es jamais véritablement satisfait de quoi que ce soit. Tu sais que tu es censé l'être mais tu ne le ressens pas comme ça et tu continues à essayer de trouver la façon dont tu pourrais te sentir satisfait ou comment ça doit être vrai, puisque c'est la façon dont tu es censé te sentir, ce qui n'est en fait pas réel pour toi.

Participant :

Oh, celle-là.

Gary :

C'est comme croire «Maintenant que j'ai une femme, je vais être heureux.» Vous les gars essayez toujours d'être satisfaits avec ce que vous avez et vous ne l'êtes jamais. Pourquoi voudriez-vous être satisfait ? Quelle valeur est-ce que ça a ?

Participant :

Il n'y a pas de bonne réponse à ça.

Gary :

Pourquoi continues-tu à rechercher la satisfaction plutôt que la conscience ? La *satisfaction* est l'idée que tu pourrais être satisfait avec ce que tu peux obtenir. Il n'y a pas un seul d'entre vous qui ne pourrait obtenir un vagin en or dans sa vie - et vous êtes censés être satisfaits avec le fait d'avoir un vagin qui vous est disponible sur demande. Vous ne vous demandez jamais : Quels choix ai-je là que je n'ai même pas considérés ?

Tout ce que ça fait apparaître multiplié par un dieulliard, vas-tu le détruire et le décréer totalement ? Right and Wrong, Good and Bad, POD and POC, All Nine, Shorts, Boys and Beyonds.

Dain :

Quelle stupidité utilises-tu pour créer les inventions, les intensités artificielles et les démons de la saison éternelle du mécontentement que tu choisis ? Tout ceci multiplié par un dieulliard, vas-tu le détruire et le décréer totalement ? Right and Wrong, Good and Bad, POD and POC, All Nine, Shorts, Boys and Beyonds.

Gary :

As-tu déjà remarqué que tu penses être satisfait quand tu as une femme dans ta vie - sauf que ça marche rarement parce que la femme est dédiée à s'assurer que tu n'es jamais satisfait ? Dès que tu te sens satisfait avec les choses, ta femme va te dire : «Mon chéri, nous devons parler», ce qui signifie quoi ? «Tu as tort, tu es foutu, tu es baisé» et pas de manière plaisante.

Quelle stupidité utilises-tu pour créer les inventions, les intensités artificielles et les démons de la saison éternelle du mécontentement que tu choisis ? Tout ceci multiplié par un dieulliard, vas-tu le détruire et le décréer totalement ? Right and Wrong, Good and Bad, POD and POC, All Nine, Shorts, Boys and Beyonds.

Les hommes pensent que les femmes vont être satisfaites avec eux, mais elles ne le sont jamais. Les hommes cherchent constamment comment ils peuvent créer de la satisfaction avec une femme parce qu'ils pensent qu'une fois que la femme est satisfaite, ils vont enfin avoir de la satisfaction aussi. Ça ne marche pas !

UN MÉCONTENTEMENT TORDU QUI CRÉE UNE SÉPARATION ENTRE LES HOMMES

Dain :

J'ai remarqué une énergie étrange entre hommes qui se rapporte à ça. C'est comme un mécontentement tordu qui crée une séparation d'eux envers les autres hommes.

Gary, je sais que tu ne l'as pas avec les autres gars mais j'ai remarqué que beaucoup de mecs l'ont avec moi. Je rencontre un mec et je peux percevoir cette énergie.

La meilleure façon dont je puisse la décrire est la suivante. Gary m'a dit qu'un jour il travaillait avec un gars qui lui a dit : « J'ai un problème avec Dain. Je suis en concurrence avec lui. » Ce que Gary a compris finalement avec lui, était que le gars voulait réellement avoir une relation sexuelle avec moi et il créait de la concurrence avec moi à partir de ça. Il essayait de me dénigrer. Il me donnait tort et disait des méchancetés sur moi derrière mon dos.

Les gars, pouvez-vous imaginer ce qu'on aurait de disponible si ça disparaissait totalement ? Je ne sais pas pour vous, mais c'est un des domaines où je détruis les capacités et la puissance qui me sont disponibles. C'est la capacité de marcher la tête haute avec une sensation d'aisance. Je ne prétends pas avoir trouvé la solution à ça ; je le mentionne parce que c'est quelque chose dont les autres gars ne sont pas disposés à avoir conscience ou à en parler.

Je dis : «Tu sais quoi ? Il est temps d'en parler, il est temps d'en être conscient et il est temps de changer ça, putain, parce que si tu te sépares des autres gars, tu crées aussi une séparation de toi envers toi.»

Si tu te réveillais demain et que tu n'étais plus hétéro, plus homo ou plus aucune sexualité par laquelle tu t'es défini, te rends-tu compte à quel point tu te sentirais libre ? Si tu n'avais plus à te réveiller et rechercher la femme ou l'homme, si tu n'avais plus à rechercher le sexe, où pourrais-tu concentrer ton énergie ? Qu'est-ce que tu pourrais créer et générer qui créerait une autre possibilité ?

Gary :

Et pourquoi te séparerais-tu de toi ? Le truc c'est que, pour pouvoir avoir un point de vue fixe, tu dois créer une séparation de toi envers toi.

A quel point ce que tu as essayé de créer comme ta sexualité est vraiment l'endroit où tu as créé un besoin d'être aussi inconscient que possible que tu puisses être ? Tout ceci multiplié par un dieulliard, vas-tu le détruire et le décréer totalement ? Right and Wrong, Good and Bad, POD and POC, All Nine, Shorts, Boys and Beyonds.

Dain :

Quelle stupidité choisis-tu d'utiliser pour créer la personnalité et la sexualité comme le choix ultime pour être ? Tout ceci multiplié par un dieulliard, vas-tu le détruire et le décréer totalement ? Right and Wrong, Good and Bad, POD and POC, All Nine, Shorts, Boys and Beyonds.

ET S'IL N'Y AVAIT AUCUNE NOTION DE BESOIN DANS TA VIE ?

Gary :

Ça serait un espace différent à partir duquel fonctionner. Ce serait la reconnaissance qu'il n'y a pas de besoin dans ta vie. Quand tu sors de cette notion de besoin, tu n'as plus à créer de situation dans laquelle il y a une limitation. La limitation est basée sur le besoin. Pourquoi ? Parce que le besoin concerne toujours créer le plus petit dénominateur commun possible. Ça revient à inventer les choses. Quand tu inventes quelque chose, tu l'utilises pour créer une contrariété.

Quelle invention utilises-tu pour créer la sexualité que tu choisis ? Tout ceci multiplié par un dieulliard, vas-tu le détruire et le décréer ? Right and Wrong, Good and Bad, POD and POC, All Nine, Shorts, Boys and Beyonds.

Quelle invention utilises-tu pour créer la contrariété avec les femmes que tu choisis ?

Tout ceci multiplié par un dieulliard, vas-tu le détruire et le décréer ? Right and Wrong, Good and Bad, POD and POC, All Nine, Shorts, Boys and Beyonds.

Quelle stupidité utilises-tu pour créer les inventions, les intensités artificielles et les démons de la saison éternelle du mécontentement que tu choisis ? Tout ceci multiplié par un dieulliard, vas-tu le détruire et le décréer ? Right and Wrong, Good and Bad, POD and POC, All Nine, Shorts, Boys and Beyonds.

Ce sentiment de mécontentement est la raison pour laquelle les hommes recherchent toujours une nouvelle femme. C'est la raison pour laquelle les relations ne peuvent pas exister. Tu dois toujours être mécontent de ce que tu as. Tu supposes que si tu avais ce que tu penses devoir avoir, tu aurais un résultat différent, c'est pourquoi tu ne peux jamais être heureux juste avec une femme. Et la raison pour laquelle une femme ne peut jamais être heureuse juste avec toi.

Tout ceci multiplié par un dieulliard, vas-tu le détruire et le décréer ? Right and Wrong, Good and Bad, POD and POC, All Nine, Shorts, Boys and Beyonds.

Dain :

Quelle stupidité utilises-tu pour créer les inventions, les intensités artificielles et les démons de la saison éternelle du mécontentement que tu choisis ? Tout ceci multiplié par un dieulliard, vas-tu le détruire et le décréer ? Right and Wrong, Good and Bad, POD and POC, All Nine, Shorts, Boys and Beyonds.

Gary :

Combien d'entre vous ont essayé d'être satisfaits avec une femme et pourtant vous recherchez toujours une autre femme en même temps ?

Quand j'étais marié, je pensais en permanence : «Il doit y avoir quelque chose de beaucoup mieux» et j'ai eu cette expérience de vie passée où j'avais été un homme célèbre et où il y avait une femme qui était sans arrêt après moi. Je me suis rendu compte que j'avais ce point de vue qu'en fin de compte il y aurait une femme qui m'aimerait véritablement, qui me voudrait vraiment pour ce que je suis et qui penserait sincèrement que j'étais merveilleux. Malheureusement, ça ne se passe pas comme ça en fait. C'est le monde fantaisiste de la folie des possibilités plutôt que la vérité de la réalité.

Quelle stupidité utilises-tu pour créer les inventions, les intensités artificielles et les démons de la saison éternelle du mécontentement que tu choisis ? Tout ceci multiplié par un dieulliard, vas-tu le détruire et le décréer ? Right and Wrong, Good and Bad, POD and POC, All Nine, Shorts, Boys and Beyonds.

Heureusement qu'aucun de vous les gars, n'a jamais eu ce point de vue.

Participant :

(Rires) Non.

Gary :

Oui, vous l'avez. Vous êtes trop mignons. Je vous adore.

Dain :

Quelle stupidité utilises-tu pour créer les inventions, les intensités artificielles et les démons de la saison éternelle du mécontentement que tu choisis ? Tout ceci multiplié par un dieulliard, vas-tu le détruire et le décréer ? Right and Wrong, Good and Bad, POD and POC, All Nine, Shorts, Boys and Beyonds.

J'ai une question. Si tu rencontres un autre gars que tu juges comme t'étant semblable et que tu le vois choisir plus que toi, qu'est-ce que ça fait dans ton monde ?

Participant :

Je me sens pathétique.

Dain :

Tu te sens pathétique et donc tu crées une séparation où tu es moins-que.

Participant :

Oui.

Gary :

Quelle invention choisis-tu d'utiliser pour te créer comme moins que les femmes ?

Tout ceci multiplié par un dieulliard, vas-tu le détruire et le décréer ? Right and Wrong, Good and Bad, POD and POC, All Nine, Shorts, Boys and Beyonds.

Participant :

Waouh !

Dain :

Quelle invention choisis-tu d'utiliser pour te créer comme moins que les femmes ?

Tout ceci multiplié par un dieulliard, vas-tu le détruire et le décréer ? Right and Wrong, Good and Bad, POD and POC, All Nine, Shorts, Boys and Beyonds.

Gary :

Waouh, je vais changer ce processus :

Quelle invention choisis-tu d'utiliser pour te créer comme moins précieux que les femmes ? Tout ceci multiplié par un dieulliard, vas-tu le détruire et le décréer ? Right and Wrong, Good and Bad, POD and POC, All Nine, Shorts, Boys and Beyonds.

ÊTRE SANS DÉFENSE

Dain :

Waouh. Ça le décrit bien.

Quelle invention choisis-tu d'utiliser pour te créer comme moins précieux que les femmes ? Tout ceci multiplié par un dieulliard, vas-tu le détruire et le décréer ? Right and Wrong, Good and Bad, POD and POC, All Nine, Shorts, Boys and Beyonds.

Il y a deux autres choses que tu peux examiner. Une est l'invention. Pose la question : Quelle invention est-ce que j'utilise pour créer le problème d'aborder les femmes que je choisis ?

L'autre est que nous défendons une position et si tu as quoi que ce soit à défendre, tu vas avoir du mal à aller vers quelqu'un et démarrer une conversation avec eux à moins que tu ne penses être bien défendu contre eux.

Une des choses qui attire les femmes le plus est un gars qui est disposé à être là totalement sans défense. Elles disent «Oh mon Dieu, d'où sors-tu ?» Tous les autres viennent vers elles avec l'attitude : «Hé, je suis tellement cool grâce à ceci, je suis tellement cool grâce à cela. Tu devrais voir comme je suis cool.» Les femmes en ont l'habitude et il y a là un certain niveau de supercherie qui peut être divertissant pour elles, mais tu es bien plus attirant pour ces femmes quand tu es présent, totalement sans défense.

Sans défense ne veut pas dire que tu es un mollasson pathétique. Cela signifie que tu es tellement conscient de toi-même que tu n'as pas besoin de te défendre contre quoi que ce soit. Tu vas vers elle et tu lui dis : «Salut, je sais que tu pourrais me mettre un coup dans les couilles. Je sais que tu pourrais ne pas m'apprécier. Je sais que tu pourrais te moquer de moi mais je n'ai aucun problème avec ça parce que je sais qu'une fois que je vais tourner les talons je n'aurais rien perdu de moi.» Quand tu dois défendre une position, tu n'as pas cette option comme un de tes choix.

Quelle position défendue choisis-tu que tu pourrais véritablement refuser et que si tu refusais de défendre, te donnerait la liberté d'être ? Tout ceci multiplié par un dieulliard, vas-tu le détruire et le décréer totalement ? Right and Wrong, Good and Bad, POD and POC, All Nine, Shorts, Boys and Beyonds.

VA-T-ELLE FAIRE DE MOI UN PRODUIT DE QUALITÉ ?

Tant que tu fais la sexualité des choses, tu n'as pas la liberté d'être. Tu n'as pas la liberté ou l'aisance parce que la plupart du temps, avant même que tu ne penses à aller vers quelqu'un, tu regardes : «Est-ce qu'elle correspond à tous les critères qui feront de moi un produit de qualité ?» C'est la seule raison pour laquelle tu lui parles en premier lieu. Quatre-vingt-dix pour cent du temps, quatre-vingt-dix pourcent des gars ne sont même pas intéressés par cette femme. C'est plutôt : «Waouh, voyons voir. Est-ce que celle-ci me donnera de la valeur ? Est-ce que celle-là me donnera de la valeur ? Est-ce que celle-là, là-bas, me donnera de la valeur ?" Et pas «Waouh, ça serait ludique pour moi.»

Nous retirons la joie et le plaisir de l'équation et choisissons de faire ce qui va nous donner de la valeur.

Quand j'étais à l'université, il y a très, très longtemps, j'ai rencontré une fille. Elle était celle avec laquelle je savais sans aucun doute que je pouvais coucher et je n'avais pas eu de relation sexuelle depuis un bon moment, alors j'ai flirté avec elle et ça l'a excitée. Ce n'était pas une fille qui aurait fait de moi un produit de qualité. Elle était plaisante pour coucher mais elle n'avait pas les qualités qui auraient fait de moi un produit de qualité, alors après avoir couché avec elle, j'ai essayé de la faire sortir de la maison sans réveiller personne pour qu'ils ne voient pas…

Gary :

A quel point elle était moche ?

Dain :

Oui, pour qu'ils ne se rendent pas compte à quel point elle était moche et à quel point elle était en fait méchante. La chose dont je me suis rendu compte avec ça était : «Ça n'a rien à voir avec m'amuser. Je recherche un résultat prédéterminé et j'essaie de trouver quelqu'un qui y correspond. Ça n'a rien à voir avec moi et rien à voir avec elle. «A quel point as-tu créé ta sexualité et tes relations à partir de cet espace?

ÉVITER LA JOIE DU SEXE ET DE LA COPULATION

Gary :

Quelle stupidité choisis-tu d'utiliser pour créer l'évitement absolu et total de la joie du sexe et de la copulation ? Tout ceci multiplié par un dieulliard, vas-tu le détruire et le décréer

totalement ? Right and Wrong, Good and Bad, POD and POC, All Nine, Shorts, Boys and Beyonds.

Dans les années 1970, j'ai rencontré une fille de Suède. Les Suédoises étaient considérées bien plus libérées sexuellement que n'importe qui d'autre dans le monde donc je pensais que nous allions passer du bon temps ensemble - sauf qu'elle avait tellement de jugements et qu'elle était rigide dans ses points de vue. Où est la liberté dans tout ça ?

Participant :

Éviter la joie du sexe et de la copulation. Est-ce que ça a à voir avec les standards de moralité et toutes ces autres foutaises qui apparaissent dans mon univers ?

Gary :

Tout le monde a ces standards. Ils ont tous la moralité. Heureusement pour toi, si tu es assez mignon tu peux dépasser tous les standards et toute la moralité. Mais si tu n'es pas assez mignon et pas assez sexy, tu ne peux pas les dépasser. Un jour je veux t'apprendre comment marcher de manière à dépasser ta propre rigidité.

Participant :

Que veux-tu dire ?

Gary :

Tu ne marches pas comme si tu appréciais ton corps ou si tu voulais vraiment baiser. Tu ne marches pas comme si tu voulais vraiment coucher. Tu ressembles à l'image de ce qui voudrait coucher, pas comme *quelqu'un qui aime véritablement le sexe.*

Tu élimines une certaine sorte de flux énergétique dans le corps afin de ne pas pouvoir être une invitation à la *joie du sexe*. Tu ne peux être qu'une invitation à la *possibilité du sexe*. Alors tu invites la possibilité et puis tu réussis à obtenir deux ou trois femmes par nuit, ce qui est bien. C'est super. C'est merveilleux, mais où es-tu dans ce raisonnement ?

Participant :

C'est correct. Je ne suis même pas là.

Gary :

C'est la partie qui doit changer.

Quelle stupidité choisis-tu d'utiliser pour te créer comme le prince charmant qui ne couche jamais ? Tout ceci multiplié par un dieulliard, vas-tu le détruire et le décréer totalement ? Right and Wrong, Good and Bad, POD and POC, All Nine, Shorts, Boys and Beyonds.

Quelle invention utilises-tu pour éviter d'être le roi que tu choisis ? Tout ceci multiplié par un dieulliard, vas-tu le détruire et le décréer totalement ? Right and Wrong, Good and Bad, POD and POC, All Nine, Shorts, Boys and Beyonds.

L'ALLUMEUR QUE TU ES

Combien d'entre vous, quand vous étiez gosses, ont été excités de façon inappropriée à différentes occasions, sans avoir aucune idée de pourquoi vous étiez excités ?

Participant :

Oui. De nombreuses fois.

Gary :
Oui.

Tout ce que tu as fait pour supprimer et réprimer tout ça, vas-tu le détruire et le décréer totalement ? Right and Wrong, Good and Bad, POD and POC, All Nine, Shorts, Boys and Beyonds.

La raison pour laquelle tu es excité est parce que tu excites les autres. Quand tu es l'énergie sexuelle que tu es, tu excites l'énergie sexuelle dans les corps des autres. Tu allumes les autres et parce que tu les allumes, tu t'allumes aussi, ou au moins ton corps s'allume.

A quel point l'excitation que tu as reçue à un moment ou un autre est une situation où tu as invalidé ta conscience de l'allumeur que tu étais et de l'allumeur que les autres gens étaient envers toi ? Tout ceci multiplié par un dieulliard, vas-tu le détruire et le décréer totalement ? Right and Wrong, Good and Bad, POD and POC, All Nine, Shorts, Boys and Beyonds.

Il y a une grave inconscience attachée à ça. Quand j'avais quinze ans, je bandais dans ma classe de mathématiques tous les jours et le professeur m'appelait au tableau. Qu'est-ce qui fait bander dans les mathématiques ? Pendant des années, je pensais que j'étais bizarre pour que les maths me fassent bander. Et puis un jour j'ai regardé ça de plus près et j'ai dit «Waouh !» Je ne m'étais pas rendu compte que mon prof était homosexuel et que je le faisais bander. Une fois que j'étais en érection, il essayait de me faire lever et aller au tableau pour résoudre une équation.

Chaque fois que tu n'es pas disposé à reconnaître le fait que tu es juste aussi libidineux que tu l'étais à quinze ans et tout ce que tu as fait pour essayer de supprimer et contenir ça, vas-tu le détruire et le décréer totalement ? Right and Wrong, Good and Bad, POD and POC, All Nine, Shorts, Boys and Beyonds.

Participant :

J'ai une question. Parfois quand je suis avec une femme et qu'il y a un bel espace entre nous, j'ai une érection. Ça crée une situation vraiment tordue, étrange dans mon univers, du style : «Je ne me comporte pas comme un homme.»

Gary :

Donc, quand tu sors avec une femme et il y a vraiment un bel espace entre vous mais tu ne bandes pas, est-ce que reconnais alors qu'elle n'est pas prête à coucher avec toi ? Ou qu'elle y est disposée, mais que toi et ton corps n'avez aucun désir ? Tu penses que si une femme te veut, tu dois te montrer à la hauteur.

Participant :

C'est vrai.

Gary :

C'est parce que tu es une vraie salope.

Dain :

Gary l'a dit comme si c'était quelque chose de négatif, mais je ne crois pas que ce soit le cas.

Gary :

Je n'ai pas de point de vue qu'être une salope est une mauvaise chose, mais à moins que tu ne reconnaisses être une salope, tu vas toujours faire ce choix quand quelqu'un te veut, peu importe à quoi ils ressemblent. Dain faisait référence à la fille avec qui il a couché parce qu'il savait que ce serait facile. Facile veut dire que ça ne te coûte rien, donc tu y vas. Vous, les gars, continuez à essayer de dire : «Oui, mais elle doit satisfaire mes standards.» Vos standards sont les choses que vous utilisez pour éviter ce que vous pourriez choisir.

Quelle invention de standards utilises-tu pour éviter ce que tu pourrais choisir qui pourrait être facile et ludique ? Tout ceci multiplié par un dieulliard, vas-tu le détruire et le décréer totalement ? Right and Wrong, Good and Bad, POD and POC, All Nine, Shorts, Boys and Beyonds.

Participant :

Ce truc à propos de penser que tu dois te montrer à la hauteur, est-ce que ça a à voir avec un standard aussi ?

Gary :

Non, ça a plus à voir avec le fait d'être un prince charmant. Si tu n'es pas marié, tu dois être un prince. Une fois que tu es marié, tu es un esclave. Tu n'as jamais l'opportunité d'être un roi.

Participant :

Malheureusement.

Gary :

Quelle stupidité utilises-tu pour éviter d'être le roi que tu pourrais choisir ? Le côté sympa d'être roi est que les rois peuvent être sales, ils peuvent puer, ils peuvent être toutes sortes de choses et ils obtiennent quand même tout ce qu'ils veulent.

Tout ceci multiplié par un dieulliard, vas-tu le détruire et le décréer totalement ? Right and Wrong, Good and Bad, POD and POC, All Nine, Shorts, Boys and Beyonds.

Participant :
Nous discutons de bander, d'érections et de se sentir sexuel. J'ai reçu une séance de Bars hier d'une dame plus âgée et j'ai vraiment eu une belle érection pendant qu'elle activait mes Bars. Ça arrive souvent. Est-ce que ça veut dire qu'elle aimerait coucher avec moi ? Ou est-ce que c'est moi qui l'excite ou bien c'est elle qui m'excite ? Que fais-tu de cette information ?

Dain :
Oui.

Gary :
C'est ça, oui. Je suis désolé. Tu es un homme. Tu as un pénis. Tu respires. Tu veux avoir une érection. C'est acquis. Quand es-tu le plus utile ? Quand tu es aussi dur qu'un roc. Quand es-tu inutile ? Quand tu ne l'es pas. La plupart des hommes essaient d'éviter ce genre d'énergie sexuelle. La dame plus âgée te regardait et pensait : « Pourrais-je avoir ceci ? » et ton corps a répondu « Oh, merci. Tiens, je vais te montrer à quel point ça pourrait être agréable » et tu t'es mis à bander. Ce n'est pas que tu la désirais. C'est le fait qu'elle te voulait et que tu étais disposé à le recevoir d'elle parce qu'elle n'est pas ton standard.

Dain :

Ça fait aussi partie de l'énergie de vivre. Quand tu vis, tu es excité. Quand tu meurs, tu ne l'es pas. La plupart des gens sur la planète meurent, par conséquent nous ne savons pas ce que c'est que d'être excité naturellement et que c'est une question de vie et de façon de vivre. C'est véritablement l'énergie de vivre peu importe à quel point quelqu'un ou quelque chose d'autre t'a contraint à t'en priver.

Participant :

Pour en revenir à quand nous avions quinze ans, j'avais l'habitude de bander tout le temps – dans le bus, en rentrant en train chez moi, n'importe où. J'étais excité par la vie et par vivre. Maintenant ça semble plus irrégulier. Ça n'arrive pas aussi souvent. Ce serait super de retourner à cette époque où je bandais plus régulièrement et j'étais plus excité par la vie et la façon de vivre.

L'EXCITATION ULTIME

Gary :

Oui, c'est l'excitation ultime – la vie et vivre. L'excitation ultime est quelqu'un qui est prêt à vivre. La dame plus âgée était disposée à vivre et elle t'a considéré comme une possibilité de vivre encore mieux. Quand tu as quinze ans, il y a beaucoup de gens qui te convoitent et tu ne le remarques pas parce que tu n'es pas supposé remarquer ce genre de choses ; tu crois que ça signifie que tu devrais en faire quelque chose. Mais ça ne veut pas dire que tu dois en faire quelque chose. Ça veut juste dire que les gens te convoitent.

Combien d'énergie choisis-tu d'utiliser pour t'assurer que le désir ne se manifeste jamais et ne s'infiltre pas dans ta vie, ta façon de vivre, ta réalité ou ton érection ? Tout ceci multiplié par un dieulliard, vas-tu le détruire et le décréer totalement ? Right and Wrong, Good and Bad, POD and POC, All Nine, Shorts, Boys and Beyonds.

Dain :

Ce ne serait en fait vraiment pas bien si tu avais le désir qui s'infiltrait à nouveau dans ta vie. Quand tu étais adolescent, c'était hors contrôle. Et tu étais comme Gary dans sa classe d'algèbre, à se dire « Oh mon Dieu ! » Il pensait : «Oh non ! Je bande encore » et puis bien sûr, le prof l'appelait au tableau et il pensait « Non ! Je ne comprends pas les maths. »

Gary :

"Je ne connais pas la réponse. Je n'ai aucune idée. Non, je ne peux pas faire ce problème." Je me suis rendu inapte dans ce domaine de ma vie. J'avais des difficultés en maths parce que je ne voulais pas me lever et montrer mon érection.

Dain :

Ce qui aurait été cool c'est de vivre dans une réalité où il aurait pu se lever et montrer son érection. «Hé, j'ai un truc cool qui se passe en ce moment. J'ai une telle érection que je vais bientôt me lâcher sur tout le monde. Qu'est-ce que tu voulais savoir à propos des équations quadratiques déjà ? » Et si on vivait dans une réalité où ceci était possible ? Quand tu considères cette possibilité, tu te rends compte que l'on est loin d'être capable d'avoir et d'être quoi que ce soit qui se passe pour nous et nos corps dans l'instant. Nous sommes tellement dynamiquement coupés de nos corps. Si nous n'avions pas à faire ça, quelles seraient les autres possibilités ?

Gary :

Quelle invention est-ce que j'utilise pour éviter l'érection que je pourrais choisir ? Tout ceci multiplié par un dieulliard, vas-tu le détruire et le décréer totalement ? Right and Wrong, Good and Bad, POD and POC, All Nine, Shorts, Boys and Beyonds.

Participant :

Cet appel m'excite vraiment.

Gary :

Si tu bandais pour la vie et vivre, est-ce que ça te donnerait plus de création et plus de génération que tu n'as actuellement ?

Participant :

Oh, putain, oui !

Gary :

Si tu n'es pas disposé à avoir cet espace où le désir, la joie de vivre et la joie de la copulation font partie de ta réalité, tu n'es pas disposé à avoir une façon de vivre qui est génératrice et créatrice. Une qualité de vie orgasmique vient de la disposition à avoir l'intensité du désir et des jus créatifs qui viennent avec l'orgasme.

Quelle invention utilises-tu pour éviter l'érection que tu pourrais choisir ? Tout ceci multiplié par un dieulliard, vas-tu le détruire et le décréer totalement ? Right and Wrong,

Good and Bad, POD and POC, All Nine, Shorts, Boys and Beyonds.

Est-ce qu'il y en a parmi vous qui ont remarqué que vous pourriez commencer à être un peu plus excités avec la vie et vivre ?

Participant :
Oui.

Gary :
Combien d'entre vous ont remarqué que quand vous bandez, vous vous sentez vraiment bien ?

Dain :
C'est un peu comme un bon moment. C'est comme "Oh, salut !"

Gary :
C'est un bon moment, mouillé.

Dain :
Quelle stupidité choisis-tu d'utiliser pour créer les inventions, les intensités artificielles et les démons de la saison éternelle du mécontentement ? Tout ceci multiplié par un dieulliard, vas-tu le détruire et le décréer totalement ? Right and Wrong, Good and Bad, POD and POC, All Nine, Shorts, Boys and Beyonds.

Quelle invention utilises-tu pour éviter l'érection que tu pourrais choisir ? Tout ceci multiplié par un dieulliard, vas-tu le détruire et le décréer totalement ? Right and Wrong, Good and Bad, POD and POC, All Nine, Shorts, Boys and Beyonds.

Quelle invention choisis-tu d'utiliser pour créer la compression et la répression de l'énergie sexuelle ? Tout ceci multiplié par un dieulliard, vas-tu le détruire et le décréer totalement ? Right and Wrong, Good and Bad, POD and POC, All Nine, Shorts, Boys and Beyonds.

Quelle invention choisis-tu d'utiliser pour te créer comme "le non-roi" ? Tout ceci multiplié par un dieulliard, vas-tu le détruire et le décréer totalement ? Right and Wrong, Good and Bad, POD and POC, All Nine, Shorts, Boys and Beyonds.

Quelle stupidité choisis-tu d'utiliser pour te créer comme le prince charmant qui ne couche jamais ? Tout ceci multiplié par un dieulliard, vas-tu le détruire et le décréer totalement ? Right and Wrong, Good and Bad, POD and POC, All Nine, Shorts, Boys and Beyonds.

Gary :

Eh bien, il fallait que tu ajoutes cette partie là ! Tu ne couches qu'avec des princesses au lieu de n'importe qui suffisamment intelligent pour s'amuser avec toi ? Tu sais, les princesses sont toutes vierges et elles ne savent pas comment donner – et certainement pas comment faire des pipes.

Tout ceci multiplié par un dieulliard, vas-tu le détruire et le décréer totalement ? Right and Wrong, Good and Bad, POD and POC, All Nine, Shorts, Boys and Beyonds.

Dain :

Quelle invention utilises-tu pour te créer comme ayant moins de valeur que les femmes que tu choisis ? Tout ceci multiplié par un dieulliard, vas-tu le détruire et le décréer

totalement ? Right and Wrong, Good and Bad, POD and POC, All Nine, Shorts, Boys and Beyonds.

Quelle invention utilises-tu pour éviter l'érection que tu pourrais choisir ? Tout ceci multiplié par un dieulliard, vas-tu le détruire et le décréer totalement ? Right and Wrong, Good and Bad, POD and POC, All Nine, Shorts, Boys and Beyonds.

Gary :

Vous avez remarqué comment votre corps est devenu excité quand on a activé celui-là ?

Participant :

Oui.

Gary :

Alors, quoi que tu fasses, ne mets pas ça en boucle pour l'écouter pendant les 30 prochains jours. S'il-te-plait ne fais pas ça ou tu vas te retrouver tout excité par la vie et vivre en général.

Dain :

Et ça ce serait mal.

Gary :

Quand tu as quinze ans, tu es excité par la vie et déprimé en même temps. Tu es reconnaissant quand tu bandes et le reste semble moins important tant que tu bandes.

Et si tu utilisais ça comme une énergie génératrice dans ta vie au lieu d'un tort ?

Quelle invention utilises-tu pour éviter l'érection que tu

pourrais choisir ? Tout ceci multiplié par un dieulliard, vas-tu le détruire et le décréer totalement ? Right and Wrong, Good and Bad, POD and POC, All Nine, Shorts, Boys and Beyonds.

LE SEXE EST UNE FORCE DE VIE

Participant :

C'est comme ma vie en ce moment. Quand je n'ai pas de relation sexuelle, ou je ne me masturbe pas, ou je ne bande pas, tout le reste semble fade et sans signification.

Gary :

Oui je sais. Pourquoi est-ce comme ça ? As-tu une idée ?

Participant :

Non, pourquoi est-ce comme ça ?

Gary :

Quand tu bandes, tu accèdes à la force de vie qui existe en toi et ton corps. Le sexe est une force de vie. C'est quelque chose qui te donne la conscience des possibilités de créer et générer au-delà des limites de cette réalité – mais ce n'est pas la façon dont cela nous est présenté dans cette réalité. C'est présenté comme un bien ou un mal, pas comme une énergie qui insiste sur la vie et vivre. Le sexe est considéré comme quelque chose qui requiert de notre part de limiter la vie et vivre.

Participant :

Ça me prend la tête.

Gary :

C'est une bonne chose. Maintenant si ça te prenait la grosse tête et la petite tête aussi...

Dain :

Ça serait génial.

Gary :

Tout ce que ça a fait apparaître multiplié par un dieulliard, vas-tu le détruire et le décréer totalement ? Right and Wrong, Good and Bad, POD and POC, All Nine, Shorts, Boys and Beyonds.

Quelle invention choisis-tu d'utiliser pour outrepasser ta petite tête avec ta grosse tête ?

Participant :

J'ai une grosse tête. De laquelle parles-tu ?

Gary :

Les deux. Si ta petite tête est aussi grosse que ta grosse tête, tu devrais faire des films pornos, mec.

Dain :

Quelle invention utilises-tu pour outrepasser ta petite tête avec ta grosse tête que tu choisis ? Tout ceci multiplié par un dieulliard, vas-tu le détruire et le décréer totalement ? Right and Wrong, Good and Bad, POD and POC, All Nine, Shorts, Boys and Beyonds.

Quelle invention utilises-tu pour éviter le développement de ton ordre du jour que tu pourrais choisir ? Tout ceci multiplié par un dieulliard, vas-tu le détruire et le décréer totalement ? Right and Wrong, Good and Bad, POD and

POC, All Nine, Shorts, Boys and Beyonds.

TE CONSIDÉRER COMME PRÉCIEUX

Participant :

Récemment, j'ai attendu que les femmes choisissent au lieu de choisir pour moi. Est-ce que ces déblayages vont aider avec ça ?

Gary :

Le déblayage concernant avoir de la valeur, "Quelle invention choisis-tu d'utiliser pour créer les femmes comme plus précieuses que toi ?" va créer le plus de changement. C'est là où tu peux changer les domaines où tu considères à quel point la femme a de la valeur plutôt que toi. Tu ne te considères pas comme précieux.

Participant :

Je sais.

Gary :

Quand tu ne te considères pas comme précieux, tu vas vers les femmes avec une énergie dégoûtante, genre délurée, qui est pernicieuse et pas terrible. Ça donne aux femmes le point de vue que tu es une sorte de pervers. Ce n'est pas une invitation pour qu'elles viennent vers toi. C'est comme si tu essayais d'aller vers elles. Tu comprends ?

Participant :

J'ai rencontré une femme et au début, j'étais le produit de valeur. Je tirais de l'énergie et j'étais simplement moi-même et puis après un certain temps c'est devenu : "Oh, je retourne encore à mes vieux schémas." Je ne sais pas comment contourner ça.

Gary :

Tu veux peut être utilisé :

Quelle invention est-ce que j'utilise pour créer le problème avec cette dame, que je choisis ? Tout ceci multiplié par un dieulliard, vas-tu le détruire et le décréer totalement ? Right and Wrong, Good and Bad, POD and POC, All Nine, Shorts, Boys and Beyonds.

QU'EST-CE QU'IL FAUDRAIT POUR QUE CETTE RELATION FONCTIONNE ?

Participant :

Merci. J'ai écouté un appel du Club des Gentlemen en Australie et quelqu'un demandait : "Comment est-ce que je crée une relation ?" Tu as répondu quelque chose comme : « La femme crée son idée de la relation et l'homme crée son idée de la relation et s'ils essaient de les mener de front, ça ne fonctionne pas. »

Gary :

Fondamentalement, ça se résume à ceci : Tu essaies de voir comment tu peux t'adapter dans le monde de la femme afin de créer une relation avec elle. Elle essaie de voir comment tu peux t'adapter à son monde, ce qui est la relation pour elle et rien de tout ça n'a à voir avec le fait d'être présent avec « Qu'est-ce qui va vraiment fonctionner là ? »

Tu commences à inventer de belles images romantiques de vous deux ensemble. Vous souriez, vous vous embrassez et tout est parfait. Tu te dis « Oh, elle est parfaite. Ça va être parfait. » Est-ce que ce sont des questions ? Non ! "Tout va bien se passer. J'ai hâte de voir comment ça va se dérouler." Rien de tout ça n'est une question. Inventer l'idée qu'une relation est parfaite n'est pas prendre conscience de la relation que tu as véritablement. Tu crées une contrariété pour toi ou une contrariété pour elle, l'un des deux, plutôt que de voir ce qui est véritablement possible.

Tu dois te demander :
- Que faudrait-il pour que cette relation fonctionne ?
- Que se passe-t-il là et qu'est-ce que j'aimerais que cette relation soit ?

LA SUBTILITÉ DE CONSCIENCE QUE TU AS VRAIMENT

Dain :

C'est basé sur des conclusions plutôt que sur la subtilité de conscience que tu as véritablement. Tu as une subtilité de conscience. C'est la conscience de toute subtilité d'énergie qui existe. C'est une conscience de ce qui est possible, de ce qui n'est pas possible, de ce qui est possible avec quelqu'un et de ce qui ne l'est pas.

On nous a appris à tirer des conclusions au lieu de prendre conscience et quand tu tires une conclusion, tu te sépares de toutes les subtilités de conscience que tu as ; tu te coupes de tout ce que tu peux voir et tout ce que tu peux percevoir. Tout ce que tu peux faire c'est de fonctionner à partir des conclusions que tu as. Quand tu penses à une fille, si tu te permets de poser une question, tu auras une légèreté, tu auras une lourdeur, ou tu auras un genre de chose tordue qui se passe et tu peux demander « Ok, est-ce la subtilité de ma conscience ? » Si c'est ça, alors tu as un travail de détective à réaliser pour trouver ce que c'est. Si tu vois que tu es arrivé à beaucoup de conclusions, tu peux te demander : "Qu'est-ce que je peux changer maintenant pour rendre la situation différente ? Ou est-ce que la situation est même en mesure d'être changée ?"

Gary :

C'est la question que tu dois te poser. La plupart des gars arrivent à la conclusion : «Oh, cette femme est merveilleuse. Cette femme est superbe. Elle est tout ce que j'ai toujours voulu," et quelle question est-ce ?

Participant :

Aucune.

Gary :

Ne pas poser de question est plus réel pour nous. Nous inventons l'idée que c'est la façon dont quelque chose doit être plutôt que de demander « Qu'est-ce que ça peut être ? Qu'est-ce que j'aimerais vraiment que ce soit que je n'ai même pas encore perçu ? »

Participant :

Récemment j'écoutais *The Place* pour la deuxième fois et j'étais en larmes. C'était : "Je sais que c'est possible. Comment diable puis-je arriver jusque-là ?"

Gary :

Oui, je sais. Pour moi, c'est aussi la réalité. Pose la question : "Qu'est-ce qui est véritablement possible que je n'ai pas considéré ici ?"

Dain :

Et s'il était possible de véritablement créer ceci comme une réalité vivante, respirante, plutôt que tous les trucs que nous avons essayé de rendre réels et qui, nous le savons tous, ne sont pas réels ?

L'ÉRECTION QUE TU POURRAIS CHOISIR

Gary :

Quelle invention utilises-tu pour éviter l'érection que tu pourrais choisir ? Tout ceci multiplié par un dieulliard, vas-tu le détruire et le décréer totalement ? Right and Wrong, Good and Bad, POD and POC, All Nine, Shorts, Boys and Beyonds.

Pourquoi est-ce que c'est la question qui crée le plus de joie dans vos corps ?

Dain :

C'est celle qui n'en finit pas…

Gary :

Le cadeau qui continue de donner. Une érection.

Dain :

Quelle invention utilises-tu pour éviter l'érection que tu pourrais choisir ? Tout ceci multiplié par un dieulliard, vas-

tu le détruire et le décréer totalement ? Right and Wrong, Good and Bad, POD and POC, All Nine, Shorts, Boys and Beyonds.

Gary :

N'est-ce pas incroyable ? *Être* une érection, encore plus qu'*avoir* une érection, c'est ce qu'est la réalité. Quand tu as une érection, c'est le seul moment où tu es plus disposé à poursuivre quelque chose comme avoir une vie meilleure. Tu recherches toujours « Où puis-je mettre cette chose ? Qu'est-ce que je peux faire d'autre avec ça ? » Le seul moment où tu vas dans la question est quand tu as une érection.

Dain :

Mais c'est aussi le moment où tu ne vas dans absolument aucune question.

Gary :

C'est aussi le moment où tu arrives à de putain de graves conclusions.

Participant :

Il y a une exigence très forte quand tu as une érection.

Gary :

Oui. C'est une exigence très forte. Et si tu étais disposé à avoir ton désir et pas ton exigence ? Comment ce serait ?

Gary :

Si tu utilisais cette même énergie pour créer une possibilité différente, comment serait la vie ?

Dain :

Quelle invention utilises-tu pour éviter l'érection que tu pourrais choisir ? Tout ceci multiplié par un dieulliard, vas-tu le détruire et le décréer totalement ? Right and Wrong, Good and Bad, POD and POC, All Nine, Shorts, Boys and Beyonds.

Ça pourrait être le processus qu'on utilise pour toujours.

Gary :

C'est le processus pour toujours. Mets-le en boucle, surtout si tu dors à côté d'une femme. Elle va peut-être avoir une érection et ne te lâchera plus le matin. Si elle a une érection et que c'est une érection dans son clitoris, elle voudra faire l'amour avec toi.

Quelle invention utilises-tu pour éviter l'érection que tu pourrais choisir ? Tout ceci multiplié par un dieulliard, vas-tu le détruire et le décréer totalement ? Right and Wrong, Good and Bad, POD and POC, All Nine, Shorts, Boys and Beyonds.

Je peux sentir tous vos corps qui disent "Oui ! Oui ! Oui !" Vous vous rendez compte à quel point vous essayez de vous déconnecter de votre corps ? C'est comme ça qu'on crée le vieillissement. C'est la raison pour laquelle vous n'êtes jamais un garçon éternel – vous utilisez la désactivation de votre érection pour faire vieillir votre corps et donner de moins en moins de valeur au fait d'en avoir une. Vous voulez vous "jeunifier" ? Utilisez ce processus.

Dain :

Quelle invention utilises-tu pour éviter l'érection que tu pourrais choisir ? Tout ceci multiplié par un dieulliard, vas-

tu le détruire et le décréer totalement ? Right and Wrong, Good and Bad, POD and POC, All Nine, Shorts, Boys and Beyonds.

C'est intéressant. On faisait "Quelle stupidité utilises-tu ?" et maintenant on fait "Quelle invention utilises-tu ?"

Gary :

Tu t'es rendu inconscient des choses, mais maintenant ce n'est pas juste l'inconscience que nous choisissons ; c'est l'endroit où nous inventons des choses que nous avons choisies comme étant d'une certaine manière plus réelles que notre capacité à choisir quelque chose de différent, alors ça en fait partie, mais c'est légèrement différent aussi.

Quelle invention utilises-tu pour éviter l'érection que tu pourrais choisir ? Tout ceci multiplié par un dieulliard, vas-tu le détruire et le décréer totalement ? Right and Wrong, Good and Bad, POD and POC, All Nine, Shorts, Boys and Beyonds.

Y'en a-t-il parmi vous qui sentez votre sang pulser à travers votre corps ?

Participant :

Il y a un truc avec le fait de supprimer l'énergie de vie et tout ça, qui apparaît parce que ce serait inapproprié d'avoir une érection tout le temps.

Gary :

Tu as tort. Ce ne serait pas inapproprié pour toi d'avoir une érection tout le temps. Ce serait une invitation pour que plus de femmes t'utilisent.

Dain :

Aha.

Gary :

Si tu n'as pas une érection, tu n'es pas utile, n'est-ce pas ?

Participant :

Non.

Gary :

Si tu n'évites pas l'érection que tu es, tu deviens une personne plus utile dans la vie des autres et pour que tu te voies comme sans valeur tu dois devenir inutile, correct ? Alors tu vas peut-être comprendre qu'éviter l'érection que tu pourrais choisir affecte tous les domaines de ta vie.

Participant :

Tout à fait. C'est comme si je la gardais jusqu'à ce qu'elle puisse être lâchée au moment opportun. Pas dans toute la vie. Comme l'image de moralité standard chez les hommes.

Gary :

Comme le fait d'avoir une érection pour la vie est différent d'avoir une trique dure sexuellement, en quelque sorte. Il y a tellement de domaines de ta vie que tu réprimes parce qu'il n'est pas acceptable pour toi d'avoir une érection. Tu ne vas pas t'autoriser à avoir cet élément enthousiaste dans ta vie et ta façon de vivre, ce qui veut dire que tu ne vas pas t'autoriser à être.

Participant :

Exactement. Waouh !

Gary :

Quelle invention utilises-tu pour éviter l'érection que tu pourrais choisir ? Tout ceci multiplié par un dieulliard, vas-tu le détruire et le décréer totalement ? Right and Wrong, Good and Bad, POD and POC, All Nine, Shorts, Boys and Beyonds.

Si tu es disposé à être une érection, tu es disposé à être l'énergie qui crée une érection. Tu es l'énergie qui crée et génère. Si tu es moins que ça, tu essaies d'instituer ce que la femme veut que tu fasses ou que tu sois, ce qui n'est pas choisir d'être toi.

C'est là où les hommes se coupent du fait d'être une énergie qui donne ce qui peut être reçu mais qui n'a pas besoin de donner ce qui ne peut pas être reçu, ce qui est ce que tu es si tu es disposé à être cette érection. Si tu n'es pas disposé à l'être, alors tu dois défendre son point de vue à elle, tu dois refuser de donner ce qu'elle peut recevoir et tu dois refuser d'être ce qui peut être reçu.

Si tu es disposé à être le genre d'énergie qui est une invitation – parce qu'avoir une érection est une invitation. Si la personne peut le recevoir, génial. Si la personne ne peut pas le recevoir, est-ce que c'est une mauvaise chose que tu aies une érection ?

Pour une raison ou une autre, tu ne sembles pas comprendre qu'être une érection est une invitation. Ça ne veut pas dire que les gens doivent la prendre. Ça veut juste dire que c'est une invitation. Et si tu étais simplement chaud et que c'était le début de la possibilité de l'énergie du sexe, de la copulation et de la bite dure ? Si tu avais ce genre d'énergie de l'être « Je suis prêt à y aller quand tu es prêt à y aller » est-ce que ce serait une énergie différente et une invitation différente de « Il y a quelque chose qui cloche avec moi parce que j'ai la bite dure » ?

Participant :

Oui. Peux-tu en dire plus sur ce sujet ?

Gary :

Oui. Tu as ça qui t'est disponible quand tu es disposé à avoir ce genre de flux d'énergie. Mais tu l'as transformé en « une bite dure pour pouvoir baiser quelqu'un ». Tu dois être disposé à créer ce qui va créer quelque chose de plus grand.

FRANCHIS LE PAS VERS LE RÔLE DU ROI

Dain :

Quand tu es disposé à créer quelque chose de plus grand, tu sors du rôle du prince. Le prince est celui qui expérimente et laisse le monde se jouer autour de lui et s'il couche, il est heureux et ça lui suffit. Tu dois franchir le pas vers le rôle du roi. C'est là où tu te rends compte que c'est à toi de créer la réalité autour de toi. Personne d'autre ne va le faire pour toi. Personne d'autre ne va être responsable pour toi. Ils vont essayer de te faire tomber et ils vont te juger, mais c'est hors de propos. Tu es le putain de roi. Et donc au lieu de passer ta vie à croire que tu es une épave qui flotte à tout vent et que du moment où tu couches, tout va bien, tu te demandes "Qu'est-ce que je crée ici ?"

Si tu es disposé à être le roi et l'érection que tu as refusés d'être, tu te rends compte que tu es une force créatrice et un contrôle créateur dans le monde que tu as refusé d'être. Si tu regardes combien de merde nous créons au sujet des femmes – si elles nous aiment, si on va coucher, si quelqu'un d'autre couche plus que nous, si on couche moins et bla, bla, bla _ tout ça c'est la merde que nous utilisons pour nous empêcher d'être l'être créateur et générateur que nous sommes véritablement.

Quelle invention utilises-tu pour te créer comme la non source, la non force et le non contrôle créateurs et générateurs que tu pourrais choisir ? Tout ceci multiplié par un dieulliard, vas-tu le détruire et le décréer totalement ? Right and Wrong, Good and Bad, POD and POC, All Nine, Shorts, Boys and Beyonds.

Gary :

Il y a quelque chose d'autre que nous avons besoin d'ajouter : "source, force, contrôle et énergie générateurs."

Dain :

Quelle stupidité utilises-tu pour créer les inventions, les intensités artificielles et les démons de ne jamais être la source, la force, le contrôle, la contribution créateurs et générateurs et la capacité génératrice que tu choisis ? Tout ceci multiplié par un dieulliard, vas-tu le détruire et le décréer totalement ? Right and Wrong, Good and Bad, POD and POC, All Nine, Shorts, Boys and Beyonds.

Participant :

Waouh. Celui-là c'est une fusée.

Participant :

Est-ce que c'est aussi lié au truc de l'image ?

Gary :

Tu essaies de te créer comme quelqu'un qui *paraît comme* plutôt que comme quelqu'un *qui est*. Tu veux paraître comme un roi de la baise. Tu veux ressembler à ce que tu penses qu'une femme va vouloir. Tu veux ressembler à quelqu'un qui réussit. Tu veux ressembler à quelqu'un qui a de la valeur, mais *être* ces choses et y *ressembler* sont deux mondes différents.

ET SI TU ÉTAIS PRÊT À ÊTRE LE ROI DES POSSIBILITÉS ?

Dain :

Tu dois être conscient que le monde va te voir de toutes sortes de façons différentes. Les gens vont te regarder de toutes sortes de façons. Tu dois savoir quelle est ta cible, quel est ton objectif et ce qui est véritablement vrai pour toi.

Je ne sais pas pour vous, les gars, mais j'ai fait le truc du prince charmant pendant longtemps. Ça semblait être la situation idéale dans laquelle me trouver et je me rends compte à ce stade que ce n'est pas assez pour moi. Je ne sais pas si c'est assez pour vous. Je ne sais pas si vous avez examiné l'espace à partir duquel je fonctionnais et vous vous êtes dit « Waouh, ça serait suffisant pour moi. Je vais prendre sa place. »

Et si tu pouvais te rendre compte de ça dans ton propre monde, même en te comparant à qui que ce soit ? En particulier les comparaisons avec moi, les comparaisons avec Gary, les comparaisons avec n'importe qui d'autre. Sont-elles suffisantes pour toi ? Peut-être qu'il y a quelque chose de bien plus grandiose à être la source, la force, le contrôle et la capacité créateurs et générateurs que nous sommes qui nous mène au-delà du truc de prince que nous avons choisi, où nous sommes satisfaits d'avoir n'importe quelle femme qui veut bien de nous.

Et si nous devenions le roi des possibilités ?

Gary :

Oh ! C'est bon ça !

Quelle stupidité utilises-tu pour créer l'invention et l'intensité artificielle d'éviter d'être le roi des possibilités que tu pourrais choisir ? Tout ceci multiplié par un dieulliard, vas-tu le détruire et le décréer totalement ? Right and Wrong, Good and Bad, POD and POC, All Nine, Shorts, Boys and Beyonds.

Est-ce que je t'ai dit à quel point j'adore quand tu ouvres ta bouche, Dain ?

Participant :

Est-ce aussi la façon dont nous créons la séparation et la concurrence entre les hommes quand nous regardons quelqu'un d'autre et disons "Oh, waouh !" et que nous nous rendons plus petits ?

Dain :

Oui, parce que si tu te rendais compte que tu étais le roi des possibilités, tu aurais une vue totalement différente de toi-même. Ce serait « Pardon. Avec qui serais-je en compétition ? » Tu serais capable de voir où les autres rois en tant que tels pourraient être une contribution, une façon d'offrir et de recevoir dans cette capacité créatrice, génératrice ainsi que la force, la source et le contrôle de quelque chose de différent.

D'habitude nous n'utilisons pas les mots *force*, *source* et *contrôle* comme étant quelque chose à adopter, mais c'est là où nous les hommes n'avons pas été disposés à adopter nos capacités naturelles. Si tu adoptais ces capacités, quelles seraient les autres possibilités ? Et si la façon de se sortir de la concurrence que tu as établie avec moi, avec les autres hommes dans Access Consciousness, ou avec les hommes en dehors d'Access, était de constater que tu as une plus grande capacité que tu ne veux le reconnaître ? Et si tu étais véritablement ce que tu as prétendu ne pas être ? Et si tu étais véritablement le roi des possibilités ? Et si tu étais prêt à l'être, est-ce que cela éliminerait la concurrence avec les autres hommes dans ton monde ?

Gary :

Il n'y a pas de réelle concurrence. La concurrence est un mensonge. La concurrence est ce que tu fais sur les terrains de sport. Plus que tout, la concurrence entre hommes est une manière de ne jamais avoir à te revendiquer en totalité. C'est pour toi une façon de garantir que tu n'as pas à choisir ta grandeur. C'est une situation où tu dois choisir contre d'autres hommes comme si, en faisant ça, cela te permettait de te trouver, plutôt que de voir ce qui est véritablement possible et comment tu pourrais œuvrer pour toi-même.

As-tu déjà eu l'expérience de travailler avec un autre homme et c'était tellement cohésif et facile que vous avez tout accompli vraiment vite ?

Participant :
Oui.

Gary :
C'est parce qu'il n'y a pas de vraie concurrence. S'il y en avait, il n'y aurait jamais de situations où les hommes peuvent coopérer entre eux. Et je vois beaucoup d'exemples d'hommes qui coopèrent avec d'autres très facilement. Comment ce serait si tu étais disposé à avoir un monde totalement différent ?

J'aimerais que vous tous, mettiez ceci en boucle :

Quelle énergie, espace et conscience puis-je être qui me permettrait d'être le roi des possibilités que je suis véritablement pour toute l'éternité ? Tout ceci multiplié par un dieulliard, vas-tu le détruire et le décréer totalement ? Right and Wrong, Good and Bad, POD and POC, All Nine, Shorts, Boys and Beyonds.

Dain :
Jouons, messieurs. Créons une réalité différente.

Gary :
Oui. Ayons tout un groupe de rois des possibilités au lieu de reines de la stupidité.

Dain :
Et de princes d'insanité.

Gary :

Et de princes de l'invisibilité.

Dain :

Alors s'il-vous-plait, les gars, utilisez ces processus. Merci infiniment pour vous. Quelles autres possibilités pouvons-nous créer ensemble ?

Gary :

Merci infiniment de participer à cet appel. Vous êtes supers les gars !

Participants :

Merci !

5
Le Sexe, la Copulation et les Relations Phénoménaux que Tu Pourrais Choisir

Si tu étais prêt à fonctionner à partir du point de vue de la plus grande possibilité et du plus grand choix plutôt qu'à partir du tort de ton point de vue, quelles autres possibilités pourraient exister ?

Gary :
Bonjour, Messieurs.

CRÉER DES INCIDENTS ACCENTUÉS PAR LES DÉMONS

Récemment, Dain et moi avons remarqué que quand les femmes courtisent les hommes, ces derniers se coupent de leur conscience afin de pouvoir coucher. Ils ne se demandent jamais si c'est ce qu'ils veulent ou si ça va rendre leur vie meilleure.

Tu dis des choses comme « Ben, ça s'est juste produit », « Je ne pouvais pas m'en empêcher », « J'ai dérapé » ou

« C'est arrivé par accident », mais ce n'est pas comme ça que ça se passe. Tu penses que si ça *peut* se produire, ça *doit* se produire ; par conséquent, tu invites les démons pour t'assurer que ça se produise *bien*.

Quelle stupidité utilises-tu pour créer les incidents accentués par les démons que tu choisis ? Tout ceci multiplié par un dieulliard, vas-tu le détruire et le décréer totalement ? Right and Wrong, Good and Bad, POD and POC, All Nine, Shorts, Boys and Beyonds.

Participant :

Que veux-tu dire par "inviter les démons ?"

Gary :

Tu dois inviter les démons, afin de créer la puissance que tu as comme de l'impuissance. Aucun de vous n'a été impuissant face à sa queue, n'est-ce pas ?

Participant :

Si.

Gary :

C'est comme si tu étais toujours impuissant. Dès que ta queue commence à être remplie d'énergie, c'est comme s'il n'y avait plus de cerveau de disponible. Tu as un QI d'un chiffre. Ça fonctionne dans d'autres domaines de la vie aussi. Chaque fois que tu dis : « Ben, ça s'est juste produit » ou « Je ne pouvais rien y faire », tu invites les démons pour t'assurer que tu n'es pas responsable de tout ce qui s'est passé. Chaque fois que tu dis : « Euh, je ne sais pas comment c'est arrivé » est un mensonge. C'est ce que tu fais pour t'assurer que tu ne contrôles rien et que tu n'as aucune capacité à créer quoi que ce soit. Tu deviens la conséquence de tout ce qui se passe autour de toi.

Quelle stupidité utilises-tu pour créer les incidents accentués par les démons que tu choisis ? Tout ceci multiplié par un dieulliard, vas-tu le détruire et le décréer totalement ? Right and Wrong, Good and Bad, POD and POC, All Nine, Shorts, Boys and Beyonds.

Eh bien, la bonne nouvelle c'est que vous, les gars, avez été accentués par les démons depuis le jour où on vous a doté d'un pénis !

Participant :

Que signifie *accentué* ?

Gary :

Accentué signifie que les démons entrent et t'aident à être stupide. Ils t'aident à être moins conscient. Ils t'aident à te retrouver dans une situation désagréable. Ils t'aident à t'assurer que tu n'aies aucune idée de ce qui va réellement se passer, c'est pour ça que des choses désagréables arrivent dont tu n'es pas satisfait. Ça peut être avec l'argent, ça peut être avec le sexe —mais généralement pour vous les gars, c'est avec le sexe. Je vous adore tous mais vous n'êtes qu'un tas de queues qui n'attendent que la situation propice pour se produire.

Quelle stupidité utilises-tu pour créer les incidents accentués par les démons que tu choisis ? Tout ceci multiplié par un dieulliard, vas-tu le détruire et le décréer totalement ? Right and Wrong, Good and Bad, POD and POC, All Nine, Shorts, Boys and Beyonds.

Participant :

Ma partenaire et moi allons nous séparer. Nous déménageons etc. Après la classe ESB (Energetic Synthesis of Being) de Dain, ce que j'aimerais créer et générer est devenu clair pour moi et je suis rentré pour déménager de la maison que ma partenaire et moi partageons. Mais quand j'ai franchi le seuil de la maison, j'ai eu l'impression de me heurter à un mur de briques. Est-ce un incident accentué par les démons ?

Gary :

Es-tu prêt à voir ce qui est vrai pour toi ? Et rappelles-toi que j'ai pensé "vérité" avant de te poser cette question.

Participant :

Je l'étais jusqu'à ce que je franchisse le seuil de la maison et maintenant je suis malheureux.

Gary :

Oui, parce que tu t'es rendu compte de ce que tu as vécu tout ce temps.

Participant :

Oui.

Gary :

Une fois qu'il est clair que tu veux faire autre chose, tu deviens enfin tout à coup conscient, de toutes les choses que tu as écartées de ta conscience afin de maintenir ce que tu as.

Tu as le fait de la relation telle qu'elle est, où tu t'es coupé de ta conscience pour t'assurer que tu continues à maintenir une chose telle qu'elle est.

Participant :

Donc je suis simplement plus conscient de l'endroit où je me suis embourbé ?

Gary :

Oui. Tu es conscient de ce dont tu refusais d'être conscient auparavant. Chaque fois que ton pénis est impliqué, chaque fois que tu t'engages dans une relation de n'importe quelle sorte, tu vas vers la relation vraisemblable et crédible. Tu ne choisis pas la relation irréelle et incroyable. Pourquoi veux-tu une relation crédible et vraisemblable ?

Participant :

Oui, ça te raccroche juste à cette réalité.

Gary :

Oui. Ça te ramène dans cette réalité. Ça te bloque avec cette réalité au lieu de te donner le choix d'une réalité différente. Pourquoi ne voudrais-tu pas un choix différent ?

Participant :

Oh, je le veux.

Gary :

Si tu avais le choix, si tu choisissais vraiment et si tu avais le choix et la conscience, tu ne laisserais pas les incidents accentués par les démons prendre le contrôle de ta vie. Mais tu laisses ces incidents accentués par les démons contrôler ta vie. Tu dis : « Oh, j'ai perdu cet argent. Cet argent m'a échappé. » Tu agis comme s'il n'y avait aucun choix quand il y en a.

Quelle stupidité utilises-tu pour créer les incidents accentués par les démons que tu choisis ? Tout ceci multiplié par un dieulliard, vas-tu le détruire et le décréer totalement ? Right and Wrong, Good and Bad, POD and POC, All Nine, Shorts, Boys and Beyonds.

Quelle stupidité utilises-tu pour te défendre contre le sexe, la copulation et les relations irréels, incroyables, fantastiques et phénoménaux que tu pourrais choisir ? Tout ceci multiplié par un dieulliard, vas-tu le détruire et le décréer totalement ? Right and Wrong, Good and Bad, POD and POC, All Nine, Shorts, Boys and Beyonds.

Waouh, les gars, vous ne voulez vraiment rien avoir qui sorte de l'ordinaire, n'est-ce pas ?

Quelle stupidité utilises-tu pour créer la défense contre le sexe, la copulation et les relations irréels, incroyables, fantastiques et phénoménaux que tu pourrais choisir ? Tout ceci multiplié par un dieulliard, vas-tu le détruire et le décréer totalement ? Right and Wrong, Good and Bad, POD and POC, All Nine, Shorts, Boys and Beyonds.

Quelle stupidité utilises-tu pour créer les incidents accentués par les démons que tu choisis ? Tout ceci multiplié par un dieulliard, vas-tu le détruire et le décréer totalement ? Right and Wrong, Good and Bad, POD and POC, All Nine, Shorts, Boys and Beyonds.

ÇA N'EST PAS "JUSTE ARRIVÉ"

Quand tu décides soudain que tu veux avoir une relation sexuelle avec quelqu'un, ce n'est pas un accident. Ce n'est pas quelque chose qui est juste arrivé. Ça ne s'est pas juste produit. Ces femmes te courent après. Est-ce que c'est réel pour toi ? J'observe les gens. L'autre jour dans une classe, j'observais une femme qui courait après un gars. Il était évident qu'elle le voulait et la façon dont les choses se déroulaient était d'un ridicule abominable. Il ne pouvait pas le voir du tout parce que les démons accentuaient l'incident. Il n'avait aucune idée qu'il pourrait vraiment provoquer sa propre mort en faisant ce choix.

Participant :
Est-ce que nous choisissons cela dès l'instant où une fille commence à nous courir après ?

Gary :
Oui. Tu le choisis quand elle commence à te mettre le grappin dessus. Ce gars et cette fille sont sortis déjeuner ensemble. Je les ai vus et je me disais : "Oh, pauvre bougre. Il est condamné." Cette fille était méchante et diabolique et je savais qu'elle allait lui faire des choses méchantes et diaboliques. Mais son ordre du jour se durcissait, son cerveau a disparu et il a vécu un événement accentué par les démons que l'on appelle « l'amour du sexe ». Il a largué tous les autres pour être avec elle. Tout ce qu'il avait promis de faire pour les autres, il a refusé de le faire. Tout ce qu'il avait dit qu'il allait accomplir, tout ce qui faisait son business, sa vie et ses amitiés avec tous les gens dans le monde étaient perdus en faveur du vagin en or qui dégoulinait sur tout son monde.

Participant :
Waouh.

Gary :

Tout ceci multiplié par un dieulliard, vas-tu le détruire et le décréer totalement ? Right and Wrong, Good and Bad, POD and POC, All Nine, Shorts, Boys and Beyonds.

Participant :

Est-ce que j'ai utilisé ma relation pour me défendre contre les femmes qui me font ça ?

Gary :

Eh bien, tu t'es défendu contre ça. Tout d'abord, ce n'est pas si les *femmes* te le font. Les hommes vont te le faire aussi.

Participant :

Oui.

Gary :

Tu te défends contre tout ce qui te donnerait du choix.

Participant :

J'ai la tête qui tourne là. Que veux-tu dire avec ça ?

Gary :

Si tu te définis comme homo ou hétéro, ou si tu as une sexualité particulière, tu crées un ensemble de jugements pour soutenir cette définition et la rendre réelle. Tu te défends contre tout ce qui remet ça en question ou qui te met en situation où tu pourrais le remettre en question.

Et si la meilleure relation que tu avais était avec un bon ami ? Il y a des années de ça, j'avais un ami dont j'étais très proche. Nous faisions tout ensemble. C'était vraiment plaisant. Il était intelligent, futé et marrant et nous passions de bons moments ensemble. Et puis il a rencontré une petite copine. Il m'a largué comme un vieux costard bon marché et j'ai dit : « Euh, attends un peu ! Nous étions si proches et maintenant il ne peut même pas me parler ? »

Ils ont rompu et il m'a appelé. Il voulait qu'on se revoie pour être amis à nouveau. Il a dit : « Hé, redémarrons notre amitié. »

J'ai dit : "Non, parce que la prochaine fois que tu auras une gonzesse, tu vas de nouveau te débarrasser de moi. Ça ne m'intéresse pas." Il était disposé à détruire son amitié avec moi afin d'avoir une relation exclusive avec une fille. Il pensait que la relation était ce qu'il y avait de plus important.

Es-tu disposé à larguer tes amis pour le vagin qui te dégouline dessus en ce moment ? C'est ce que tu fais, que tu te sois engagé à faire quelque chose ou pas.

Participant :

Et même les engagements envers toi-même.

Gary :

Surtout, les engagements envers toi-même. Aller à l'encontre de ce envers quoi tu t'es engagé, c'est comme dire « Elle est plus importante. Tout ce qu'elle a est plus important que ma propre vie. »

Participant :

Et une fois que tu perds cet engagement envers toi-même...

Gary :

C'est là où tu commences à inviter la mort. C'est là où tu provoques la mort. Voici un autre processus que je voudrais que vous utilisiez vous-mêmes, les gars :

Quelle séduction est-ce que j'utilise pour créer la provocation de la mort que je choisis ? Tout ceci multiplié par un dieulliard, vas-tu le détruire et le décréer totalement ? Right and Wrong, Good and Bad, POD and POC, All Nine, Shorts, Boys and Beyonds.

Nous nous laissons séduire pour mourir. Le gars dont je parlais a été séduit par le fait d'abandonner tous ses autres amis, les gens qui l'ont soutenu et aimé, en faveur de cette femme. C'est tout ce qui lui importait à elle. Quand elle l'a quitté, elle ne s'est jamais mieux sentie ; Il s'est senti comme un tas de merde.

Quelle séduction est-ce que j'utilise pour créer la provocation de la mort que je choisis ? Tout ceci multiplié par un dieulliard, vas-tu le détruire et le décréer totalement ? Right and Wrong, Good and Bad, POD and POC, All Nine, Shorts, Boys and Beyonds.

Mettez ça en boucle, s'il vous plait et laissez-le tourner non-stop, messieurs. Vous devez arriver à cette situation où vous n'êtes plus séduits par le fait de renoncer à votre vie pour une femme simplement parce qu'elle vous veut.

"JE VEUX QU'IL RENONCE À SA VIE POUR MOI"

Il y a des années, j'animais une classe et un couple y participait. J'ai demandé à la femme : « Qu'est-ce que tu attends de lui ? » et elle a répondu : « Je veux qu'il renonce à sa vie pour moi. »

J'ai dit : "Quoi ? !" Et tous les autres dans la salle ont dit :

"Oh, n'est-ce pas mignon ?"

J'ai dit : "Mignon ? Tu veux que le gars renonce à sa vie pour toi ? Tu es en train de dire essentiellement qu'il devrait faire tout ce que tu veux, tout ce que tu requiers et désires et il ne devrait pas avoir de vie à lui."

Elle a dit : "Oui."

C'est la façon dont la plupart des relations sont créées. J'ai demandé : "Pourquoi est-ce que les gens pensent que c'est une bonne chose ? " Tu dois être disposé à voir ce que tu veux réellement avoir comme réalité et ce que tu veux avoir dans une relation.

À qui ou à quoi es-tu disposé à t'abandonner et si tu ne t'y abandonnais pas, te permettrait d'accéder en totalité à ce que tu es ? Tout ceci multiplié par un dieulliard, vas-tu le détruire et le décréer totalement ? Right and Wrong, Good and Bad, POD and POC, All Nine, Shorts, Boys and Beyonds.

Participant :

Est-ce que nous créons la séduction dans la provocation de la mort en renonçant à nous-mêmes ?

Gary :

Oui. Tu renonces à *toi* afin de le créer.

Quelle stupidité utilises-tu pour créer la défense contre le sexe, la copulation et les relations irréels, incroyables, fantastiques et phénoménaux que tu pourrais choisir ? Tout ceci multiplié par un dieulliard, vas-tu le détruire et le décréer totalement ? Right and Wrong, Good and Bad, POD and POC, All Nine, Shorts, Boys and Beyonds.

Dain était avec une dame l'autre jour. Elle lui a dit : « Je pense que nous devrions passer quelques jours ensemble. »

Il lui a demandé : "Pourquoi ?"

Elle a répondu : "Pour que nous puissions nous connaître un peu mieux."

Il lui a répondu : « Mais je n'ai pas besoin de le faire. Je te connais » Il est disposé à savoir. Elle n'était pas disposée à savoir. Elle voulait passer du temps avec lui parce que son point de vue était que tu dois passer du temps ensemble pour apprendre à connaître quelqu'un. Et si tu n'avais pas à passer du temps ensemble pour apprendre à connaître quelqu'un ? Et si tu pouvais juste les connaître ?

À qui ou à quoi es-tu disposé à t'abandonner et si tu ne t'y abandonnais pas, te permettrait d'accéder en totalité à ce que tu es ? Tout ceci multiplié par un dieulliard, vas-tu le détruire et le décréer totalement ? Right and Wrong, Good and Bad, POD and POC, All Nine, Shorts, Boys and Beyonds.

Participant :

Quand nous "passons quelques jours à apprendre à connaître quelqu'un", n'est-ce pas là où nous trouvons des manières de nous couper de nous pour nous adapter à leur réalité ?

Gary :

Oui. C'est là où tu peux provoquer ta mort au profit de leur vie.

Combien d'entre vous renonceriez à votre vie pour avoir une femme ? Tout ceci multiplié par un dieulliard, allez-vous le détruire et le décréer totalement ? Right and Wrong, Good and Bad, POD and POC, All Nine, Shorts, Boys and Beyonds.

ROMANTISME

Participant :

Est-ce que renoncer à soi-même est ce qu'on appelle le romantisme dans cette réalité ? Est-ce que c'est ce qui s'appelle romantique ?

Gary :

Eh bien, ce qui s'appelle le romantisme est le plaisir et la joie de faire ce qui te stimule toi et la femme avec qui tu es, qui crée une illusion que tu vas avoir quelque chose de mieux. Le romantisme est ce que tu utilises comme stimulant pour créer la réaction d'une femme.

Personnellement, j'aime le romantisme. J'aime les dîners et les regarder dans les yeux avec désir, leur donner des fleurs, avoir un bon vin et de la bonne musique, leur parler et leur poser sans arrêt des questions sur elles et ne jamais rien leur dire sur moi. A la fin de la soirée, quand elles disent : « Waouh, tu es l'homme le plus intéressant que j'aie jamais rencontré », je sais que je vais coucher. Je suis plus pragmatique que vous les gars. Je sais quel est mon objectif. Vous pensez que votre objectif est d'obtenir une femme. Combien d'entre vous ont obtenu une femme et avez ensuite été heureux avec elle ?

Tu fais du romantisme pour encourager une femme à laisser tomber ses défenses et te donner ce que tu veux. Tu ne renonces pas à toi-même pour obtenir la femme. Vous les gars, renonceriez à tout pour obtenir un vagin. Si elle dit : « Je veux que tu aboies comme un chien, » vous allez putain d'aboyer comme un chien. Vous feriez tout ce qu'elle demande parce que c'est elle qui a le vagin.

Combien d'entre vous ont renoncé à toute votre vie pour un vagin ? Tout ceci multiplié par un dieulliard, allez-vous le détruire et le décréer totalement ? Right and Wrong, Good and Bad, POD and POC, All Nine, Shorts, Boys and Beyonds.

À qui ou à quoi es-tu disposé à t'abandonner et si tu ne t'y abandonnais pas, te permettrait d'accéder en totalité à ce que tu es ? Tout ceci multiplié par un dieulliard, vas-tu le détruire et le décréer totalement ? Right and Wrong, Good and Bad, POD and POC, All Nine, Shorts, Boys and Beyonds.

"IL SEMBLE QUE J'ATTIRE LES FEMMES MARIÉES"

Participant :

Il semble que j'attire les femmes mariées qui cherchent à avoir du plaisir avec moi et ensuite je me donne tort de leur donner mon corps. Je vais dans le tort de ce que ça va créer après avec le mari, etc. J'aimerais savoir comment tu vois ça et comment tu l'appréhenderais.

Gary :

Les femmes mariées qui ne sont pas heureuses dans leurs vies feraient tout pour obtenir un homme avec qui elles peuvent coucher. Est-ce qu'elles vont vraiment quitter leurs maris pour toi ? Ça serait un non. Pourquoi le font-elles ? Elles te choisissent parce que tu es sans danger et parce que tu n'es pas prêt à t'engager avec elles. Les femmes mariées qui te courent après sont plus masculines dans leur point de vue que féminines. La plupart des femmes vont convoiter le mari d'une autre femme. Es-tu un mari ?

Participant :
   Non.

Gary :
   Es-tu juste un baiseur ?

Participant :
   Sans doute, oui. J'aimerais ne pas me donner tort dans cette situation et m'amuser un peu, mais je continue à penser à ce que ça va créer après pour elles et leur…

Gary :
   Es-tu un homme humanoïde ?

Participant :
   Je le crois.

Gary :
   Les hommes humanoïdes n'aiment pas convoiter les femmes mariées parce qu'ils n'aiment pas foutre en l'air le coup d'un autre homme.

Participant :
   Oui.

Gary :

Mais tu dois le regarder en face. Est-ce que le coup est déjà foutu ? Oui ou non ?

Participant :

Oui.

Gary :

Est-ce que ton besoin d'avoir un problème est réel ? Ou essaies-tu de créer un problème pour justifier le fait qu'en bon homme humanoïde que tu es, tu ne peux pas croire que cela peut être une bonne chose pour toi de coucher avec une femme mariée ?

Participant :

Oui, c'est ça.

Gary :

Tu crées un incident accentué par les démons. Voici un processus qui te sera utile. Ça va clarifier les choses sur le fait que si une femme mariée te court après c'est parce qu'elle a décidé de sortir de son mariage et qu'elle te considère comme la source. Maintenant si c'était le cas, tu devrais avoir beaucoup d'argent et un job bien payé et tu devrais avoir l'air de quelqu'un qui a plus que ce que tu as. Est-ce exact ?

Quelle séduction utilises-tu pour créer la provocation de la mort que tu choisis ? Tout ceci multiplié par un dieulliard, vas-tu le détruire et le décréer totalement ? Right and Wrong, Good and Bad, POD and POC, All Nine, Shorts, Boys and Beyonds.

Participant :

Eh bien, j'ai un très bon job.

Gary :

Es-tu un plaisir pour les yeux à portée de main ?

Participant :

Ça dépend des yeux qui me regardent. Bien sûr. La beauté est dans les yeux de ceux qui regardent. Je ne sais pas. Je n'ai aucune idée à ce sujet. Tu devrais leur demander.

Gary :

Tu dois reconnaître ce que tu es et arrêter d'essayer d'être ce que tu penses que tu es censé être. Si tu es juste une bite qu'on utilise, alors sois une bite qu'on utilise et profite du fait que l'on t'utilise, putain. En réalité, c'est ce que sont la plupart des jeunes mecs. Les femmes mariées ont tendance à courir après les mecs jeunes, qu'elles considèrent comme une bite qu'elles peuvent utiliser. Pourquoi choisissent-elles un plaisir pour les yeux facile ? Parce qu'elles tapent tellement sur leurs maris à la maison que ces derniers ne veulent plus avoir de relations sexuelles.

Vous devez être brutalement honnêtes avec vous-mêmes, les gars, concernant ce que vous êtes. Si vous êtes une salope, vous êtes une salope. Ce n'est pas un tort ; c'est juste quelque chose que vous êtes. Arrêtez d'essayer de créer quelque chose qui n'est pas réel pour vous. Vous devez considérer ce qui est réel pour vous – pas ce qui est réel pour les autres.

Quelle séduction utilises-tu pour provoquer la mort que tu choisis ? Tout ceci multiplié par un dieulliard, vas-tu le détruire et le décréer totalement ? Right and Wrong,

Good and Bad, POD and POC, All Nine, Shorts, Boys and Beyonds.

Chaque fois que tu pars dans le jugement, tu vas dans la mort. Tu provoques la mort chaque fois que tu pars dans le jugement.

EST-CE QUE TU RENONCES À TOI-MÊME ?

Prenons l'ami dont je parlais précédemment. Au fait, ce n'est pas Dain. C'est un autre ami. Tout le monde pense toujours que quand je parle d'un ami, je parle de Dain. Non, ce n'est pas vrai. Quand ce gars s'est décidé pour cette femme, il s'est mis à dos tous les gens avec et pour qui il avait accepté de faire des choses. Il a renoncé à sa propre vie pour elle et au profit du point de vue de ce qu'elle voulait. Ça a freiné l'essentiel de l'élan qui créait de l'argent, des possibilités et des choix dans sa vie. Ça lui a pris presque deux ans pour renverser la vapeur.

Chaque fois que tu choisis d'aller à ton encontre, tu peux être séduit hors de ce qui, pour toi, est une prise de conscience et tu mets les choses en place de telle façon que tu finis par renoncer à tout ce que tu avais commencé au profit de ce que tu as obtenu. Tu perds ton futur tout entier quand tu fais ça.

Quelle séduction utilises-tu pour provoquer la mort que tu choisis ? Tout ceci multiplié par un dieulliard, vas-tu le détruire et le décréer totalement ? Right and Wrong, Good and Bad, POD and POC, All Nine, Shorts, Boys and Beyonds.

Participant :

Gary, j'ai une révélation : "Oh mon Dieu". Est-ce que c'est ce que j'ai fait l'année dernière ?

Gary :

Oui, tu as essayé de t'adapter à la personne avec qui tu es pour la rendre heureuse. C'est une justification ; ce n'est pas réel. Tu ne le fais pas pour la rendre heureuse. Tu le fais pour renoncer à toi-même. Tu le fais pour te tuer. A quel point te soucies-tu de toi-même ? Presque pas.

Participant :

Eh bien, apparemment je ne m'en souciais pas.

Gary :

Tout ceci multiplié par un dieulliard, vas-tu le détruire et le décréer totalement ? Right and Wrong, Good and Bad, POD and POC, All Nine, Shorts, Boys and Beyonds.

Participant :

Est-ce que ce processus de séduction va m'aider à retourner dans le monde pour créer et générer ce que j'aimerais ?

Gary :

Espérons-le. Tu vas au moins commencer à être capable de voir ce que tu aimerais. Tu ne vas pas te laisser séduire par l'idée qu' « Elle ne va pas être contente si je fais ça. » Tu ne vas pas être séduit par le fait de ne pas faire quelque chose comme si ça allait la rendre heureuse. Ça ne la rend pas heureuse. Rien ne rend une femme heureuse sauf quand elle décide d'être heureuse. Et rien ne rend un homme heureux à part le fait de renoncer à soi-même pour un vagin. Il pense qu'il est heureux quand il fait ça, mais à la fin, il est foutu, misérable et veut se tuer. Comment ça marche pour vous, les gars ?

Participant :

Pas très bien !

Gary :

Quelle séduction utilises-tu pour provoquer la mort que tu choisis ? Tout ceci multiplié par un dieulliard, vas-tu le détruire et le décréer totalement ? Right and Wrong, Good and Bad, POD and POC, All Nine, Shorts, Boys and Beyonds.

Est-ce que certains d'entre vous ont déjà remarqué que quand vous vous embarquez dans des relations, vous avez ce truc de marche-arrêt avec votre vie entière ? Vous commencez par suivre une route, vous vous investissez avec une femme et puis l'étape suivante, vous abandonnez tout ce que vous avez commencé à créer pour être avec elle. Pourquoi feriez-vous ça ?

Pour qui ou pour quoi, ou à qui et à quoi es-tu disposé à t'abandonner et si tu n'étais pas disposé à t'y abandonner, te permettrait d'accéder en totalité à ce que tu es ? Tout ceci multiplié par un dieulliard, vas-tu le détruire et le décréer totalement ? Right and Wrong, Good and Bad, POD and POC, All Nine, Shorts, Boys and Beyonds.

Pourquoi est-ce que tu n'es pas entier sans une femme ?

Quelle stupidité choisis-tu d'utiliser pour te défendre contre le fait de te choisir toi plutôt qu'une femme ou un partenaire sexuel ? Tout ceci multiplié par un dieulliard, vas-

tu le détruire et le décréer totalement ? Right and Wrong, Good and Bad, POD and POC, All Nine, Shorts, Boys and Beyonds.

Choisis ce que *tu* veux choisir. Ne choisis pas parce qu'*elle* veut que tu choisisses. Choisis parce que *tu* veux choisir.

Quelle stupidité choisis-tu d'utiliser pour créer la séduction de la provocation de la mort ? Tout ceci multiplié par un dieulliard, vas-tu le détruire et le décréer totalement ? Right and Wrong, Good and Bad, POD and POC, All Nine, Shorts, Boys and Beyonds.

INCULCATION DES RÉALITÉS

Participant :

Dain me parlait l'autre jour de la façon dont j'inculque la réalité des autres. Je saisis la réalité de quelqu'un et je la mélange avec la mienne.

Gary :

Inculquer, c'est quand tu mets toutes les parties et pièces de chacun de vous deux ensemble, que tu les disposes dans un mixer puis que tu essaies d'en faire sortir chacun de vous comme deux personnes identiques. C'est la manière dont la plupart des gens essaient de créer des relations.

Nous pensons que nous devons créer une relation en mélangeant nos réalités et en en ressortant avec quelque chose qui soit acceptable pour nous deux. Sauf que la seule partie que tu obtiens est sa merde et la seule partie qu'elle obtient est ton or. Tu vas prendre sa merde en échange de ton or tout le temps. Quoi ?

Participant :

Est-ce que c'est ce que font les gens avec les familles aussi ?

Gary :

C'est ce que les gens font avec les familles.

Participant :

Les sectes ?

Gary :

Les sectes et les religions – et tout ce à quoi tu essaies de t'adapter. Malheureusement, la plupart de vous n'êtes pas doués pour vous adapter, parce que vous avez bien trop envie d'être des meneurs plutôt que des suiveurs. En réalité, vous êtes tous comme des chatons. Personne ne peut vous contrôler, mais vous continuez à essayer de prétendre que d'une façon ou d'une autre vous pouvez être contrôlés. Ça ne marche pas, mais si vous êtes heureux avec ça, pas de problème. Si ça vous rend heureux, n'hésitez pas. Foutez-vous bien en l'air et sentez-vous bien avec ça.

Il y a aussi « *exculquer* », c'est quand, au lieu que toi et ton partenaire essayiez de mélanger ensemble toutes les parties et morceaux de chacun d'entre vous, vous essayez de séparer tout ça. Vous êtes l'huile et l'eau au lieu du choix.

Entremêler l'état d'être, c'est quand tu es tellement proche de quelqu'un que tu entends et perçois ce qu'ils ne sont pas disposés à entendre et percevoir. Dain et moi sommes très proches et quand il refuse de voir ce qui est véritablement possible, je me retrouve à le voir et le savoir.

Pour moi, c'est voir là où la personne a besoin de comprendre ce qui se passe réellement et regarder sous un autre angle. Par exemple, je peux percevoir des merdes bizarres de filles avec lesquelles Dain couche, sur le fait qu'elles ne veulent pas qu'il soit avec quelqu'un d'autre. Je peux penser : « Oh mon Dieu. Je ne veux pas que Dain soit avec quelqu'un d'autre » et ensuite je me dis : « Mais il n'est pas avec moi ! Qu'est-ce que c'est ? »

Je savais ce qu'il n'était pas prêt à recevoir. Je suis disposé à savoir beaucoup de choses. Je savais que le gars qui était dans la classe était sous l'emprise de la femme. Je pouvais voir exactement ce qui se passait, mais il ne pouvait pas le voir, quoi qu'on lui dise et donc j'ai fermé ma gueule et je l'ai laissé prendre le chemin pour se tuer afin qu'il ait cette opportunité encore une fois. Ce n'était pas son meilleur choix. Tu ne veux pas prendre ces chemins.

Participant :

Et le choix crée la conscience.

Gary :

Le choix en effet crée la conscience. Il a choisi. Il a eu beaucoup de prises de conscience. Ce n'était pas la conscience qu'il avait souhaitée, mais il a pris conscience de beaucoup de choses.

Quelle stupidité choisis-tu d'utiliser pour créer l'inculcation des réalités comme relations ? Tout ceci multiplié par un dieulliard, vas-tu le détruire et le décréer totalement ? Right and Wrong, Good and Bad, POD and POC, All Nine, Shorts, Boys and Beyonds.

Il y a des années, quand j'ai divorcé, il y avait une dame qui me disait : "J'ai hâte que nous puissions passer du temps ensemble."

Je lui ai demandé : "Que veux-tu dire ?"

Elle m'a répondu : "Eh bien, j'ai calculé que nous passerons 75% de notre temps ensemble à partir de maintenant."

J'ai dit : « 75% de notre temps ? Voyons voir, dans une journée de 24h ça veut dire que je passe 18h avec toi ? Je n'aime pas passer 18 heures avec quiconque. Je ne veux pas passer 18 heures avec quelqu'un. »

Combien d'heures aimerais-tu vraiment passer avec une personne – et être totalement présent avec elle tout ce temps ? Si tu dis plus que deux heures et demie, tu mens.

Participant :

Oui. Deux ou trois heures.

Participant :

Trois heures et demie par semaine.

Gary :

Le temps que tu veux passer avec une personne est à peu près 10% du temps que tu as dans une journée, parce que ça veut dire que tu es totalement présent pour elle. Elle est totalement présente pour toi. Combien d'entre vous pourraient être totalement présents pour quelqu'un en n'ayant aucun jugement, aucune conclusion, aucune considération, mais en étant simplement là, totalement dans la question et la présence ?

Combien d'entre vous peuvent faire ça pendant plus de deux heures et demie ?

Participant :

Deux heures et demie ça semble assez long.

Gary :

La plupart d'entre vous veulent être avec quelqu'un jusqu'à ce que vous ayez un orgasme et ensuite, vous êtes prêts à partir.

Quelle séduction utilises-tu pour provoquer la mort que tu choisis ? Tout ceci multiplié par un dieulliard, vas-tu le détruire et le décréer totalement ? Right and Wrong, Good and Bad, POD and POC, All Nine, Shorts, Boys and Beyonds.

SOIS HONNÊTE PAR RAPPORT À OÙ TU EN ES DANS TA VIE

Gary :

Les gars, soyez honnêtes avec vous-mêmes. Si vous êtes une bite qui attend une situation propice, alors vous êtes une bite qui attend une situation propice. Ça n'est ni mal, ni bien, ni rien d'autre. C'est juste que vous êtes une bite qui attend la situation propice.

Tu dois être honnête avec où tu en es dans la vie. Quel genre de personne tu es. Ce qui est réellement important pour toi. Ce que tu veux créer. Si tu es disposé à faire ça, tu peux poser la question : « Ok, comment puis-je utiliser ça ? » au lieu de : « Comment est-ce que je peux me maltraiter avec ça ? » Être un roi de la baise et une salope sont considérés comme de mauvaises choses dans cette réalité, mais imagine si c'était la plus grande force qui t'était disponible ? Si tu étais disposé à travailler à partir du point de vue de la plus grande possibilité et du plus grand choix plutôt qu'à partir du tort de ton point de vue, quelles pourraient être les autres possibilités ?

Participant :

C'est comme si j'utilisais "je suis une salope" comme justification pour me tuer.

Gary :

Oui, c'est utiliser "salope" comme justification au lieu de dire : "Ok, je suis une salope. Je coucherais avec n'importe qui. Comment puis-je utiliser ça pour créer ma vie ?" Ce n'est pas : « Comment puis-je utiliser ça pour détruire ma vie, pour me tuer ? »

Tout ceci multiplié par un dieulliard, vas-tu le détruire et le décréer totalement ? Right and Wrong, Good and Bad, POD and POC, All Nine, Shorts, Boys and Beyonds.

Tu es un roi de la baise. C'est juste ce que tu es. Tu peux utiliser ça pour provoquer ta mort ou tu peux utiliser ça pour créer ta vie. De quelle façon l'as-tu utilisé jusqu'à présent ?

Participant :

Pour provoquer la mort.

Gary :

Oui. Pas ton meilleur choix, n'est-ce pas ?

Participant :

Pour créer la vie. A quoi ça ressemblerait ?

Gary :

Demande : « Comment puis-je utiliser le fait d'être une salope pour créer plus de vie, pas moins ? » « Qui puis-je baiser qui va élargir mon univers, me donner la vie que je veux et faire tout fonctionner ? » Au lieu d'aller vers ce qui va créer ta vie, tu vas vers ce qui va te permettre de coucher, parce que baiser est devenu le produit de qualité – pas le fait que tu peux baiser, pas le fait que tu es mignon et que tu incites les gens à baiser, pas le fait que tu peux t'éclater. Tu as fait de coucher ton but final, l'objectif de tout. La plupart des hommes le font.

Participant :

Je rigole. Je vois ça tellement clairement.

Gary :

La création s'arrête à l'instant où tu conclus : "Cette femme veut coucher avec moi." Tu ne considères pas : "Comment puis-je utiliser ça à mon avantage ?" Je regrette de vous dire ça, messieurs, mais les femmes aiment coucher autant que les hommes. Elles veulent juste le côté romantique pour pouvoir le choisir.

COMMENT PUIS-JE UTILISER À MON AVANTAGE LE FAIT D'ÊTRE UN MEC DÉBAUCHÉ ?

Gary :

Par exemple, quelques-uns d'entre vous font les mecs débauchés. Est-ce qu'en général ça fonctionne bien pour vous ? Non, pas du tout. Par conséquent tu dois te demander : « Comment puis-je utiliser à mon avantage le fait d'être un mec débauché ? » Si tu ajoutais un peu d'humour dans tout ça, tu pourrais l'utiliser à ton avantage. Si tu voyais le plaisir et le jeu dans tout ça, si tu voyais les possibilités au lieu de la destruction, du mal, de l'atrocité ou tout ce genre de trucs, est-ce qu'une réalité différente apparaîtrait ?

Participant :
Peux-tu m'en donner un exemple ?

Gary :
Si tu fais le mec débauché avec humour, les gens vont penser que tu n'es pas véritablement un mec débauché. Un *mec débauché* signifie que tu baves devant les filles. Tu leur demandes : « Hé, est-ce que je peux enlever mon pantalon et te montrer mon pénis ? Tu ne le veux pas maintenant que tu l'as vu ? » Et les femmes répondent : « Dégueulasse ! » Tu n'as pas considéré le fait de pouvoir utiliser ça d'une façon différente. Et si tu faisais quelque chose de différent plutôt que de faire le débauché avec les femmes en disant : « Tu vas vouloir coucher avec moi ».

Il ne s'agit pas de changer le fait que tu fasses le mec débauché. Il s'agit de voir comment tu peux l'utiliser à ton avantage. Ce que j'essaie de te dire, c'est que tu fais le mec débauché et ça ne te donne pas les résultats souhaités. Donc qu'est-ce que tu devrais être ou faire de différent pour obtenir les résultats que tu veux réellement ? Comment pourrais-tu faire ou être différemment avec ça ?

Pose-toi la question : « Comment est-ce que je peux utiliser ça de façon différente ? » Tu dois apprendre comment l'utiliser de manière à ce que ça fonctionne pour toi. Maintenant, tu l'utilises d'une manière qui ne fonctionne pas. Tu dois être clair sur ce que tu veux. Veux-tu une relation ? Veux-tu simplement coucher ? Si tu veux simplement coucher, fais-toi un paquet d'oseille et loue une prostituée. C'est sans contrainte. Ou deviens homosexuel, parce que c'est du sexe sans contrainte aussi.

C'est la même chose pour tout. Si tu es séduisant, tu dois reconnaître que tu es séduisant et te demander : « Comment est-ce que j'utilise ceci pour créer ma vie ? » Pas : « Comment est-ce que je peux utiliser ceci pour obtenir une femme ? » Tu vas utiliser ton apparence pour obtenir une femme et ensuite détruire ta vie pour l'avoir. Tu vas utiliser ton apparence pour te tuer. Tu es séduit par le fait que ta belle gueule va te permettre de coucher alors tu séduis quelqu'un pour coucher avec toi afin de te tuer.

Quelle séduction utilises-tu pour provoquer la mort que tu choisis ? Tout ceci multiplié par un dieulliard, vas-tu le détruire et le décréer totalement ? Right and Wrong, Good and Bad, POD and POC, All Nine, Shorts, Boys and Beyonds.

Quelle stupidité choisis-tu d'utiliser pour créer les défenses contre le toi irréel, incroyable, fantastique et phénoménal, que tu es plutôt que de coucher ? Tout ceci multiplié par un dieulliard, vas-tu le détruire et le décréer totalement ? Right and Wrong, Good and Bad, POD and POC, All Nine, Shorts, Boys and Beyonds.

UTILISER TON ÉNERGIE SEXUELLE

Participant :

Je ne me considère pas comme un roi de la baise ou un mec débauché. Pourrais-tu m'aider à trouver ce que c'est pour moi que je pourrais utiliser pour créer ma vie ?

Gary :

Essaies-tu de te créer comme fortement sexuel ou comme asexué ?

Participant :

Asexué en ce moment.

Gary :

Ok, donc tout ce que tu as fait est pour te rendre asexué. Quand tu essaies de te rendre asexué, essaies-tu de mettre de côté l'énergie sexuelle que tu as afin de ne pas être séduit dans une relation qui ne fonctionne plus ? Ou essaies-tu de te rendre asexué afin de ne pas créer de problèmes dans le monde des autres ?

Participant :

La dernière réponse.

Gary :

Tout ceci multiplié par un dieulliard, vas-tu le détruire et le décréer totalement ? Right and Wrong, Good and Bad, POD and POC, All Nine, Shorts, Boys and Beyonds.

Quand tu essaies de te rendre asexué comme si ça n'allait pas causer de problèmes dans le monde des autres, tu incites tout un tas de gens à essayer de te séduire, ce qui est la partie que tu aimes. N'aimes-tu pas quand les gens essaient de te séduire et que tu as l'opportunité de dire *non* ?

Participant :

Oui.

Gary :

Tu aimes être capable de dire *non*. « Non, je ne suis pas ce genre de fille… euh je veux dire je ne suis pas ce genre de garçon. Je ne vais pas céder pour si peu. Je ne suis pas une salope bon marché. Je ne suis pas un mec débauché. Je ne suis pas un roi de la baise. Je suis un bon garçon. »

Participant :

Donc est-ce que me rendre asexué crée des gens qui veulent te séduire ? Est-ce que c'est juste de l'intimidation ?

Gary :

La Sexualness totale peut être de l'intimidation. Si tu es disposé à être totalement sexuel et si tu utilises ta sexualness comme un moyen d'intimider les autres, tout un nouveau monde s'ouvre. Je faisais une classe sur le sexe un jour et une jeune femme vraiment jolie m'a regardé et m'a dit « Je pourrais mettre ma sangle et te baiser. »

Je lui ai demandé : « Penses-tu réellement pouvoir me gérer, ma chérie ? » et elle s'est totalement intériorisée. Elle utilisait le sexe comme une force. Elle ne faisait pas du sexe une réalité. Tu dois arriver là où tu reconnais que le sexe comme réalité est un univers totalement différent. Le sexe comme réalité c'est « Qui puis-je intimider avec mon énergie sexuelle ? Qui puis-je inviter avec mon énergie sexuelle ?

Qui puis-je attirer dans ma vie qui ne va pas me tuer ? Et qui puis-je créer avec ça qui va créer plus de la vie que j'aimerais réellement avoir ? »

Beaucoup de gens utilisent leur énergie sexuelle afin de créer de l'art et de la littérature ; ils subliment leur énergie sexuelle de la copulation et à la place l'utilisent de façon artistique, comme si ça gère les choses pour eux. L'énergie sexuelle n'est pas la *source* de création ; c'en est une contribution. Tu veux accroître ton énergie sexuelle afin qu'elle puisse être une *contribution* à tout ce que tu es capable de créer, que ce soit de l'art, de la littérature, de la peinture, de la musique ou autre chose.

Tu dois être prêt à être intimidant sexuellement, ce qui signifie qu'au lieu de te dire : « Oh, elle me veut. Cool. Je suis tellement content qu'elle me veuille. Je vais lui permettre de laisser son vagin dégouliner partout sur mon corps et personne d'autre ne me touchera », tu te demandes : « Est-ce que tu penses vraiment que tu vas me satisfaire, baby ? Salut. A plus tard. J'ai des choses à faire, des gens à voir et des endroits où aller ! » Pas « Oui. Je vais renoncer à ma vie pour toi. »

Tout ceci multiplié par un dieulliard, vas-tu le détruire et le décréer totalement ? Right and Wrong, Good and Bad, POD and POC, All Nine, Shorts, Boys and Beyonds.

La plupart d'entre vous ne veulent pas être intimidants sexuellement parce que vous avez conclu que si vous êtes sexuellement intimidants, personne ne voudra de vous. Non, les gens amusants te voudront.

Quand tu es intimidant sexuellement, tu n'es jamais disposé à être moins parce que quelqu'un d'autre ne peut pas recevoir la sexualness que tu es. Quand tu es intimidant sexuellement, les gens doivent choisir d'être avec toi ou pas, plutôt que toi, tu essaies de les séduire à faire quelque chose qu'ils ne veulent pas faire. Quand tu essaies de ne pas être intimidant sexuellement, les gens essaient de comprendre ce que tu attends d'eux au lieu d'être capables de choisir ce qu'ils veulent. Si tu es disposé à être intimidant sexuellement, ils savent ce que tu attends d'eux et ils peuvent choisir s'ils veulent le faire –ou pas.

Combien de fois as-tu été non disposé à être intimidant sexuellement ? Et toutes les situations où tu as décidé qu'être intimidant sexuellement est un tort, vas-tu les détruire et les décréer totalement ? Right and Wrong, Good and Bad, POD and POC, All Nine, Shorts, Boys and Beyonds.

Pour la plupart d'entre vous, quand vous avez une expérience sexuelle vraiment positive, vous allez l'atténuer la fois suivante pour vous assurer de ne pas perdre la personne.

Tout ceci multiplié par un dieulliard, vas-tu le détruire et le décréer totalement ? Right and Wrong, Good and Bad, POD and POC, All Nine, Shorts, Boys and Beyonds.

Tu préfères avoir un canard boiteux qui te veut plutôt que quelqu'un qui pourrait être plaisant et qui pourrait profiter à fond de toi et apprécier de te baiser. Et si tu disais que tu ne voulais pas faire ce qu'ils voulaient que tu fasses, ils te diraient : « Oh, ok. Je ferais ce que tu veux. »

Dain est enfin devenu intimidant sexuellement. Quand la femme lui a dit qu'elle voulait passer deux jours avec lui, il lui a répondu : « Non, je ne veux pas passer deux jours avec toi. » Elle lui a envoyé un message le lendemain pour lui dire : « Tu as raison. Je veux juste être avec toi. Le temps que je peux obtenir est une telle invitation, une telle contribution quel qu'il soit. Je veux avoir ça. » Si tu n'es pas disposé à t'adapter au monde des autres, ils vont s'adapter au tien. Arrêtez d'être des mauviettes.

Tout ce que tu as fait pour te créer comme une mauviette, là où n'importe qui peut te renifler ou te lécher, vas-tu le détruire et le décréer totalement ? Right and Wrong, Good and Bad, POD and POC, All Nine, Shorts, Boys and Beyonds.

Participant :
Donc si je choisis l'asexualness, est-ce que je me séduis dans la provocation de la mort ?

Gary :
Oui. Tu te séduis à mort. C'est ce qu'est l'asexualness. Tu n'as pas de sexualité. Tu n'as ni homme, ni femme, ni quoi que ce soit dans ta vie. Tu n'as pas d'énergie sexuelle dans ton corps. Comment peux-tu soigner ton corps si tu n'as aucune énergie sexuelle ?

Participant :
Tu ne peux pas.

QUE CRÉES-TU AVEC TON ÉNERGIE SEXUELLE ?

Gary :
L'énergie sexuelle est de l'énergie créatrice. Tu as besoin de réactiver l'énergie sexuelle, mais tu n'as pas besoin de l'utiliser pour coucher.

Participant :

Non, je peux l'utiliser pour créer et générer ma vie. Donc quelles questions est-ce que je peux poser à partir de là ?

Gary :

Demande : "Quelle séduction est-ce que j'utilise pour provoquer la mort que je choisis ?" Tu te séduis dans l'asexualness comme si ça allait créer ta vie. Non, ça va créer ta mort.

Tu dois regarder de plus près ce que tu crées avec ton énergie sexuelle. Si tu es un roi de la baise, tu penses que tant que tu couches trois fois par jour tu crées ta vie. Non, tu crées ton pénis. Tu ne crées pas ta vie. La vie n'est pas un pénis. Elle n'a pas besoin d'être dure tout le temps pour que tu en profites. Tu dois commencer à regarder ces choses de plus près, sous un angle différent et commencer à te demander : "Qu'est-ce que j'aimerais vraiment créer comme vie ?"

Quand cette femme m'a dit : « Nous pouvons passer 75% de notre temps ensemble » J'ai dû le considérer sérieusement et longuement et me demander : « Est-ce que je désire véritablement une relation ? » Elle oui. Elle était mariée, au fait et allait quitter son mari pour moi. Quand j'ai regardé ça de plus près, je me suis rendu compte que je ne l'intéressais pas ; ce qui l'intéressait c'était qu'elle m'intéresse. Quelle est la différence ?

Participant :

C'est cet espace ou tu n'es pas disposé à renoncer à toi-même.

Gary :

Je ne suis pas disposé à renoncer à moi-même pour quiconque, pour quelle somme d'argent que ce soit ou toute autre chose.

Pour qui ou pour quoi es-tu disposé à t'abandonner, que si tu n'étais pas disposé à t'abandonner pour ça, te permettrait de t'avoir en totalité ? Tout ceci multiplié par un dieulliard, vas-tu le détruire et le décréer totalement ? Right and Wrong, Good and Bad, POD and POC, All Nine, Shorts, Boys and Beyonds.

LE SEXE FANTASTIQUE

Un gars me parlait d'une expérience sexuelle fantastique qu'il avait eue. Il me demandait : « Que faudrait-il pour en avoir plus ? » Quand tu as des expériences sexuelles géniales, au lieu de demander : « Que faudrait-il pour avoir plus de ça dans ma vie ? » Essaie : « Que faudrait-il pour que je perçoive cette énergie chez les gens ? » Tu dois être disposé à percevoir l'énergie chez les gens qui crée du sexe fantastique.

Participant :

Et le choisir.

Gary :

Oui et choisir ce qui va le créer. Les gars, vous créez des standards tordus, fondés sur le point de vue de quelqu'un d'autre sur ce qu'est une personne attirante. Je peux voir une femme avec un joli corps ou un homme avec un beau corps et dire : « Oh waouh, quelle beauté ! Est-ce qu'ils seraient plaisants pour coucher ? » Non ? Ok. Joli corps. Joli à regarder. Incroyablement séduisant – et inutile de mon point de vue.

Vous les gars, vous voyez un joli corps, une belle paire de seins, ou n'importe quoi qui vous fait bander et …

Pourquoi est-ce que vous voyez quelque chose qui vous fait bander au lieu de simplement être tellement excités que vous faites bander tous les autres ?

Participant :

Est-ce que le premier genre d'excitation est la séduction dans la provocation de la mort ?

Gary :

Oui. C'est la séduction dans la provocation de la mort parce que la personne qui t'excite est la personne qui va provoquer la mort en toi.

Tout ceci multiplié par un dieulliard, vas-tu le détruire et le décréer totalement ? Right and Wrong, Good and Bad, POD and POC, All Nine, Shorts, Boys and Beyonds.

Vous êtes tous très mignons mais vous avec un QI d'un seul chiffre et il pend entre vos jambes.

Participant :

J'apprécie réellement cet appel. Ces téléclasses sont incroyables.

Gary :

Si j'arrive à amener deux ou trois d'entre vous au point où vous pouvez véritablement vous amuser et créer votre vie tout en étant capables d'être un roi de la baise, un chiot libidineux, ou un mec débauché, alors ça en aura valu la peine.

NE RENDS PAS LES JUGEMENTS DES AUTRES VRAIS

Les gars ! Je vous aime mais vous êtes simplement des putains de crétins. Quand quelqu'un essaie de vous donner tort parce que vous êtes ce que vous êtes, ne le prenez pas mal. Dites : « Oui, merci » ou « Bordel de merde ! Tu plaisantes ? » Vous vous êtes donné tort pour l'un de vos meilleurs attributs. Au lieu de l'utiliser pour vous, vous l'avez utilisé contre vous. Quand les gens me disaient que j'étais un chiot obsédé, perverti, je disais : « Oui, je le suis ! »

Ils disaient : « Eh bien ce n'est pas une bonne chose. »

Et je répondais : « Basé sur quoi ? Ça marche pour moi. »

Participant :

Donc, nous créons la provocation de la mort pour valider le point de vue de quelqu'un ?

Gary :

Oui, pour valider le point de vue de quelqu'un que tu as tort. Tu n'as pas tort ; tu es simplement une salope. Salope n'est pas mauvais. Salope est juste salope.

Participant :

Prenez garde ! Le chiot libidineux arrive !

Gary :

Bien, maintenant on arrive à quelque chose ! Je vais t'appeler un chiot obsédé au lieu d'asexué.

Participant :

Tout ça est basé sur la validation des jugements des autres ?

Gary :

Tout est basé sur la validation du point de vue de cette réalité – les jugements de la réalité des autres. Je disais : "Ok, qu'est-ce que ça peut faire si je suis une salope ?" Quand les gens ont un jugement sur toi, tu le rends réel et vrai. Je n'ai jamais fonctionné comme ça. Je demandais : "Quoi ? Tu penses que c'est bon ou mauvais ou correct et tu ne verrais pas cet autre point de vue pour quelle raison ?"

Quand j'étais au lycée, j'étais bon danseur et j'étais beau gosse. Je ne savais pas que j'étais beau gosse, mais je l'étais. Dès ma première année de secondaire, j'étais invité à chaque bal des aînés. J'étais invité par les filles les plus moches du monde mais ça ne me gênait pas. J'avais décidé d'être vierge pour mon mariage et je n'étais pas tenté de coucher avec des femmes moches. Je les emmenais dîner, je dansais avec elles et elles se sentaient vraiment spéciales et belles et c'était bien.

Tout ceci multiplié par un dieulliard, vas-tu le détruire et le décréer totalement ? Right and Wrong, Good and Bad, POD and POC, All Nine, Shorts, Boys and Beyonds.

Quand j'ai enfin décidé que j'allais renoncer à ma virginité et que je n'allais pas attendre d'être marié, j'ai couru après la femme qui était considérée comme la plus belle salope de l'endroit où je bossais. Elle rembarrait tous les gars. Aucun d'entre eux ne l'intéressait. Alors, je l'ai distraite. Je lui souriais, je lui parlais, j'étais drôle, j'étais charmant, j'étais incroyable. J'ai tiré de l'énergie à travers elle et je ne lui ai jamais demandé de sortir avec moi. Pendant trois mois, je ne lui ai pas demandé de sortir avec moi. Puis je lui ai enfin demandé. Nous avons eu le meilleur sexe ! J'ai appris comment faire l'amour dans toutes les positions. Dans toutes les voitures. Sur chaque meuble. Partout et tout le temps. C'était merveilleux. C'était une fille qui aimait le sexe et j'étais intéressé par quelqu'un qui aimait le sexe. Mes critères étaient : "Est-ce que ce sera facile ? Est-ce que ce sera ludique ? Et est-ce que je vais apprendre quelque chose ?" Pas : "Est-ce que je peux renoncer à moi-même et mourir pour cette femme pour qu'elle sache combien je l'aime ?"

S'il-vous-plait, utilisez ceci pendant le mois prochain :

Quelle séduction est-ce que j'utilise pour provoquer la mort que je choisis ? Tout ceci multiplié par un dieulliard, vas-tu le détruire et le décréer totalement ? Right and Wrong, Good and Bad, POD and POC, All Nine, Shorts, Boys and Beyonds.

Je peux te garantir que chaque femme que tu trouves tellement attirante que tu ne peux pas t'en passer est conçue pour provoquer ta mort. Oui, elle va développer ton ordre du jour, mais elle n'est pas conçue pour créer tes possibilités.

Utilise les questions :

- Si je choisis ceci a quoi ressemblera ma vie dans cinq ans ?
- Si je ne choisis pas ceci comment sera ma vie dans cinq ans ?

Et sois honnête pour une fois. Tu supposes que si tu couches, la vie va être mieux. Non, ça ne va pas être mieux. Ça va être encore plus de la même chose que tu as créée et qui n'a pas fonctionné. Ne renonces à aucune partie de ta vie pour quelqu'un d'autre, parce que si tu le fais, tu renonces à chaque futur que tu as commencé à créer et tu vas devoir repartir de zéro encore une fois. Je vous aime tous. C'est tout pour aujourd'hui.

Participants :

Merci, Gary.

Gary :

Merci. Les mecs, vous êtes des bons gars. Maintenant soyez mauvais garçons. C'est bien plus marrant. Salut.

6

Qu'est-ce que Tu Désires Vraiment ?

Ta conscience peut créer une relation si tu veux.
Elle peut créer tout ce que tu désires, mais tu dois le désirer.
La question est : Qu'est-ce que tu désires véritablement ?

Gary :
    Bonjour messieurs. Est-ce que quelqu'un a une question ?

ET SI TOUT LE MONDE ÉTAIT DISPOSÉ À ÊTRE UNE SALOPE ?

Participant :
    Dans le dernier appel, tu disais qu'être une salope et un roi de la baise n'est pas une mauvaise chose. J'ai toujours adopté le point de vue qu'être une salope ou un roi de la baise est mal et qu'un gentleman gentil et décent ne serait ou ne ferait pas ça. Pourrais-tu développer ta pensée à ce sujet ?

Gary :

Qu'est-ce qui fait de toi un gentleman ? Avec quelle douceur l'insères-tu quand il est dur ? Si tout le monde était disposé à être une salope, nous aurions un monde bien plus facile, mais tout le monde essaie d'être en jugement avec la façon dont ils sont censés être "convenables". Ils pensent que s'ils pouvaient faire la chose appropriée et correcte, ils n'auraient pas de problèmes. Mais les problèmes existent, pas parce que tu es une salope ou un roi de la baise. Les problèmes existent à cause des jugements que les gens utilisent comme arme contre toi.

Combien d'entre vous ont eu quelqu'un qui utilisait son jugement de votre énergie sexuelle contre vous ? Chaque fois que l'énergie sexuelle apparaît, la première chose que tu fais est de te donner tort, parce que le jugement as été que c'est ce que tu dois faire.

Tout ceci multiplié par un dieulliard, vas-tu le détruire et le décréer totalement ? Right and Wrong, Good and Bad, POD and POC, All Nine, Shorts, Boys and Beyonds.

QUE VEUX-TU AVOIR DANS TA VIE ?

Tu as passé tellement de temps à avoir tort pour tout ce que tu as choisi. Tu ne te demandes pas : "Qu'est-ce que je veux vraiment créer maintenant ?" Et si tu étais disposé à considérer ce qui est vraiment possible ?

Tu dois te demander : "Vérité, est-ce que je désire avoir une relation ? Ou est-ce que je veux juste coucher ? Et qu'est-ce que je suis disposé à payer pour avoir la relation sexuelle que je veux ?"

Dain :

Si tu te demandes : "Est-ce que je désire avoir une relation ?" tu pourrais te dire : "Eh bien, pas forcément, mais j'aime le sexe. J'aime aussi sortir pour des rendez-vous et flirter ou faire des câlins. Dès qu'une relation démarre, ça devient très lourd. C'est juste tout un tas d'obligations." Je ne pense pas forcément que le sexe soit suffisant pour bon nombre d'entre nous. Nous avons tendance à aimer sortir avec les gens aussi, alors où est-ce que ça nous mène ?

Gary :

Tu dois considérer ce que tu aimerais vraiment créer pour toi. Qu'est-ce que tu veux avoir dans ta vie ? Comment ça serait si tu étais capable d'avoir tout ce que tu désires ?

Dain :

Et qu'est-ce que ça serait ? Nous avons tendance à le réduire simplement à : "Veux-tu juste coucher ou veux-tu une relation ?" N'y-a-t-il pas autre chose ? N'y a-t-il pas un spectre plus large de possibilités ?

Gary :

Dans cette réalité, il n'y a pas de spectre plus large de réalité.

Dain :

D'accord. Est-ce en partie la raison pour laquelle nous faisons face à un tel défi et des difficultés – parce que nous continuons à penser que ça ne devrait pas être soit l'un/ soit l'autre, comme beaucoup d'hommes ont tendance à le formuler ?

Gary :

Tu penses que le seul choix que tu as est d'être le "soit l'un/soit l'autre" du point de vue des autres. Tu supposes qu'il existe une sorte de problème ou de tort avec la façon dont tu es. Tu dois te demander : "Quelle serait la chose la plus incroyable que je pourrais avoir dans la vie ?" Malheureusement, je vois que la plupart des gens essaient d'évaluer ce qu'ils *ne devraient pas* avoir plutôt que ce qu'ils *peuvent avoir.*

Dain :

Je pense que nous le faisons tous. Il y a quelque part dans nos mondes où nous suivons le mouvement, par exemple dans le domaine du sexe et des relations et nous trouvons quelqu'un et nous couchons avec cette personne. Nous couchons avec elle encore quelques fois et tout d'un coup, avant qu'on se rende compte de ce qui se passe, nous nous trouvons dans une situation qui n'est pas drôle. Il y a des obligations. Nous nous disons : "Attends un peu. Comment est-ce que nous en sommes arrivés là ? Tout était facile il y a un instant et maintenant nous sommes dans cette situation impossible. Qu'est-ce qui se passe ?" Nous essayons de nous séparer de plus en plus de nous-même afin de rétablir la situation impossible dans laquelle nous nous trouvons; plutôt que de nous rendre compte que si nous l'avions reconnu à l'avance, nous n'aurions pas été obligés d'y aller.

CHOISIR LA CONSCIENCE

Gary :

Plutôt que de choisir la conscience, tu choisis de te couper de ta conscience.

Chaque fois où tu as choisi de te couper de ta conscience plutôt que de la choisir, comme si s'en couper était une source plus grande de choix, vas-tu détruire et décréer tout ça ? Right and Wrong, Good and Bad, POD and POC, All Nine, Shorts, Boys and Beyonds.

Chaque fois que tu as choisi de te couper de ta conscience, comme si c'était une plus grande source de choix, vas-tu le détruire et le décréer totalement ? Right and Wrong, Good and Bad, POD and POC, All Nine, Shorts, Boys and Beyonds.

Tu rends les femmes insondables. Combien d'entre vous ont reconnu que vous avez tendance à voir les femmes comme une espèce de chose insondable que vous ne pouvez pas comprendre ? Vous ne demandez pas :

- Qu'est-ce que je peux comprendre avec cette femme ?
- De quoi est-ce que je peux être conscient ?
- Qu'est-ce que je peux savoir ?

Quelle stupidité utilises-tu pour te défendre totalement contre les femmes, le sexe, la copulation et les relations insondables que tu choisis ? Tout ceci multiplié par un dieulliard, vas-tu le détruire et le décréer totalement ? Right and Wrong, Good and Bad, POD and POC, All Nine, Shorts, Boys and Beyonds.

Tu as passé toute ta vie à essayer de comprendre comment s'y prendre avec les femmes, mais tu ne sembles pas être capable de sonder, d'aller assez profond, pour évaluer ce que c'est. Ça devient un endroit insondable. Tu ne peux pas analyser assez profondément pour comprendre ou voir ce dont elles parlent.

Quelle stupidité utilises-tu pour te défendre totalement pour les femmes, le sexe, la copulation et les relations insondables que tu choisis ? Tout ceci multiplié par un dieulliard, vas-tu le détruire et le décréer totalement ? Right and Wrong, Good and Bad, POD and POC, All Nine, Shorts, Boys and Beyonds.

C'est une défense éternelle. Tu n'as pas d'autre choix que de te défendre contre tout.

Dain :

Quand tu as donné le processus la première fois, Gary, tu as dit "la défense contre" et ensuite la fois suivante, tu as dit "la défense pour". Est-ce que nous faisons les deux ? Le défendre et nous défendre contre ?

Gary :

Oui, apparemment.

Quelle stupidité choisis-tu d'utiliser pour créer la défense éternelle pour et contre les hommes, les femmes, le sexe, la copulation et les relations insondables ? Tout ceci multiplié par un dieulliard, vas-tu le détruire et le décréer totalement ? Right and Wrong, Good and Bad, POD and POC, All Nine, Shorts, Boys and Beyonds.

Participant :

Tu te retrouves dans un no-man's land.

Gary :

Eh bien, n'est-ce pas à peu près l'endroit où tu as l'impression d'être la plupart du temps ? Dans un genre de no-man's land où tu n'as aucune idée de ce qui se passe et pourquoi ?

Participant :
Absolument.

TU DOIS LE DÉSIRER

Gary :

C'est en résumé toute la situation. Tu n'as aucune idée de ce qui se passe ou pourquoi. Tout ce que tu sais, c'est que quelque part, quelque chose ne va pas. Et, en général, tu es ce qui ne va pas. Et parce que tu as déterminé et décidé que tu as tort et qu'il y a quelque chose qui cloche avec toi, tu dois en permanence examiner tes torts. Tu ne regardes pas le choix et la conscience que tu es. Tu ne te considères pas comme le produit de qualité.

Ta conscience peut créer une relation si tu veux. Ça peut créer tout ce que tu désires, mais tu dois le désirer. La question c'est : que désires-tu vraiment ? Je parlais avec un gars, il y a quelque temps et il disait : "Eh bien, je ne veux pas vraiment avoir d'enfants, mais en même temps j'en veux peut-être…" C'était tout un tas de fantaisies et bla, bla, bla.

Je lui ai dit : "Tu sais quoi ? Tu n'as pas de choix là. Vérité, veux-tu vraiment une relation ?"

Il a répondu : "Ça paraît lourd."

Je lui ai demandé : «Est-ce que tu veux une relation imaginaire ?"

Il a dit : "Oui, c'est ça."

Je lui ai demandé : "Ok, peux-tu la créer ?"

Il a dit : "Non, ce ne serait pas bien."

Je lui ai demandé : "Comment le sais-tu ? Tu ne l'as pas encore créée." L'un d'entre vous a-t-il déjà concrétisé la relation imaginaire que vous pensiez possible ?

Participant :
Non.

Gary :

Exactement. Tu n'essaies pas de le faire à partir de la conscience ! Tu essaies de le faire à partir de la relation, du sexe, de la copulation, des hommes et des femmes insondables.

Quelle stupidité utilises-tu pour créer la défense éternelle pour et contre les hommes, les femmes, le sexe, la copulation et les relations insondables que tu choisis ? Tout ceci multiplié par un dieulliard, vas-tu le détruire et le décréer totalement ? Right and Wrong, Good and Bad, POD and POC, All Nine, Shorts, Boys and Beyonds.

Participant :
C'est comme défendre la fondation de cette réalité.

EST-CE QUE TU TE DONNES TORT POUR LA VÉRITÉ QUE TU ES ?

Gary :

Oui, c'est la fondation des relations, du sexe et de la copulation dans cette réalité. J'aimerais t'amener là où tu commences à regarder le genre de relation que tu aimerais créer, au lieu d'une relation basée sur cette réalité.

Participant :

Quand j'avais une vingtaine d'années, j'ai rencontré une fille dans une soirée et sa copine m'a dit : "Tu veux juste baiser." Je me souviens clairement avoir dit : "Oui et alors ?" Ensuite, je me suis donné tort d'être ce que je suis véritablement.

Gary :

Voyons, ça remonte à peu près à quinze ans en arrière. La bonne nouvelle est que pendant quinze ans, tu t'es donné tort, quand en vérité ce que tu avais comme atout était la vérité de tes premières années.

Quelle stupidité choisis-tu d'utiliser pour te défendre contre le roi de la baise, le chiot libidineux que tu es véritablement ? Tout ceci multiplié par un dieulliard, vas-tu le détruire et le décréer totalement ? Right and Wrong, Good and Bad, POD and POC, All Nine, Shorts, Boys and Beyonds.

Combien de ta conscience dois-tu supprimer pour ne pas reconnaître que ce que tu veux vraiment faire, c'est baiser ? Tu te donnes tort et tu passes ensuite tout ton temps à essayer de prouver que ce n'est pas vraiment ce que tu veux, afin que les autres pensent que tu ne veux pas vraiment ça quand c'est réellement ça que tu veux. Mais les autres sont voyants aussi, donc ils savent ce que tu veux vraiment. Tu dois leur mentir et te mentir doublement à toi-même, afin de prouver que tu ne veux pas réellement ce que tu veux vraiment, parce que ça serait tellement mauvais et triste.

Tout ceci multiplié par un dieulliard, vas-tu le détruire et le décréer totalement ? Right and Wrong, Good and Bad, POD and POC, All Nine, Shorts, Boys and Beyonds.

Quelle stupidité choisis-tu d'utiliser pour créer l'éternelle défense contre le fait d'être le roi de la baise, le chiot libidineux que tu es véritablement. Tout ceci multiplié par un dieulliard, vas-tu le détruire et le décréer totalement ? Right and Wrong, Good and Bad, POD and POC, All Nine, Shorts, Boys and Beyonds.

Quelle stupidité utilises-tu pour créer la défense éternelle pour et contre les hommes, les femmes, le sexe, la copulation et les relations insondables que tu choisis ? Tout ceci multiplié par un dieulliard, vas-tu le détruire et le décréer totalement ? Right and Wrong, Good and Bad, POD and POC, All Nine, Shorts, Boys and Beyonds.

Participant :
Que faudrait-il pour générer et créer la contribution où nous allons au-delà de la merde que nous inventons comme étant plus réelle que ce que nous sommes vraiment ?

Gary :
C'est le sujet de toute cette série de classes.

UNE RELATION IDÉALE AVEC UNE FEMME

Participant :
Pourrais-tu décrire une relation idéale avec une femme ?

Gary :

Oui. Elle vit à l'autre bout du pays. Vous vous rendez visite pendant trois jours. Je plaisante.

Tu continues d'essayer de créer une relation qui va être une relation idéale. Si tu crées les relations à partir du point de vue d'une relation idéale, regardes-tu la personne en face de toi ? Ou regardes-tu celle que tu aimerais qu'elle soit, celle que tu penses qu'elle devrait être et celle que tu penses qu'elle pourrait être ?

Quelle stupidité utilises-tu pour créer la défense pour et contre l'idéal utopique des relations que tu choisis ? Tout ceci multiplié par un dieulliard, vas-tu le détruire et le décréer totalement ? Right and Wrong, Good and Bad, POD and POC, All Nine, Shorts, Boys and Beyonds.

La meilleure relation avec une femme est celle où vous pouvez vivre ensemble et où chacun de vous permet à l'autre personne d'être ce qu'elle est. Tu n'as aucun jugement, vous deux appréciez le sexe que vous avez, que ce soit beaucoup ou peu et vous n'avez pas besoin de passer chaque instant ensemble.

PASSER DU TEMPS ENSEMBLE

Une des choses que vous devez tous considérer, est combien de temps vous aimeriez passer avec une femme. Personnellement, j'aime passer entre une heure et une heure et demie à lui parler et après ça, je veux faire l'amour avec elle.

Quel pourcentage de ta vie aimerais-tu passer avec une femme ? Dix ? Vingt ? Trente ? Quarante ? Ou combien ?

Participant :
   Dix.

Gary :
   Ok, donc tu veux passer deux heures et demie par jour avec elle.

Participant :
   Oui.

Gary :
   Deux heures et demie par jour est probablement un bon pourcentage. Plus que ça et tu vas sûrement t'ennuyer.

Participant :
   Il semble que les femmes veulent passer plus de temps avec moi que je ne veuille en passer avec elles.

Gary :
   Oui, parce que tu ne t'investis jamais à être présent même quand tu passes dix pour cent de ton temps avec elles. Et tu n'es pas prêt à être intimidant. Tu as tendance à fonctionner à partir d'une incapacité totale à les intimider. Et si tu exigeais qu'elles passent plus de temps avec toi ?

Participant :
   Est-ce que ça serait intimidant ?

Gary :
   Oui, parce que si un homme exige qu'une femme passe du temps avec lui, devine ce qu'elle veut faire ? S'enfuir. Si tu veux faire fuir une fille, exige plus de temps avec elle.

Participant :

Peux-tu me donner un exemple de comment le faire ? Est-ce un truc énergétique ? Est-ce quelque chose que je dis ?

Gary :

Tu dois commencer avec l'énergie de l'intimidation. Tu dois la regarder et lui dire : "Tu sais quoi ? Je pense que nous ne passons pas assez de temps ensemble."

Quand tu es loin d'elle, appelle-la et dis-lui combien elle te manque. Si tu continues à faire ça, elle va tout d'un coup trouver des excuses pour ne pas être disponible. Si elle arrête de répondre à son téléphone, alors tu sais que tu as enfin le contrôle. Combien d'entre vous ont eu des femmes qui vous font ça ? Elles t'appellent si souvent et tellement, que tu ne veux même pas répondre à ton téléphone.

Participant :

Oui.

Gary :

Alors, pourquoi vous ne leur faites pas la même chose ? Vous résistez au fait d'être si exigeant envers elles qu'elles doivent être tranquilles, bien et calmes avec vous au lieu que ce soit vous qui soyez calmes, bien et tranquilles en leur présence.

Participant :

Oui, bon dieu !

Gary :

Est-ce que tu veux qu'une femme te donne de l'espace ? C'est une autre chose que la plupart des hommes veulent dans une relation- quelqu'un qui leur donne de l'espace. Combien d'entre vous se rendent compte qu'en tant qu'homme vous aimez être seul ?

Participant :
Oui.

Gary :
Les hommes requièrent une période de repos. C'est votre temps de traitement. C'est quand vous prenez toutes les choses que vous avez rassemblées toute la journée, portez votre attention là-dessus et arrivez à une conscience ou une conclusion de ce que vous voulez faire avec la prise de conscience de toutes ces choses.

Tout ce qui ne permet pas à ça d'apparaître dans ta vie, vas-tu le détruire et le décréer totalement ? Right and Wrong, Good and Bad, POD and POC, All Nine, Shorts, Boys and Beyonds.

On a appris aux hommes qu'ils doivent faire des choses pour indiquer qu'ils aiment ou qu'ils sont attentionnés. Ils sont formés pour croire que faire est équivalent à s'occuper de. Alors ils doivent traiter tous les trucs qu'ils ont rassemblés et demander : "Qu'est-ce que je fais avec tout ça ?" Jusqu'à ce qu'ils arrivent à : "Oh ! Je vois ce que je dois faire." C'est comme ça qu'ils arrivent à prendre conscience de ce qu'ils "doivent faire." Mais ce n'est pas vraiment une prise de conscience – c'est une conclusion, ce qui ne leur donne pas la liberté que la prise de conscience leur donnerait.

Les femmes peuvent parler de quelque chose toute la journée et ne jamais avoir besoin d'arriver à une conclusion.

Un homme doit traiter quelque chose jusqu'à ce qu'il puisse arriver à une conclusion et déterminer ce qu'il a besoin de faire. C'est une autre façon de gérer la vie.

QUELLE EST LA CHOSE LA PLUS IMPORTANTE POUR MOI ?

Participant :

Pourrais-tu parler un peu plus du fait de créer nos vies ?

Gary :

Eh bien, une chose que tu dois considérer c'est : "A quoi est-ce que j'aimerais que ma vie ressemble ?" Tu dois poser des questions telles que :
- Comment est-ce que j'aimerais que soit ma vie dans cinq ans ?
- Est-ce que je veux voyager ?
- Combien d'argent est-ce que je veux gagner ?
- Qu'est-ce qui est le plus important pour moi ?

Regarde si ça inclut une relation. Je constate que la plupart des hommes mettent leurs vies en route et ensuite ils décident d'ajouter une relation, ce qui supprime la moitié de leur vie. Et si une relation était un *ajout* à ta vie, pas un remplacement de ta vie ?

Chaque fois que tu as fait de la relation un remplacement de la vie et de la façon de vivre, vas-tu le détruire et le décréer totalement ? Right and Wrong, Good and Bad, POD and POC, All Nine, Shorts, Boys and Beyonds.

Participant :

Il semblerait que je doive m'engager envers moi-même concernant ma question : "Qu'est-ce que j'aimerais ?"

Gary :

Oui, tu dois vraiment considérer le fait d'avoir une relation et ensuite t'engager envers ce que tu aimerais. La plupart d'entre vous s'embarquent dans une relation par réflexe. Vous vous en rendez compte ?

Participant :

Oui.

FAIS UNE LISTE : " CE QUE JE VOUDRAIS CHEZ UN PARTENAIRE ? "

Tu dois te poser la question : «Qu'est-ce que j'aimerais chez une partenaire ?» Tu dois être transparent avec ce que tu veux dans une relation. Le problème est que tu ne te poses pas la question. Tu vois quelqu'un et tu te dis : «Oh, je l'aime bien.» Tu ne te demandes jamais : «Est-ce qu'elle m'apprécie ?" "Est-ce qu'elle aime les hommes? « Tu supposes, parce que tu l'apprécies, qu'elle va t'apprécier et qu'elle va apprécier les hommes et que tout va être parfait.

Trouve ce que tu désires. Comment aimerais-tu que soient vos interactions ? Comment ce serait d'interagir avec elle ? Que veux-tu créer avec elle ? Est-ce que tu veux quelqu'un qui a un bon sens de l'humour ? Quelqu'un avec qui tu peux avoir une bonne conversation ?

Entre parenthèses, il y a une grosse différence entre conversation et communication. La communication, c'est : «Retire tes pieds sales de la banquette.» C'est une communication honnête ; c'est une bonne communication, mais ce n'est pas une conversation. Trouve ce que tu veux créer avec elle. Fais une liste de ce que tu aimerais avoir chez une partenaire.

TU AS AUSSI BESOIN D'UNE LISTE DE " JE NE VEUX PAS AVOIR "

Avant que je sois avec mon ex-femme, j'ai fait une liste de toutes les choses que je *voulais* avoir chez une femme avec laquelle j'avais une relation. Elle avait toutes ces choses. Ce que je n'avais pas fait, c'est une liste de toutes les choses que je *ne voulais* pas avoir chez cette personne. Donc j'ai eu tout ce que je voulais et j'ai aussi eu tout ce que je ne voulais pas.

Participant :

Quel niveau de précision doit avoir la liste des «veux pas» ? Est-ce que ça ne crée pas une limitation ?

Gary :

Ça n'a rien à voir avec la limitation. Tu dois le considérer et te dire : «Je ne souhaite pas avoir une femme qui va se plaindre tout le temps» ou «Je ne veux pas une femme qui se dispute tout le temps.» Est-ce que certains d'entre vous ont remarqué que vous avez choisi une femme qui est très semblable à la dernière femme que vous avez choisie ? C'est presque comme si c'était la même femme dans un corps différent ?

Participant :
   Oui.

Gary :
   Tu choisis sans arrêt la même femme et tu t'attends à un résultat différent. Quelle est la seule personne que tu peux changer ?

Participant :
   Moi.

QUELLE STUPIDITÉ UTILISES-TU POUR CRÉER LES FEMMES QUE TU CHOISIS ?

Gary :
   Tu dois changer *ta* perspective. Tu ne peux pas changer celle d'un autre. Regarde un peu ta perspective. «J'ai sans arrêt choisi la même femme et je n'ai rien obtenu de ce que je veux. Pourquoi ferais-je ça ?» Si tu comptes traverser la rivière à la nage et que tu fais en permanence le même nombre de mouvements, de la même manière, vas-tu arriver à un autre endroit dans la rivière ? Non. Tu vas arriver au même endroit que tu as atteint avant. Alors, pose-toi la question : "Quelle stupidité est-ce que j'utilise pour créer la femme que je choisis ?"

Participant :
   Je le ferai.

Participant :
   Le mois dernier, je participais en direct au live stream de la Synthèse Énergétique d'Être de Dain. Même si je n'étais

pas présent physiquement, je me suis rendu compte que je jugeais certaines des femmes dans la classe. Je ne pouvais pas supporter la façon dont elles posaient les questions. Il me semblait qu'elles essayaient juste d'attirer l'attention de Dain.

Gary :

Évidemment ! Il est le leader de la classe. Elles veulent attirer son attention. Quel est le problème ?

Tout ce que tu n'es pas disposé à reconnaître concernant ta prise de conscience, vas-tu le détruire et le décréer totalement ? Right and Wrong, Good and Bad, POD and POC, All Nine, Shorts, Boys and Beyonds.

Participant :

J'ai remarqué que Dain était totalement décontracté avec elles. Il les recevait sans jugement, peu importe ce qu'elles disaient ou ce qu'elles demandaient. Comment puis-je être ça ? Recevoir toutes les filles et les femmes pour ce qu'elles sont. Y a-t-il des déblayages que nous pouvons faire afin que nous puissions aussi faire ça ?

Gary :

Quelle stupidité est-ce que j'utilise pour créer les femmes que je choisis ? Tout ceci multiplié par un dieulliard, vas-tu le détruire et le décréer totalement ? Right and Wrong, Good and Bad, POD and POC, All Nine, Shorts, Boys and Beyonds.

Continue à utiliser celui-là.

NE PAS AVOIR BESOIN D'UNE FEMME

Participant :

Dans le passé, je t'ai entendu parler de cet état d'être sans besoin. Est-ce que tu peux développer cet aspect d'être sans besoin concernant les filles, les femmes, le sexe, les relations et la copulation ? C'est un gros sujet pour moi. S'il n'y avait pas toutes ces choses dont je pensais avoir besoin, je pourrais accéder à ma vraie valeur.

Gary :

Plus tu peux fonctionner à partir de l'état d'être sans besoin de ça, quel que soit le ça, plus tu commences à reconnaître les choix que tu as pour le choisir vraiment. Récemment, j'ai demandé à Dain : «Est-ce que tu comprends que ces femmes te veulent ?» et il a dit : «Non, je ne le comprends pas.»

Je lui ai dit : «Oui, tu continues de penser que tu les veux, mais la réalité c'est qu'elles te veulent.»

Quand tu n'as pas besoin d'une femme, elle te veut tout le temps. Plus tu es sans besoin, plus elle te veut. Tu as besoin qu'on ait besoin de toi, parce qu'on t'a appris que tu as besoin d'être capable de régler les choses et de faire des choses pour une femme pour prouver que tu l'aimes. Tu essaies de prouver l'amour, au lieu d'être sans besoin d'avoir de l'amour ou de donner de l'amour.

Participant :

Oui.

Gary :

Quelle stupidité utilises-tu pour te défendre contre

l'état d'être sans besoin que tu pourrais choisir ? Tout ceci multiplié par un dieulliard, vas-tu le détruire et le décréer totalement ? Right and Wrong, Good and Bad, POD and POC, All Nine, Shorts, Boys and Beyonds.

Participant :

La première fois que j'ai commencé à rechercher une relation, ça n'avait rien à voir avec moi. C'était que *j'avais besoin* d'une relation pour être le produit de qualité. Il y a toutes ces choses dont on nous dit qu'on a besoin.

Gary :

Pourquoi as-tu besoin d'une relation ? Tu as besoin d'une relation pour prouver quelque chose. Tu as besoin d'une relation pour prouver que tu n'es pas un tas d'ordures inutile. Tu as besoin d'une relation pour prouver que tu n'es pas homosexuel. Tu as besoin d'une relation pour prouver que tu as de la valeur. Tu as besoin d'une relation. Est-ce qu'il y a quelque chose de vrai dans tout ça ?

Participant :

Non et c'est pareil avec tout. Nous allons dans cette situation de besoin. «J'ai besoin d'avoir des enfants. J'ai besoin de me marier. J'ai besoin d'avoir tant d'argent.»

Gary :

C'est quand tu as arrêté un choix.

A quel point as-tu fait de ta vie la finalisation du choix basé sur le besoin d'être quelque chose que tu n'es pas ? Tout ceci multiplié par un dieulliard, vas-tu le détruire et le décréer totalement ? Right and Wrong, Good and Bad, POD and POC, All Nine, Shorts, Boys and Beyonds.

"J'AI ARRÊTÉ DE CRÉER"

Participant :
Je ressens que je suis maintenant dans une situation où j'ai arrêté de créer. Peux-tu m'aider à sortir de ça ?

Gary :
As-tu arrêté de créer parce que quelqu'un d'autre faisait toute la création ?

Participant :
Humm. Oui.

Gary :
As-tu arrêté de créer parce qu'il n'y avait pas de besoin pour toi de créer ? Et as-tu mal identifié et mal appliqué *pas besoin* comme *sans besoin* ?

Participant :
Oui. J'ai identifié à tort pas besoin comme *sans besoin*.

Gary :
Tout ceci multiplié par un dieulliard, vas-tu le détruire et le décréer totalement ? Right and Wrong, Good and Bad, POD and POC, All Nine, Shorts, Boys and Beyonds.

Participant :
Waouh.

Participant :
Merci de poser cette question. Ça m'a montré le foutoir que j'ai créé afin d'avoir quelque chose à faire. Et maintenant je ne crée pas.

Gary :

Ton problème est que tu as créé le besoin comme la source de choix au lieu du choix comme la création de ta vie.

Participant :

Oui.

Gary :

Quelle concrétisation de création par le choix es-tu maintenant capable de générer, créer et instituer ? Tout ce qui ne permet pas à ceci d'apparaître multiplié par un dieulliard, vas-tu le détruire et le décréer totalement ? Right and Wrong, Good and Bad, POD and POC, All Nine, Shorts, Boys and Beyonds.

RENONCER À TA VOIX

Participant :

Dans la classe de facilitateurs pour Right Voice for You, la Bonne Voix pour Toi, tu as fait la remarque que les hommes renoncent à leurs voix.

Gary :

Oui. La plupart des hommes dans le monde pensent qu'il est important d'être le genre fort, silencieux. A quel point as-tu renoncé à ta voix dans le monde, afin d'être fort et silencieux ? Beaucoup, un peu ou des mégatonnes ?

Participant :

Des mégatonnes.

Gary :

Right and Wrong, Good and Bad, POD and POC, All Nine, Shorts, Boys and Beyonds.

Tu renonces à ta voix à l'égard des femmes parce que tu ne veux pas rentrer en conflit avec elles. Tu penses que si tu te disputais, elles s'en iraient. Les femmes ont une caractéristique particulière. Elles aiment discuter de tout et n'arrivent à aucune conclusion. Toi, en tant qu'homme, tu essaies toujours d'arriver à une conclusion sur tout ce que tu dis ou fais. Alors pour toi, une dispute est une conclusion. Pour une femme, ça signifie : «Nous en discutons simplement et tu as tort.»

Tout ceci multiplié par un dieulliard, vas-tu le détruire et le décréer totalement ? Right and Wrong, Good and Bad, POD and POC, All Nine, Shorts, Boys and Beyonds.

Participant :

Est-ce que la conclusion, c'est essayer de calculer quelle action prendre ?

Gary :

Tu n'as qu'à imaginer quelle décision prendre, basée sur la conclusion que tu as tort dès le départ. (Pas qu'on ne t'ait jamais donné tort dans une relation !) C'est là où les hommes renoncent à leur voix.

Quelle stupidité choisis-tu d'utiliser pour justifier la justesse de renoncer à ta voix ? Tout ceci multiplié par un dieulliard, vas-tu le détruire et le décréer totalement ? Right and Wrong, Good and Bad, POD and POC, All Nine, Shorts, Boys and Beyonds.

Eh bien, la mauvaise nouvelle, messieurs, c'est que nous n'avons pas fini. La bonne nouvelle est que vous allez sortir et pratiquer. Rappelez-vous, glissez-la dedans doucement. C'est ça qui fait de vous un Gentleman.

Participant :

J'adore ça. Nous avons maintenant une définition de ce qu'est un gentleman.

Dain :

Enfin !

Participant :

Tu es merveilleux Gary. Merci.

7
Être Bon au Lit

J'ai décidé que je ferais mieux d'apprendre tout ce que je pouvais sur comment faire grimper une femme aux rideaux, afin qu'elle soit satisfaite peu importe ce que je fais.

Gary :

Bonjour, messieurs. Commençons par une question.

Participant :

Le manuel du Niveau Un d'Access Consciousness dit qu'être bon au lit est un des trois éléments importants d'une bonne relation. Peux-tu parler de ça ? Que veux-tu dire par «bon au lit» ? Y a-t-il un critère pour ce que c'est qu'être bon au lit ?

CRÉE UNE RÉACTION GALVANIQUE DANS SON CORPS

Gary :

Oui, il y a plusieurs critères. Commençons par regarder la réaction galvanique de la peau des gens. Ça concerne la façon dont ton toucher crée un effet sur l'autre personne. Remonte ta manche et fais courir ta main environ deux centimètres au-dessus de ton bras et tire de l'énergie. Tu vas sentir les poils qui commencent à se redresser pour rencontrer ta main. Si tu utilises ceci sur quelqu'un avec qui tu couches, ils te verront comme très différent de leurs autres amants et ils seront plus excités. Les réactions galvaniques que tu peux créer dans le corps de quelqu'un font partie de ce qui te crée comme étant bon au lit. Ça fait aussi partie de ce qui invite le corps de ton partenaire à un orgasme, ce qui te rend aussi meilleur au lit. Tu dois te demander : «Combien de temps est-ce que je suis prêt à investir pour avoir des relations sexuelles avec cette personne ?»

ALLER LENTEMENT

On a appris à la plupart d'entre nous de boucler ça rapidement. Vous avez appris à éjaculer en regardant des images et en secouant votre machin de manière aussi rude que vous pouviez afin d'en finir au plus vite, parce que quelqu'un était susceptible de frapper à la porte, d'entrer et de vous surprendre à tout moment. Vous devez dépasser ce point de vue. Ça a à voir avec le fait d'apprendre à aller lentement.

APPRENDRE À CONNAÎTRE LES PARTIES DU CORPS DES FEMMES

L'autre chose, est que tu veux apprendre à connaître les parties du corps des femmes. Le clitoris est la partie la plus sensible de son corps. N'utilise pas de rudesse sur le clitoris. Utilise le toucher de papillon le plus léger que tu puisses créer avec ta langue et invite ce clitoris à être comme les poils sur ton bras, qui veulent atteindre et attraper ta main.

Touche le clitoris si légèrement que ça crée un frémissement dans le corps de la femme, mais aussi une conscience de toi et de ce qui le fait frémir. Attends jusqu'à ce que le clitoris commence à se redresser pour te rencontrer. Lèche les côtés et mets ta langue dans le vagin. Puis retourne toucher le clitoris très légèrement. Si tu utilises ta langue comme un papillon sur le clitoris d'une femme, tu peux en général l'amener à l'orgasme en cinq à sept minutes. Si elle a deux ou trois orgasmes avant même que tu la pénètres, elle va penser que tu es la meilleure chose au lit qu'elle n'ait jamais eue. Alors, utilise cette technique.

QUEL GENRE DE TOUCHER AIMERAIT-ELLE ?

Et demande : "Quel genre de toucher est-ce que cette personne aimerait ? Qu'est-ce qui créerait une réaction galvanique dynamique en elle ?" Quand tu fais ça au lieu de réfléchir à la façon dont tu peux le mettre en l'air, le mettre en route et le mettre dedans sans te décoiffer, tu commenceras à comprendre comment elle fonctionne et comment elle pourrait faire les choses. Tu veux un point de vue différent. Tu veux regarder la possibilité de ce qui pourrait être - pas ce que tu veux que ce soit ou ce que tu ne veux pas que ce soit. C'est vraiment important.

LIBIDO RÉDUITE

Participant :

Est-ce que tu connais quelque chose qui pourrait aider les hommes avec des troubles sexuels comme une libido réduite ou une éjaculation précoce ?

Gary :

Tu as une libido réduite parce que tu n'as pas choisi de coucher avec des gens qui désirent coucher avec toi. Notre cerveau est la chose qui crée la libido, pas notre corps. Que fais-tu pour stimuler ton cerveau ? La plupart des hommes pensent que stimuler le cerveau signifie regarder des films pornos ou quelque chose qui va les faire bander et leur donner envie d'avoir plus de sexe. Non. Regarde les parties d'un corps qui sont un plaisir pour toi. Certaines femmes ont une courbe merveilleuse dans le bas du dos et certains hommes aussi. Prête attention à la façon dont le cul d'une femme bouge et comment son cul fonctionne. Ce sont des choses qui stimulent en toi un sens des possibilités qui pourraient se produire en travaillant avec ce corps.

Quelle partie du corps est le plus excitant pour toi ? La plupart des hommes ont été formés à croire que les seins et le vagin sont la somme totale du désir sexuel. Personnellement, je ne le crois pas. Je trouve que la façon dont une femme marche est une superbe indication si elle va être bonne au lit. Elle doit être capable de bouger ses hanches. Elle doit être capable de les bouger avec toi au lit.

Et au fait, messieurs, vous devez être capables de marcher comme ça aussi. Tu as besoin de savoir que tu peux bouger tes hanches dans toutes les directions possibles. L'objectif d'avoir un bon physique est de pouvoir mieux baiser. Alors, va créer ton physique pour une meilleure baise, pas pour ce à quoi tu ressembles dans le miroir. Tu as tendance à te focaliser sur l'image que te renvoie le miroir et c'est juste pour inspirer les autres hommes à penser que tu n'es pas en concurrence avec eux - ou à penser que tu l'es. Ça n'est pas forcément ton meilleur choix. Remarque comment les gens bougent leurs hanches. Ça ne serait peut-être pas vrai pour un gars homosexuel. Il voudrait peut être voir comment quelqu'un mange, parce que c'est une meilleure indication qu'il le mangerait bien.

Si tu as une libido réduite, tu peux prendre des choses comme le Viagra. Il y a aussi différentes substances naturelles que les Chinois ont utilisées depuis des années, pour créer des érections plus grandes et plus longues. Tu as juste besoin de découvrir celle qui fonctionne pour ton corps. Demande à ton corps :

+ Est-ce que ce sera bon pour toi ?
+ Est-ce que tu aimeras ça ?
+ Comment est-ce que ça marcherait pour toi ?

Ce n'est pas : «Oh super, ça va me raidir.» Ce n'est pas l'angle à considérer. Premièrement, raidir est une chose ; créer une capacité dynamique au lit est un univers totalement différent. Tu dois te demander : "Comment est-ce que je crée une stimulation dans le corps de cette personne ?" Tu veux arriver au point où tu es tellement présent avec la façon dont tu fais l'amour, que tu peux sentir le corps de l'autre personne sentir ce que tu fais à leur corps, pendant que ton corps le sent aussi, pour que tu aies toutes les directions. Ça serait la plus grande stimulation que tu puisses offrir à ta libido.

Participant :

Y a-t-il un déblayage pour ça, Gary ?

Gary :

Quelle stupidité choisis-tu d'utiliser pour te défendre pour et contre les réactions galvaniques, les touchers stimulants et les possibilités revigorantes qui changeraient tes capacités sexuelles limitées ? Tout ceci multiplié par un dieulliard, vas-tu le détruire et le décréer totalement ? Right and Wrong, Good and Bad, POD and POC, All Nine, Shorts, Boys and Beyonds.

Participant :

J'ai une question concernant la façon de créer mon corps pour une meilleure baise. Y a-t-il une question ou un déblayage qui pourrait m'y aider ?

Gary :

Quelle concrétisation est-ce que je pourrais choisir pour créer mon corps comme une machine à baiser que je ne choisis pas ? Tout ce qui ne permet pas à ça d'apparaître multiplié par un dieulliard, vas-tu le détruire et le décréer totalement ? Right and Wrong, Good and Bad, POD and POC, All Nine, Shorts, Boys and Beyonds.

Participant :

Gary, quand tu dis, «machine à baiser», ce qui surgit dans mon esprit c'est un lapin. C'est comme si tu baisais comme un lapin.

Gary :

T'es-tu jugé pour avoir baisé comme un lapin, parce que tu as éjaculé trop vite ?

Participant :

Pas parce que j'ai éjaculé trop vite, mais parce que j'en jouissais ainsi que son côté primitif.

Gary :

Et qui t'a jugé pour ça ?

Participant :

La femme et moi.

Gary :

Est-ce que c'était considérer comment tu pouvais utiliser la réaction galvanique pour créer quelque chose de différent ? Non. Considère la réaction galvanique dont je te parlais ainsi que la façon dont tu peux utiliser le clitoris. Il y a aussi le point G qui est sur la partie supérieure de la zone vaginale.

Participant :

Gary, peux-tu expliquer ça ? Je ne sais pas ce que c'est.

Gary :

Le point G est sur la partie supérieure de la zone vaginale. Fais pénétrer ta main par le devant et bouge la en petits cercles contre la partie avant du vagin et tu sentiras une raideur qui commence à se produire. La même chose peut se produire sur la partie basse du vagin si tu utilises cette technique aussi. Alors, pourquoi est-ce que ça se produit ? Parce que tout est conçu pour aller ensemble. Réfléchis-y.

Si tu pénètres par derrière et que tu mets ton pénis à l'intérieur - la plupart des pénis ont une inclinaison qui monte vers le haut du corps - et cette inclinaison monte et peut toucher un endroit dans la cavité vaginale qui permettrait une plus grande stimulation. Et tes testicules qui claquent contre le clitoris peuvent avoir un effet sur la stimulation aussi. C'est pourquoi certaines femmes aiment vraiment le sentir par derrière.

STIMULER SON CORPS

Quand j'ai commencé à découvrir le sexe - et «sexe» c'était trois gars qui allaient derrière la bibliothèque pour se masturber- on se faisait dégorger le poireau pour voir qui pouvait éjaculer le plus vite. Un des gars avait une bite de 30 cm avec un diamètre d'environ 7 cm, l'autre avait une bite de 25 cm avec un diamètre d'environ 9 cm et j'avais environ 14 cm. Je pensais que j'étais un gamin en retard de croissance et que tout le monde avait une bite de 30 ou 25 cm.

C'était très intéressant plus tard dans ma vie de découvrir que ce n'était pas le cas, mais parce que je pensais que j'étais défavorisé dans le domaine du pénis, j'ai décidé que j'avais intérêt à apprendre tout ce que je pouvais sur la façon d'amener une femme à l'orgasme, pour qu'elle soit satisfaite peu importe ce que je faisais. J'ai appris le cunnilingus, j'ai appris à être bon, j'ai appris la réaction galvanique et j'ai appris comment toucher le corps d'une femme jusqu'à ce qu'elle en hurle pour faire l'amour, pas pour autre chose.

J'ai commencé à apprendre comment le clitoris fonctionne et quelle partie de son corps toucher et au lieu de juste y entrer mon pénis, je suis allé lentement. J'ai passé beaucoup de temps à caresser les seins, à caresser les aisselles, à caresser le pli du coude sur le devant et à toucher des parties différentes du corps. Si tu laisses tes mains parcourir très doucement l'extérieur du corps, de ses tétons vers le bas jusqu'à ses genoux, tu peux créer assez de réaction galvanique pour qu'elle commence à avoir la chair de poule et vous aurez une relation sexuelle extraordinaire. Tu dois l'amener au point où elle est disposée à avoir ce genre de stimulation à l'intérieur de son corps.

La plupart des femmes n'ont jamais appris à avoir ce genre de stimulation dans leur corps, parce que la seule raison pour laquelle elles ont des relations sexuelles est pour obtenir une relation. Et les hommes ont seulement appris à avoir des relations sexuelles. Rien de tout ça n'est du sexe attentionné.

Quelle concrétisation de la copulation et de la stimulation sensuelles, sexuelles est-ce que je suis maintenant capable de générer, créer et instituer ? Tout ce qui ne permet pas à ça d'apparaître, multiplié par un dieulliard, vas-tu le détruire et le décréer totalement ? Right and Wrong, Good and Bad, POD and POC, All Nine, Shorts, Boys and Beyonds.

MASTURBATION

Et si l'objectif de la masturbation était de créer une plus grande sensibilité dans ton corps pour que tu sois un meilleur amant ?

Participant :

Alors je devrais être le meilleur amant de la planète !

Gary :

Oui, mais l'as-tu fait avec cet objectif - ou l'as-tu fait pour éjaculer ?

Participant :

Ah, je l'ai fait pour éjaculer.

Gary :

Quand la seule raison pour laquelle tu te masturbes est d'éjaculer, tu essaies de dissiper l'énergie sexuelle qui fait partie de la vie et de la façon de vivre.

Participant :

Quand on se masturbe, quelle est la valeur, s'il y en a une, de fantasmer sur le sexe ou la copulation avec les différentes femmes qui se trouvent dans ma vie ? Pendant des années, j'ai eu du sexe avec des femmes dans mon esprit et dans ma main et je ressentais ensuite que l'acte avait été accompli.

Gary :

Et ça l'est. C'est une des raisons pour lesquelles tu le fais. La question que tu ne poses pas est : "Est-ce que ces femmes souhaitent coucher avec moi ?" Et si oui, demande : "Quelle serait la chose à leur donner qui leur procurerait le plus de plaisir ?"

Si tu veux vraiment fantasmer, pense à ce que tu pourrais faire pour amener leur corps à s'emballer et à un niveau plus élevé de vitalité, parce que c'est ce que le but du sexe devrait être. C'est la raison pour laquelle tu ne veux pas te masturber pour l'achèvement en lui-même ; tu veux arriver au point où ton corps est stimulé et tu sens plus d'énergie entrer. Quand ça se produit, arrête. Vas faire autre chose. Ça fera deux choses : en premier lieu, ça va commencer à créer un espace dans ton corps où être émoustillé sexuellement est un produit de qualité et deuxièmement, ça va créer plus de libido pour toi. Considère la masturbation à partir du point de vue suivant : "Qu'est-ce que je crée ici ? Dans quel but est-ce que le fais ?"

Si tu te masturbes juste pour éjaculer, tu ne vas pas atteindre ce sens d'énergie accrue qui peut se produire dans la copulation. L'objectif de la copulation devrait être de te stimuler davantage à vivre, pas de créer la «petite mort". La «petite mort» c'est ce que les Français appellent l'éjaculation. Alors continue de considérer : "Qu'est-ce que j'essaie d'accomplir par ce que je fais ?"

La plupart des gens utilisent la masturbation comme une façon de désensibiliser leur pénis, au lieu de le sensibiliser. Je connais quelqu'un qui a pris deux pilules de Rockhards, qui est un stimulant pour le pénis. Il m'a dit : «Tout ce que j'avais à faire était d'effleurer mon pénis contre quelque chose et j'avais une érection.» C'est un niveau de sensibilité que la plupart des hommes ne peuvent pas gérer et que la plupart des femmes ne veulent pas savoir que tu as.

Un autre ami a mentionné qu'il avait pris une pilule de Rockhard quand il portait un pantalon ample sans sous-vêtements et le pantalon frottait tout le tour de son corps. Il m'a dit : «J'ai dû m'arrêter au milieu de la rue et penser à des lapins morts parce que je ne pouvais pas me débarrasser de mon érection.» Il y a des façons différentes de te sensibiliser.

Demande : "Comment puis-je me sensibiliser pour que je sois prêt à l'action à tout moment ?"

Essaie de stimuler tes tétons et le reste de ton corps en glissant tes doigts vers le bas et en utilisant la réaction galvanique jusqu'à ce que tu aies une érection. La prochaine fois que tu coucheras avec une femme, tu seras un bien meilleur amant parce que tu vas être plus sensible et plus conscient. Tu auras aussi une prédisposition à recevoir qui n'est à l'heure actuelle pas dans ton répertoire. La plupart des hommes ne savent pas comment recevoir une pipe et la plupart des femmes ne savent pas comment en donner une. Pourquoi est-ce comme ça ?

RECEVOIR

Participant :

Ça concerne la capacité à recevoir, n'est-ce pas ?

Gary :

Oui. Tu ne t'es jamais appris à recevoir ; tu t'es formé à éjaculer. Si tu passes ta vie à te masturber pour éjaculer, tu n'accrois pas ta capacité à recevoir, ce qui limite aussi la quantité d'argent que tu peux avoir dans ta vie. Tu dois sensibiliser ton corps à nouveau parce que tu l'as principalement éteint. La plupart des sports ont comme but de se jeter contre des autres gars.

C'est ça que tu appelles sensibilité ? En fait, ça élimine la sensibilité. Demande-toi : "Comment est-ce que je sensibilise mon corps afin que ses réactions galvaniques créent une réaction galvanique chez les autres ?"

La réaction galvanique est un système qu'a ton corps et que tu n'utilises peut-être pas. Ton corps contient des systèmes automatiques. Tu as une réaction somatique partout dans ton corps. La façon dont ton corps réagit à quelque chose fait partie de l'information que ton corps est censé capter. Tu as des éléments dans ton corps qui te permettent de «réagir» de façon différente aux choses. Tu peux créer un espace en toi et dans ton corps, où ta sensibilité et ton sens du recevoir sont plus extrêmes. Par exemple, la plupart des hommes ne se sont jamais fait toucher l'anus. C'est une des parties de leur corps les plus sensibles, mais ils ne vont même pas se donner la peine d'y toucher. Ils l'essuient avec du papier toilette mais c'est à peu près tout ce qu'ils tentent.

Apprends comment chaque partie de ton corps peut-être réactive. Ça ne veut pas dire que tu vas devenir gay. Ça ne veut pas dire qu'une femme va mettre sa sangle et te baiser dans le cul, quoique ça puisse être plaisant aussi. Reconnais qu'il y a une possibilité différente dans la façon dont ton corps reçoit. Comment ce serait si tu étais disposé à avoir plus de ça et moins de ce que tu as actuellement ? Est-ce que ce que tu as actuellement est suffisant ? Est-ce que ce que tu as, est vraiment ce que tu veux ?

Il est rare que les gens comprennent vraiment qu'ils ont un autre choix. La plupart des gens ont l'idée que : «Je dois faire ceci» ou «Je dois avoir ça» ou «C'est comme ça» ou «C'est la façon dont c'est censé être.» Et si rien de tout ça n'était vraiment réel ?

CRÉER UNE VIBRATION MOLÉCULAIRE ENTRE TOI ET LA FEMME

Participant :

Tu dis que les femmes choisissent en général le sexe afin d'obtenir une relation et les hommes en général choisissent la relation afin d'obtenir du sexe. Au lieu d'être limité par cette réalité, comment est-ce que je peux avoir une possibilité différente ? Par exemple, comment est-ce que je peux avoir du sexe sans relation ? J'ai connu pas mal de gens qui sont des rois de la baise, mais je ne saisis pas pourquoi ou comment ils peuvent être des rois de la baise. Ça me semble tout naturel pour eux. Comment est-ce possible ?

Gary :

Quelle stupidité choisis-tu d'utiliser pour te défendre totalement contre être le roi de la baise ? Tout ceci multiplié par un dieulliard, vas-tu le détruire et le décréer totalement ? Right and Wrong, Good and Bad, POD and POC, All Nine, Shorts, Boys and Beyonds.

Être un roi de la baise n'est ni bon, ni mauvais. Tu dois poser des questions : "Est-ce que cette femme veut réellement coucher avec moi ou est-ce qu'elle désire autre chose ?" La plupart du temps, les femmes qui veulent coucher avec toi veulent quelque chose de plus que juste le sexe, mais tu ne veux pas le savoir. Tu supposes : «Ok, je vais pouvoir la baiser» et tu te coupes de ta conscience afin de t'assurer de pouvoir baiser.

Quand tu deviens vraiment bon en tant que «cunnilinguiste», quand tu deviens vraiment doué pour utiliser tes doigts dans le corps d'une femme et que tu la fais orgasmer quatre à cinq fois avant que tu éjacules en elle, les femmes vont vouloir venir te rendre visite encore et encore et encore.

C'est comme ça que tu commences à créer l'espace où tu deviens un produit de qualité. Tu dois devenir un produit de qualité, en sensibilisant suffisamment ton corps pour que tu puisses percevoir ce que son corps ressent, et parvenir à ce que ton corps ressente ce que son corps ressent. Utilise le truc de la réaction galvanique pour que tu puisses arriver au point où tu peux créer une communion entre les structures moléculaires de vos corps. Demande : "Comment pouvons-nous créer la vibration moléculaire entre nous comme quelque chose de plus grand que chacun d'entre nous ne pourrait avoir seul ?"

Participant :

C'est ce que tu décris dans «The Place» n'est-ce pas ?

Gary :

Oui. C'est ce que je décris dans «The Place". C'est ce que j'essaie de faire reconnaître aux gens : cet endroit existe. Est-ce que j'ai vécu cette situation personnellement ? Oui. J'ai été capable de l'atteindre avec différentes femmes.

Ce n'est pas que j'étais un roi de la baise. J'utilisais ma langue experte de plus d'une façon pour obtenir tout ce que je voulais. J'avais des colocataires qui étaient beaux gosses, des mecs virils qui utilisaient les femmes. Ils se trouvaient une petite copine et ils s'ennuyaient avec elle après les trois premières fois qu'ils avaient couché avec elle.

Je leur demandais : «Qu'est-ce qu'il y a d'ennuyeux dans sa façon de faire l'amour ?»

PARLE-LUI

Mes colocataires répondaient : «Euh, je suis fatigué d'avoir à lui parler.» Je me suis rendu compte que si tu es prêt à parler à quelqu'un, tu peux aller beaucoup plus loin que si tu ne l'es pas. Alors, j'ai commencé à parler avec ces filles et j'ai finis par coucher avec elles. Le plus marrant à ce propos, c'est qu'elles m'ont toutes dit que j'étais meilleur que mes colocataires parce que ce n'était pas juste une question de le faire rentrer à l'intérieur. Elles disaient qu'elles appréciaient le sexe avec moi. Tu dois te demander : "Qu'est-ce qui va lui donner le plus de plaisir ?" Tu peux demander à la femme «Quelle est la chose qui te donne le plus de plaisir ?»

C'était un peu différent. Quand j'étais jeune, mon point de vue était que j'avais besoin d'apprendre tout ce que je pouvais parce que je n'étais pas adéquatement doté, alors j'ai essayé de découvrir ce que les autres faisaient. Je demandais aux femmes avec qui j'étais : «Alors tu étais avec ce gars. Qu'est-ce qu'il faisait que je n'ai pas fait ?» Ou «Qu'est-ce qu'il faisait qui était vraiment génial ?» Les femmes étaient surprises que je leur demande et elles étaient toutes excitées de pouvoir me le dire. Tu dois être disposé à demander : «Quelle est la meilleure chose que quelqu'un ait jamais fait avec toi sexuellement ?» Découvre ce que c'est et ensuite demande : «Peux-tu m'apprendre comment le faire ?» Tu sais quoi ? Si tu leur demandes de t'apprendre, elles commencent à être une contribution pour toi. C'est comme ça que tu te les mets dans la poche. «Apprends-moi comment faire la meilleure chose que tu aies jamais eue. Apprends-moi comment le faire. Est-ce que je l'ai assez bien fait ou est-ce qu'il y a quelque chose que je peux améliorer ?» Tu demandes aussi au corps de la personne : «Que puis-je faire de différent qui serait une amélioration de ça ?»

LES GENS SE CONNECTENT PAR LEURS CORPS

Il y a une autre chose dans le fait de sensibiliser ton corps. Reconnais que les gens ne se relient pas par leurs êtres ; ils se connectent par leur corps. Si tu ne comprends pas que les gens se relient par leurs corps au lieu de leur être, ton comportement n'aura aucun sens pour toi. Nous avons tendance à regarder la personne avec qui nous sommes, ou la personne avec qui nous aimerions être, basé sur le lieu où se trouve leur corps et où ils sont dans le temps. C'est la raison pour laquelle, quand quelqu'un meurt ou quand tu perds un animal de compagnie, par exemple, ils te manquent autant. Ce qui te manque, c'est d'être capable de les toucher. Quand tu te sens séparé d'eux, tu ne sens plus que ton corps est connecté à leur corps.

Quand tu traverses les changements majeurs qu'Access Consciousness crée en toi, il y aura souvent une sensation de séparation. C'est à ce moment que tu demandes : "Est-ce que mon corps et moi avons tellement changé que nous ne sommes plus repérables par les systèmes des autres ?"

Par *systèmes*, je veux dire le genre de choses que les gens recherchent pour avoir la sensation d'être connecté à ton corps. Ils veulent savoir où se trouve ton corps dans l'espace et où tu es en relation avec lui. Ça n'est pas forcément le choix le plus facile ou le meilleur, mais c'est la façon dont ça marche ici. Comme tu traverses ces changements, ta relation avec l'argent change aussi - parce que, est-ce que l'argent est pour toi, l'être, ou est-ce que l'argent est pour le corps ? C'est pour le corps.

"TU ES À MOI"

Participant :

Je suis allé à un atelier où les hommes et les femmes étaient mis en binômes et la femme devait demander à l'homme de la toucher comme elle voulait. Ma partenaire m'a demandé : «Peux-tu me toucher comme si je t'appartenais ?» Elle voulait que je la touche comme si je la possédais ou qu'elle était ma femme.

Gary :

Que te disait cette femme ? Qu'elle aimait les hommes ? Qu'elle n'aimait pas les hommes ? Ou qu'elle voulait en posséder un ?

Participant :

Elle voulait en posséder un.

Gary :

Oui. Ce que disent les gens est une indication de ce qui est. Étais-tu capable de la satisfaire ?

Participant :

En fait, oui, et ça a élargi mon univers parce que je n'avais pas été disposé à avoir cette énergie-là auparavant. J'avais un jugement que l'énergie «tu es à moi» était négative.

Gary :

Il y a une différence entre «tu es à moi» et «je te possède".

Participant :

L'énergie était : «Tu es à moi.» C'était l'énergie qu'elle voulait expérimenter.

Gary :

C'est ce que tu dois être disposé à considérer :
- Comment est-ce que je possède cette femme pour toujours ?
- Que puis-je faire qui la rendrait tellement excitée sexuellement qu'elle ne pourrait pas imaginer se passer de moi ?

QUE VEUT CETTE PERSONNE ? / QU'EST-CE QUE JE VEUX ?

Participant :

Dain parlait de la façon dont nous, les hommes humanoïdes, aimons parfois faire des câlins et être romantiques. Pourrais-tu développer cette idée ? C'était hors de mon univers. Je finis toujours dans le sexe ou la relation.

Gary :

Ce n'est pas l'un ou l'autre. Tu dois voir ce que veut la personne avec qui tu es. Je demande : "Est-ce que ce sera facile ?" "Est-ce que ce sera ludique ?" "Est-ce que je vais apprendre quelque chose ?" Ce que j'ai appris, c'est que beaucoup de femmes voulaient juste faire des câlins et ne pas coucher, donc je pouvais rentrer chez moi. Tu dois considérer :

- Qu'est-ce que je veux ?
- Pour quoi au juste suis-je venu ?
- Pourquoi suis-je ici ?
- Pourquoi est-ce que je veux jouir avec cette personne ?
- Qu'est-ce que je désire véritablement ?
- Qu'est-ce que je requiers véritablement ?
- Où est-ce que je souhaite aller avec ça ?

La plupart d'entre nous, les hommes, ne posons jamais ces questions. Personnellement, je me suis rendu compte que : «J'ai tous ces points de vue à propos de la façon dont je suis censé être en tant qu'homme, basé sur ce que les femmes m'ont dit que je devrais être, pas sur ce qui allait vraiment fonctionner pour moi. Oh ! J'ai besoin de regarder ce que je veux réellement et de ne pas essayer de le calculer en fonction de ce que les femmes veulent.» La plupart des hommes essaient de calculer ce qui va être bon pour une femme et ignorent ce qui va être bon pour eux.

Quelle stupidité choisis-tu d'utiliser pour te défendre totalement contre être l'homme que tu peux véritablement être ? Tout ceci multiplié par un dieulliard, vas-tu le détruire et le décréer totalement ? Right and Wrong, Good and Bad, POD and POC, All Nine, Shorts, Boys and Beyonds.

Tu veux peut-être utiliser :

Quelle concrétisation d'une réalité sexuelle totalement différente au-delà de cette réalité est-ce que je suis maintenant capable de générer, créer et instituer ?

J'ai essayé de vous sortir de la situation où vous faites des femmes l'autorité, la raison et la justification pour tout. Quand vous arrêtez de faire ça, vous commencez à avoir le choix d'être vous, de vous avoir et de vous voir comme ayant de la valeur.

J'aimerais aussi vous voir arriver au point où, au lieu de choisir n'importe qui prêt à coucher avec vous, vous commenciez à rechercher qui coucherait avec vous et qui serait vraiment ludique pour vous. Donc : «Oh, elle va coucher avec moi» n'est pas égal à : «Je vais la prendre". A la place, c'est :

+ Est-ce que ce sera ludique pour moi ?
+ Est-ce que je vais m'éclater ?
+ Est-ce que ça va améliorer ma vie ?
+ Est-ce que ça va donner de la valeur à tout ce que je désire, le rendre phénoménal ?

Est-ce que tu vois à quel point ces questions sont différentes de : «Est-ce qu'elle va vraiment coucher avec moi ?» Quand tu regardes une femme et que tu te dis «Oh je parie que c'est elle», c'est une conclusion. Ce n'est pas une question. Une question c'est :

+ Est-elle ce que je recherche ?
+ Est-ce que ça va être ce que je veux que ce soit ?

Combien d'entre vous se contentent de ce que vous pouvez avoir plutôt que de savoir exactement ce que vous voulez et de ne pas être disposé à avoir moins ?

Tout ceci multiplié par un dieulliard, vas-tu le détruire et

le décréer totalement ? Right and Wrong, Good and Bad, POD and POC, All Nine, Shorts, Boys and Beyonds.

Quel engagement refuses-tu de prendre envers toi-même, qui si tu le prenais envers toi-même, te donnerait le genre de sexe et de relations que tu aimerais véritablement avoir ? Quelle stupidité utilises-tu pour te défendre pour et contre le sexe et les relations que tu choisis ? Tout ceci multiplié par un dieulliard, vas-tu le détruire et le décréer totalement ? Right and Wrong, Good and Bad, POD and POC, All Nine, Shorts, Boys and Beyonds.

Les gars, vous ne vous engagez pas envers vous-mêmes. Vous vous engagez envers vos femmes. Pourquoi est-il plus important pour vous de vous engager envers une femme que de vous engager envers vous-même ?

HARCELER

Participant :

C'est pour qu'elle reste satisfaite, pour qu'elle ne me harcèle pas.

Gary :

En d'autres termes, tu t'attends à ce qu'elle te harcèle. Tu t'attends à ce que les femmes te harcèlent. Voilà le problème avec ça : Comme tu essaies d'éviter qu'on te harcèle, tu choisis toujours des femmes qui vont te harceler. Ça s'applique à chacun d'entre vous.

Participant :

Est-ce que nous pouvons déblayer ça maintenant, s'il te plait ?

Gary :

Tout ceci multiplié par un dieulliard, vas-tu le détruire et le décréer totalement ? Right and Wrong, Good and Bad, POD and POC, All Nine, Shorts, Boys and Beyonds.

Participant :

C'est marrant, parce que dans ma relation, la seule chose qui me fait réagir est quand elle me harcèle. Je me fous du reste, mais quand elle me harcèle, je me mets vraiment en colère.

Gary :

Mais tu fais toujours ce que tu peux pour créer le fait qu'elle te harcèle.

Participant :

Pour ou contre quoi est-ce que je continue de me défendre avec ma partenaire ?

Gary :

Est-ce que tu te défends pour qu'elle te harcèle pour que tu puisses choisir de la quitter tout en te défendant contre le fait qu'elle te harcèle pour que tu puisses l'aimer ?

Participant :

C'est effrayant.

Gary :

Elle est en fait une relation idéale pour toi. C'est une fille qui va te harceler, te harceler et te harceler jusqu'à ce que tu fasses ce qu'elle veut, ce qui signifie que tu peux être en colère contre elle pour te faire faire ce qu'elle veut, mais au moins elle va te harceler.

Je vais te poser une autre question. Est-ce que tu as défini «harceler» comme de l'amour ?

Participant :

Apparemment.

Gary :

Tout ce que tu as fait pour définir harceler comme de l'amour et vous tous les gars qui observaient vos mères harceler vos pères parce que vous saviez que quand une femme était en colère contre un homme et le harcelait, c'était de l'amour vrai, allez-vous le détruire et le décréer totalement ? Right and Wrong, Good and Bad, POD and POC, All Nine, Shorts, Boys and Beyonds.

Participant :

C'est fantastique. A quel point est-ce que l'amour et la haine sont fondamentalement la même chose ? Ce sont des côtés différents de la même pièce. J'ai commencé à changer beaucoup de tout ça. Je ne réagis plus à ma partenaire quand elle me harcèle. Je la laisse choisir ça et je choisis quelque chose de différent pour moi, mais pour elle, c'est comme si je disparaissais de son univers parce que je n'y réagis pas.

Gary :

Oui, je sais. Elle a défini harceler comme un acte d'amour.

Participant :

Que pourrais-je faire de différent ? Je ne sais pas quoi faire, ni où aller.

Gary :

Eh bien, qu'est-ce que tu attends vraiment d'elle ?

Participant :

C'est une bonne question.

Gary :

Tu ne sais même pas ce que tu veux. Je vais te poser une question. Qu'est-ce que tu attends d'une femme ? Ça. Quelle est l'énergie qui est apparue quand je t'ai posé cette question ?

Participant :

Ce que je perçois c'est «quelqu'un qui n'est pas dans mes pattes.»

Gary :

Alors, tu veux une femme qui n'est pas dans tes pattes. Est-ce que ce serait ta partenaire ?

Participant :

(Rires) Oui.

Gary :

Tout ceci multiplié par un dieulliard, vas-tu le détruire et le décréer totalement ? Right and Wrong, Good and Bad, POD and POC, All Nine, Shorts, Boys and Beyonds.

Alors qu'est-ce que tu veux avec une femme ? Ça.

Participant :

Quelqu'un qui résiste ou qui crée une résistance, pour que j'aie quelque chose à affronter.

Gary :

Cool.

Tout ceci multiplié par un dieulliard, vas-tu le détruire et le décréer totalement ? Right and Wrong, Good and Bad, POD and POC, All Nine, Shorts, Boys and Beyonds.

Participant :

Merci, Gary. C'était vraiment utile. Avant que tu poses cette question, je n'étais pas conscient que je cherchais quelqu'un qui créait une sorte de résistance ou d'affrontement. Je pensais que je faisais quelque chose de différent.

Gary :

Tout ceci multiplié par un dieulliard, vas-tu le détruire et le décréer totalement ? Right and Wrong, Good and Bad, POD and POC, All Nine, Shorts, Boys and Beyonds.

Messieurs, j'aimerais que vous utilisiez tous ce processus à partir de maintenant et jusqu'à notre prochain appel.

Quelle stupidité est-ce que j'utilise pour créer la (le nom de la relation la plus récente que vous ayez eu ou la personne avec qui vous êtes actuellement) que je choisis ?

Donc c'est : Quelle stupidité est-ce que j'utilise pour créer la (nom de la personne) que je choisis ? Tout ceci multiplié par un dieulliard, vas-tu le détruire et le décréer totalement ? Right and Wrong, Good and Bad, POD and POC, All Nine, Shorts, Boys and Beyonds.

Faites ça avec la personne avec laquelle vous êtes maintenant ou la dernière personne avec laquelle vous êtes sorti. Vous avez choisi chaque femme que vous avez eue dans votre vie parce qu'elle correspondait à une certaine vibration. Si vous voulez véritablement créer un changement dans votre vie, vous devez découvrir ce qu'est cette vibration. Ok, messieurs, c'est tout pour cette fois. Je vous reparle à notre prochain appel. Prenez soin de vous, mes amis. Au revoir.

Participants :

Merci infiniment !

8
Qu'est-ce qu'un Gentleman ?

Un gentleman fonctionne en n'ayant aucune conclusion et parce qu'il n'a pas de jugement, il ouvre la porte à des possibilités pour chaque personne qu'il touche.

Gary :

Bonjour, messieurs. Est-ce que quelqu'un a une question ?

ÊTRE UN GENTLEMAN

Participant :

Quand je pense au mot *gentleman*, ça me paraît lourd. J'ai le sentiment qu'être un gentleman est une limitation. Afin d'être un gentleman, il y a des choses que tu dois faire et des choses que tu ne dois pas faire. Quelle est ta définition de *gentleman* ?

Gary :

Un gentleman est tout d'abord quelqu'un qui est disposé à reconnaître ce dont une femme a besoin et le lui procurer. Tout ce qui ne permet pas ceci multiplié par un dieulliard, vas-tu le détruire et le décréer totalement ? Right and Wrong, Good and Bad, POD and POC, All Nine, Shorts, Boys and Beyonds.

Participant :
Y-a-t-il quelque chose de plus à cette définition ?

Gary :
Si tu es disposé à être un gentleman, tu es disposé à voir ce qu'une femme requiert de ta part. Un gentleman ne prend pas uniquement en considération un point de vue d'homme. Il est disposé à voir le point de vue de la femme aussi. Il est disposé à voir ce qu'il peut faire qui va créer une autre possibilité. Si tu n'es pas disposé à voir ce que tu es capable de créer comme autre possibilité, es-tu véritablement capable de créer ce que tu aimerais créer ?

Par exemple, je peux être un gentleman et ouvrir la porte à une femme quand elle monte en voiture. Quand je fais ça, elle dit : «Tu es un vrai gentleman.» Ce que ça signifie de son point de vue est ce que tu recherches, parce qu'afin de créer une relation, ou du sexe avec n'importe qui, tu dois être ce qu'ils sont disposés à te laisser être. Si tu es disposé à être un gentleman, les femmes te regardent avec un point de vue différent. Est-ce que ce point de vue est un jugement ou un non-jugement ? C'est un point de vue de non-jugement. C'est pourquoi être un gentleman est un mode opérationnel ici.

Tout ceci multiplié par un dieulliard, vas-tu le détruire et le décréer totalement ? Right and Wrong, Good and Bad, POD and POC, All Nine, Shorts, Boys and Beyonds.

Si le fait d'être un gentleman te semble lourd, ça veut dire que tu n'as pas été un gentleman dans bien trop de vies antérieures.

Chaque fois que tu n'as "pas agi en gentleman", chaque fois que tu as choisi de te juger de ne pas avoir été un gentleman et chaque fois que tu as essayé de prétendre que tu te fous d'être un gentleman, vas-tu le détruire et le décréer totalement ? Right and Wrong, Good and Bad, POD and POC, All Nine, Shorts, Boys and Beyonds.

Participant :

Peux-tu parler du fait d'être un gentleman en dehors des relations avec les femmes ?

Gary :

Si tu es un gentleman, tu te rends compte de la valeur de chaque personne avec qui tu es. Les gentlemen n'ont aucun jugement sur qui que ce soit. Ils ont seulement la conscience de ce qui pourrait être possible pour chaque personne qu'ils côtoient. Et si tu étais disposé à avoir la conscience de tout ce qui est possible, au lieu du jugement de ce que tu devrais ou ne devrais pas faire ?

Disons que tu es un gentleman, que tu es de sortie avec un homme homosexuel et qu'il est ton ami. Est-ce que tu flirtes avec lui ou pas ?

Participant :

Je flirte avec lui.

Gary :

Oui, parce que c'est ce qu'il requiert et désire de toi. Est-ce que ça veut dire que tu vas faire quelque chose ?

Participant :

Non.

Gary :

Non. Ça veut dire que tu vas lui donner ce qu'il attend de toi. Tu dois être disposé à voir ce que les gens désirent de toi. Si tu n'es pas disposé à être un gentleman, tu n'es pas disposé à voir ce que les gens désirent de toi. Un gentleman sait toujours ce qui est requis et désiré de lui et il donne ce qu'il choisit.

Participant :

Comment fais-tu ça sans divorcer de toi-même - parce que c'est ce que je fais ?

Gary :

Donc tu es de sortie avec un ami homosexuel et tu flirtes avec lui. Couches-tu avec lui ?

Participant :

Probablement pas. Mais je pourrais. Qui sait, en fait ?

Gary :

Bien. Tu es toujours ouvert à la possibilité de ce qui pourrait se passer, plutôt que de conclure et juger ce qui peut ou ne peut pas se produire.

Participant :

Quelle est la différence entre un gentleman et une salope ?

Gary :

Un gentleman est une très bonne salope, parce qu'il n'a aucun jugement de ce qu'il fait ou de ce que les autres font. Un gentleman n'arrive pas à une conclusion ou un jugement. Si tu étais à la recherche d'un opposé de gentleman, tu pourrais rechercher un sexiste. C'est presque être l'opposé d'un gentleman.

Un sexiste est quelqu'un qui a déterminé ce qui est bien. Il a décidé que c'est comme ça que ça doit être et c'est ce que tu dois faire. Être un gentleman signifie que tu recherches les possibilités, tu ne recherches pas les conclusions et tu n'es pas à la recherche de jugements.

Participant :

Waouh. Je me sens validé ou reconnu là.

Gary :

C'est la volonté d'être quelqu'un que les autres gens ne sont pas disposés à être.

Participant :

Waouh.

Gary :

J'ai soixante-dix ans et les femmes de trente ans me disent qu'elles préféreraient être avec moi plutôt qu'avec Dain, parce qu'elles savent que je ne les blesserais pas et que Dain le ferait. Est-ce réellement vrai ?

Participant :

Non.

Gary :

Non, la seule chose qui blesse quiconque est quand tu ne leur donnes pas ce qu'ils veulent. Dain est plus à même de leur donner ce qu'elles pensent vouloir que moi. Elles pensent que Dain va devenir le prince charmant qu'elles pensaient rechercher. Elles savent que je suis trop vieux pour être un prince charmant, alors qu'est-ce que je peux être ? Le vieil homme qui s'occupe d'elles avec l'élégance qu'elles méritent de recevoir.

UN GENTLEMAN CHOISIT LA POSSIBILITÉ PLUTÔT QUE LE JUGEMENT

Les gens choisissent toujours le jugement plutôt que la possibilité. Et en vrai gentleman, tu vas toujours choisir la possibilité plutôt que le jugement, ce qui invite les gens à de plus grandes possibilités. Il y a des années, je suis sorti dîner avec une femme et son père, qui avait 88 ans. Il était un gentleman de la vieille école. Il s'habillait élégamment et il paraissait élégant. Il y avait une femme qui dînait avec nous qui avait la cinquantaine et elle lui courait après. Pourquoi ? Parce qu'il ne portait aucun jugement sur elle, il offrait seulement la possibilité de ce qui pourrait vraiment apparaître.

Un gentleman n'arrive à aucune conclusion et parce qu'il n'a aucun jugement, il ouvre la porte aux possibilités pour chaque personne qu'il touche.

Tout ce que ceci a fait apparaître pour vous tous, allez-vous le détruire et le décréer totalement ? Right and Wrong, Good and Bad, POD and POC, All Nine, Shorts, Boys and Beyonds.

Participant :

J'ai souvent entendu les femmes dire : «Sean Connery est un vrai gentleman.»

Je leur demande : «L'avez-vous rencontré ?"

Les femmes disent : «Non, mais il a l'air d'un gentleman.»

Et je demande : «Et pas moi ?»

DEMANDE-LUI DE FRANCHIR LE PAS VERS UNE PLUS GRANDE POSSIBILITÉ

Gary :

Sean Connery est disposé à être élégant afin de créer un espace dans lequel les gens vont choisir plus d'élégance. Si tu es un gentleman, tu vas toujours demander de tout le monde qu'ils deviennent plus de ce qu'ils peuvent être, pas moins. Combien de fois as-tu couché avec une femme et demandé qu'elle devienne moins que ce qu'elle est ? Beaucoup, un peu ou des mégatonnes ? Si tu demandes à une femme de se donner à toi, est-ce que tu lui demandes d'être tout ce qu'elle est ou d'être moins que cela ?

Participant :

Moins.

Gary :

Oui. En tant que gentleman, tu lui demandes toujours de franchir le pas vers une plus grande possibilité et si tu fais ça, la possibilité peut se produire. Elle va franchir le pas vers une énergie sexuelle accrue que tu n'as jamais eue auparavant. La plupart d'entre vous demandent à ce qu'une femme se donne à vous, ce qui n'est pas lui demander de choisir plus d'elle. Tu ne lui demandes pas de franchir le pas vers une plus grande possibilité, qu'elle n'a jamais su possible. Et si tu demandais aux femmes avec qui tu couches de se dépasser pour aller vers quelque chose qu'elles ne soupçonnent même pas possible ?

Tout ceci multiplié par un dieulliard, vas-tu le détruire et le décréer totalement ? Right and Wrong, Good and Bad, POD and POC, All Nine, Shorts, Boys and Beyonds.

Participant :

A quoi ça ressemblerait de demander à une femme de faire ça ?

Gary :

Ce serait : «Hé, est-ce que je peux faire ceci pour toi ?» Il y a des années, je demandais aux femmes : «Qu'est-ce que quelqu'un a fait pour toi, que personne d'autre n'a jamais fait pour toi et que si c'était fait pour toi, te donnerait plus que tu ne penses possible ?» Je voulais aussi savoir ce que d'autres gars avaient fait, que je n'avais pas fait. Alors, pourquoi est-ce que je ferais ça ?

Participant :

Pour découvrir ce qu'elle aime ?

Gary :

Oui ! Pour découvrir ce qu'elle aime, ce qui la rend heureuse et ce qui fait chanter son corps. Si tu demandes ce qu'un autre homme a fait pour elle, que personne d'autre n'a fait, tu vas capter l'énergie de ça. Quand tu es disposé à procurer cette énergie, tu es un gentleman qui est prêt à lui donner tout ce qu'elle a toujours désiré, tout ce qu'elle a toujours voulu et tout ce qu'elle a toujours considéré génial.

Tout ce qui ne te permet pas de percevoir, savoir, être et recevoir ceci, vas-tu le détruire et le décréer totalement ? Right and Wrong, Good and Bad, POD and POC, All Nine, Shorts, Boys and Beyonds.

Participant :

Je ne suis pas aussi foutu que je ne le pensais.

Gary :

Est-ce que c'est toi, Monsieur Roi de la Baise ?

Participant :

Oui. C'est celui qui s'abandonne à une femme instantanément.

Gary :

M'as-tu jamais entendu te dire que tu n'es pas aussi foutu que tu ne le penses ?

Participant :

Oui. Je l'ai entendu deux ou trois fois.

Gary :

Oui, mais tu ne me croyais jamais, n'est-ce pas ?

Participant :

J'ai entendu ça peut être 2 000 fois.

Gary :

La prochaine fois que je te vois, tu dois me donner un euro pour prouver que je n'avais pas tort.

Ce que tu es capable de faire et ce que tu fais sont deux choses différentes. Et si elles n'étaient pas deux choses différentes ? Est-ce que tu continues à voir comment tu as tort - ou comment tu as raison ?

Participant :
Comment j'ai tort.

Gary :
Quelle création de sexe et copulation choisis-tu d'utiliser pour valider les réalités des autres gens et invalider ta réalité ? Tout ceci multiplié par un dieulliard, vas-tu le détruire et le décréer totalement ? Right and Wrong, Good and Bad, POD and POC, All Nine, Shorts, Boys and Beyonds.

Participant :
Oui, je saute dans la réalité des autres gens.

Gary :
Est-ce que tu veux savoir que tu fais ça ?

Participant :
Oui.

Gary :
Non, tu ne le veux pas. Tu essaies toujours de comprendre comment tu *ne* fais pas plutôt que de voir comment tu le *fais*. Tu dois être capable de voir ce que quelqu'un requiert et désire de toi.

Par exemple, quand tu penses que tu veux coucher avec quelqu'un, est-ce que tu te coupes de ta conscience afin de coucher ?

Participant :

Souvent, oui.

Gary :

Pas souvent. Tout le putain de temps !

Quelle stupidité choisis-tu d'utiliser pour créer la défense pour et contre la copulation que les autres choisissent pour toi ? Tout ceci multiplié par un dieulliard, vas-tu le détruire et le décréer totalement ? Right and Wrong, Good and Bad, POD and POC, All Nine, Shorts, Boys and Beyonds.

TU DOIS CRÉER À PARTIR DE TA RÉALITÉ

Participant :

Gary, ça a été une série incroyable. Hier soir, j'ai eu une relation sexuelle des plus phénoménales. J'ai le désir d'avoir plus de sexe avec cette personne particulière et d'explorer ça davantage. Est-ce possible d'avoir un "Accord et Engagement" avec une femme à propos de comment avoir plus, sans créer une relation ?

Gary :

Dieu merci ! Tu as enfin eu cette expérience ! L'énergie sexuelle est liée à la capacité génératrice de la vie et de la façon de vivre et de la qualité orgasmique de la vie et de la façon de vivre que la plupart de nous n'avons jamais été prêts ou capables d'avoir. Vous comprenez bien ça, tous ?

Est-ce que c'est possible d'avoir plus avec une femme sans créer une relation ? Probablement pas. Est-ce que tu aimerais croire que ça l'est ? Absolument. Es-tu complètement dans les illusions ? Oui, tu es un homme. Tu dois comprendre que les femmes ne recherchent pas la même chose que les hommes. Les femmes ne sont pas dans le même univers que toi. Le plus souvent, elles ne comprennent pas ce que tu demandes ou ce qui t'intéresse.

Il y a une possibilité différente dans la vie de comment créer cela. Tu dois créer à partir de ta réalité. Commence à utiliser :

Quelle énergie, espace et conscience est-ce que je peux être qui me permettrait de créer la réalité que je sais possible, que je peux véritablement être ? Tout ce qui ne permet pas à ça d'apparaître, multiplié par un dieulliard, vas-tu le détruire et le décréer totalement ? Right and Wrong, Good and Bad, POD and POC, All Nine, Shorts, Boys and Beyonds.

Il y a un nouveau processus que je viens de trouver et je crois que c'est approprié pour ceci :

Quelle création du sexe et de la copulation choisis-tu d'utiliser pour subordonner, absoudre et résoudre le choix et la conscience que tu as en faveur de la réalité des autres ? Tout ce qui ne permet pas à ça d'apparaître, vas-tu le détruire et le décréer totalement ? Right and Wrong, Good and Bad, POD and POC, All Nine, Shorts, Boys and Beyonds.

Tu continues à essayer de choisir ce qui va marcher pour la femme. C'est une des choses que les hommes font. Ils essaient toujours de choisir ce qui va fonctionner pour la femme. Y a-t-il une raison à ça ? Oui. On t'a entraîné et formé à croire que la femme est le produit le plus précieux sur la planète, pas toi.

Tout ceci multiplié par un dieulliard, vas-tu le détruire et le décréer totalement ? Right and Wrong, Good and Bad,

POD and POC, All Nine, Shorts, Boys and Beyonds.

Quelle création du sexe et de la copulation choisis-tu d'utiliser comme la subordination, l'absolution et la résolution de ton choix et ta conscience, en faveur de la réalité des autres gens ? Tout ceci multiplié par un dieulliard, vas-tu le détruire et le décréer totalement ? Right and Wrong, Good and Bad, POD and POC, All Nine, Shorts, Boys and Beyonds.

Tu continues à supposer que tu dois renoncer à ta réalité en faveur de celle de quelqu'un d'autre. Ce n'est même pas renoncer à ta réalité. C'est que tu n'as aucun point de vue. Tu es un homme. Tu n'as pas de point de vue, à moins que ton pénis soit dur et pointe dans une direction. La chose que j'adore à propos des hommes, est qu'ils sont complétement insensibles à la conscience de n'importe qui d'autre jusqu'à ce que leur pénis pointe. La "quête de la quéquette" est la direction que tu arrives à suivre.

Tu ne trouves pas ça intéressant, que tu essaies toujours de faire plaisir et donner de la valeur à quelqu'un d'autre avant que tu n'essaies de voir ta valeur ?

Participant :
Oui.

Gary :
Est-ce que ça paraît sensé ?

Participant :
Eh bien, non, ça n'a aucun sens.

Gary :

C'est l'univers non-sensé à partir duquel tu essaies de créer. Ça ne marche pas.

QU'EST-CE QUE TU VEUX CRÉER ?

Participant :

Pendant le dernier appel, quand nous parlions du sexe, tu as dit de devenir très doué en cunnilingus et à utiliser nos doigts. Tu as dit qu'ensuite nous aurions des femmes qui veulent nous rendre visite encore et encore et que c'est comme ça que nous commençons à créer l'espace où nous devenons un produit de qualité. Il me semble que tu dis que nous ne sommes pas des produits de qualité et que nous avons besoin de faire quelque chose afin de devenir un produit de qualité.

Gary :

Oui, à leurs yeux, c'est ça.

Participant :

N'est-ce pas un état d'être au lieu d'être ? Tu as dit qu'être, c'est toi, l'être infini que tu es et que l'*état d'être* est quelque chose que tu fais pour prouver que tu es.

Gary :

Tu dois considérer ce que tu essaies de créer, pas ce que tu penses que ça devrait être. Tu peux avoir toutes sortes de points de vue merveilleux sur ce qui devrait être qui n'existe pas. Tu dois considérer ce qui *est* – pas ce que tu *veux que ce soit*.

Participant :

Peux-tu s'il te plait clarifier ceci ? Je l'entends comme si tu disais que les hommes ont besoin de la reconnaissance des femmes pour devenir le produit de qualité.

Gary :

Pour devenir le produit de qualité dans le monde d'une femme, tu dois faire plaisir à la femme de façon à ce qu'elle donne de la valeur au sexe, que tu aimes plus qu'elle.

Participant :

Est-ce que ça n'accorde pas plus de valeur à la femme ?

Gary :

Oui. Qu'y a-t-il de mal à ça ?

POURQUOI EST-CE QUE LE DÉSIR EST CONSIDÉRÉ UN TORT ?

Participant :

Le mois dernier, une amie a publié une photo de nous sur Facebook où elle était sur son 31 et était maquillée. Elle était superbe et beaucoup d'hommes ont commenté sur sa photo. Ils la complimentaient et certains essayaient de lui donner un rendez-vous. Quand j'ai vu ça, j'ai remarqué que j'étais un peu en colère. Qu'est-ce qui m'échappe ?

Gary :

Tu ressentais de la colère ou de l'envie ? Tu dois être au clair sur la différence. Je devine que tu ressentais de l'envie, parce que tu voulais qu'on te désire de la façon dont elle était désirée.

Combien d'entre vous refusent qu'on vous désire parce que vous pensez que ça vous réduit ?

Tout ceci multiplié par un dieulliard, allez-vous le détruire et le décréer totalement ? Right and Wrong, Good and Bad, POD and POC, All Nine, Shorts, Boys and Beyonds.

Participant :

J'avais une conscience quelques jours plus tard, qu'elle essayait de contrôler le sexe opposé avec son look et son apparence. Et la colère était là, parce que c'est exactement ce que je n'étais pas prêt à faire.

Gary :

Tu veux dire tu te mets en colère uniquement par rapport à ce que tu fais ou ne fais pas toi-même ?

Tout ce que tu as fait pour rendre réel et vrai pour toi, que tu ne peux pas être la personne luxurieuse que tu es véritablement, vas-tu le détruire et le décréer totalement ? Right and Wrong, Good and Bad, POD and POC, All Nine, Shorts, Boys and Beyonds.

Quel refus de la luxure utilises-tu pour invalider l'être que tu pourrais choisir ?

Tout ceci multiplié par un dieulliard, vas-tu le détruire et le décréer totalement ? Right and Wrong, Good and Bad, POD and POC, All Nine, Shorts, Boys and Beyonds.

Participant :

Je n'ai pas été disposé à utiliser ma belle gueule à mon avantage. La plupart du temps, j'ai l'air normal et parfois j'ai l'air assez débraillé.

Gary :

Je dirais, mon cher ami, que tu choisis d'être débraillé aussi souvent que tu le peux, parce que tu ne veux pas que les gens te désirent. Pourquoi est-ce que le désir est considéré comme un tort ? Je ne le comprends pas.

Quelle création du désir choisis-tu d'utiliser pour t'invalider et invalider les autres ?

Tout ceci multiplié par un dieulliard, vas-tu le détruire et le décréer totalement ? Right and Wrong, Good and Bad, POD and POC, All Nine, Shorts, Boys and Beyonds.

Quelle création du désir choisis-tu d'utiliser pour invalider ta réalité et invalider les réalités des autres gens ? Tout ceci multiplié par un dieulliard, vas-tu le détruire et le décréer totalement ? Right and Wrong, Good and Bad, POD and POC, All Nine, Shorts, Boys and Beyonds.

Participant :

J'ai du mal à suivre. Es-tu en train de dire que nous désirons les gens pour nous donner moins de valeur ?

Gary :

Parfois. Le truc c'est que tu n'es pas disposé à voir la valeur du désir.

Participant :

Alors quelle est la valeur du désir ?

Gary :

La valeur du désir est l'espace où tu sors du jugement et tu te dis : "Je vais faire ceci peu importe à quoi ça ressemble. Peu importe ce qu'il faut. Peu importe ce qui se passe."

Le désir n'est pas un tort. Le désir est une situation dans laquelle tu ne peux pas surmonter ta réticence à être limité. Tu vas choisir le désir plutôt que la limitation, à chaque fois. Au lieu de voir ça comme un avantage et une possibilité, tu le vois comme un tort. Pourquoi ? Parce qu'on t'a dit depuis toujours que le désir, c'est mal. Est-ce que c'est vraiment mal – ou est-ce juste ta position ?

Quand quelqu'un veut coucher avec toi, est-ce que tu te dis : "Waouh, cette personne veut coucher avec moi. C'est cool ?" Ou est-ce que tu en conclus : "Comment est-ce que je peux faire ça et quand est-ce que je peux le faire ?" Tu dois être disposé à considérer : "Et cette personne veut coucher avec moi pour quelle raison ?"

Participant :

Ça me changerait.

Gary :

Beaucoup de gens choisiraient de coucher avec toi parce que a) tu es un homme, b) tu es sexuel, c) tu aimes vraiment les femmes et d) tu sais comment faire des cunilingus assez bons, mais seulement assez bons, pas bons.

Vous les garçons devez apprendre à faire de meilleurs cunilingus, au fait, au cas où vous ne le sauriez pas.

Quelle stupidité choisis-tu d'utiliser pour créer la défense pour et contre le sexe que quelqu'un d'autre veut avoir avec toi ? Tout ceci multiplié par un dieulliard, vas-tu le détruire et le décréer totalement ? Right and Wrong, Good and Bad, POD and POC, All Nine, Shorts, Boys and Beyonds.

Participant :

La semaine dernière, une femme qui voulait avoir un rendez-vous avec moi m'a questionné. Elle commençait à dire qu'elle ne coucherait pas au premier rendez-vous. Alors, je lui ai juste demandé : "Est-ce que tu joues à la fille inaccessible ou quoi ?"

Elle a répondu : "Oui, mais qui serais-tu ou qu'est-ce que tu ferais pour y arriver ?"

J'ai dit : "Euh, je serais moi."

Elle a dit : "Ah, tu as un peu d'estime de toi là, n'est-ce pas ?"

Alors ensuite, j'ai dit : "Rayée de la liste. Va voir ailleurs."

Gary :

La femelle de l'espèce est conçue pour quel objectif ? Pour avoir des bébés ou pour ne pas avoir de bébés ?

Participant :

Pour avoir des bébés.

Gary :

Oui, alors qui est-ce qu'elle va choisir ? Un homme qui est un bon animal reproducteur. Elle regardera un homme et dira : "C'est un bon reproducteur ; donc, je vais coucher avec lui." Elle regardera un autre homme et dira : "Il aurait peut-être un handicap physique. Ce n'est pas un bon choix." Elle va regarder quelqu'un d'autre et dire : "Il a une maladie. Je n'en veux pas" ou "Il a une addiction, alors il n'est pas le meilleur reproducteur." C'est totalement lié à qui elle choisit comme le meilleur animal reproducteur.

Est-ce qu'une femme t'a déjà dit : "Nous pourrions faire de si beaux enfants ensemble ?"

Participant :

Pas tant que ça, en fait. C'est plus souvent dans l'autre sens pour moi.

Gary :

Tu es celui qui le dit, n'est-ce pas ? Mais c'est ce qu'elle arrive à te faire dire, pour t'amener à choisir de faire ça.

Qui a une autre question ?

ÊTRE MÉCHANT ENVERS LES AUTRES HOMMES

Participant :

Un jour, un autre gars me faisait chier et je lui ai dit : "Le corps a 4 systèmes nerveux – Le système nerveux central, le système nerveux sympathique, le système nerveux apathique et le dernier, qui est celui qui est le plus actif chez toi." Mince. Ça l'a énervé et c'était jouissif. Est-ce que c'est comme ça que les hommes fonctionnent ?

Gary :

Non. Tu avais envie de coucher avec lui et la seule façon de ne pas coucher avec lui était de l'éviter, en lui disant quelque chose de méchant. Les hommes font des choses méchantes aux autres hommes, parce qu'ils veulent coucher avec eux.

Tout ce que tu n'es pas disposé à percevoir, savoir, être et recevoir à propos de ça, vas-tu le détruire et le décréer totalement ? Right and Wrong, Good and Bad, POD and POC, All Nine, Shorts, Boys and Beyonds.

A chaque fois que tu es méchant envers un autre homme,

demande-toi : "Est-ce que je choisis ceci parce que j'aimerais coucher avec ce gars ?" Ce n'est pas acceptable dans cette réalité de coucher avec un autre homme, n'est-ce pas ? Non. Pas si tu es un hétéro. Alors, pourquoi dois-tu être un hétéro ?

Participant :

C'est la norme. Pour s'adapter.

Gary :

Tout ce que tu fais pour rendre ça ta réalité plutôt que d'avoir le choix, vas-tu le détruire et le décréer totalement ? Right and Wrong, Good and Bad, POD and POC, All Nine, Shorts, Boys and Beyonds.

Au fait, je n'essaie pas de te faire coucher avec des hommes. Sache cela. Un gars homo ne se met pas en colère contre les hommes. Il devient sexuel avec eux. Vous les gars, vous vous fâchez contre les hommes.

Passe en revue toutes les situations où tu étais en colère contre les hommes avec lesquels tu voulais vraiment coucher.

Vas-tu détruire et décréer tout ce qui ne te permet pas de percevoir, savoir, être et recevoir que tu aurais pu avoir eu une réaction différente si tu avais été disposé à coucher ? Right and Wrong, Good and Bad, POD and POC, All Nine, Shorts, Boys and Beyonds.

Je ne préconise pas que tu couches avec des hommes. J'essaie de te donner la liberté de voir ce qu'il en est véritablement, pour que tu saches où sont tes choix. Le fait que tu sois disposé à coucher avec un homme, signifie que tu serais disposé à avoir quelqu'un dans ta vie qui soit prêt à coucher avec toi.

Participant :

N'est-ce pas une grande partie de recevoir les autres hommes ? Pas la partie copulation, mais le recevoir ?

Gary :

Oui. Tu dois recevoir quand les autres hommes te trouvent sexuel, autant que quand tu te trouves sexuel. Ce n'est pas que tu doives coucher avec des hommes. Ce dont tu as besoin, c'est la conscience que tu es tellement sexuel que tu crées dans tout ton entourage l'envie d'avoir du sexe.

Tout ceci multiplié par un dieulliard, vas-tu le détruire et le décréer totalement ?

Right and Wrong, Good and Bad, POD and POC, All Nine, Shorts, Boys and Beyonds.

ESSAYER DE PIQUER LES FEMMES DES AUTRES HOMMES

Participant :

Tu as dit que les hommes humanoïdes n'essaient pas de piquer les femmes des autres hommes.

Gary :

Oui.

Participant :

Je me considère comme un humanoïde et pourtant je peux voir que j'ai fait ça deux ou trois fois. Qu'est-ce que c'est ?

Gary :

Essayais-tu vraiment de piquer leurs femmes ou est-ce que leurs femmes voulaient rendre leurs hommes jaloux ?

Participant :

Celui-là.

Gary :

Quand tu es conscient, tu as tendance à considérer les choses du point de vue de : "Qu'est-ce que cette personne voudrait ?" Comment ce serait si tu étais disposé à voir ce qui est possible avec chaque personne plutôt que d'essayer de donner ce qu'ils attendent de toi ?

Participant :

Et choisir ce qui marche pour moi.

Gary :

Oui et le truc c'est que, tu es tellement conscient psychiquement que quand tu vas piquer la femme d'un autre homme, c'est parce que cette femme veut le rendre jaloux. Dain était avec une femme une nuit et je pensais : "Je suis tellement jaloux. Je ne peux pas croire qu'il couche avec cette femme." Je me suis dit : "Quoi ? Attends un peu ! Dans le meilleur des cas, ça ne pourrait pas être mon point de vue. Qu'est-ce que c'est que ça ?"

Je me suis rendu compte que c'était sa pensée à elle. Elle voulait de la jalousie dans l'univers de quelqu'un. Le lendemain matin, j'ai demandé à Dain : "Qu'est-ce qui s'est passé la nuit dernière ? Qu'est-ce qui se tramait ?" Il a dit : "Eh bien, elle a passé la nuit ici parce qu'elle était trop ivre pour repartir chez elle en voiture, mais elle a appelé son petit copain pour dire 'ne t'inquiètes pas, je ne ferai rien' et ensuite elle n'a pas eu envie de coucher avec moi. Elle a dormi par terre. Je ne comprends pas du tout cette femme. Elle disait qu'elle voulait coucher avec moi, mais ensuite elle ne l'a pas voulu."

Je lui ai demandé : "Est-ce que tu penses qu'elle aurait trouvé un moyen de rendre son petit copain jaloux en allant avec toi et en se saoulant pour ne pas pouvoir rentrer chez elle ?"

Dain a dit : "Oui !"

Après avoir repéré cela, je me suis rendu compte que la jalousie dont j'étais conscient était ce dont Dain n'était pas disposé à être conscient. La femme essayait de rendre son petit copain jaloux. Elle a prétendu monter dans la chambre de Dain pour coucher avec lui, mais elle le faisait pour rendre son petit copain jaloux, pour qu'il s'effondre. Si tu n'es pas disposé à voir à partir de quoi les gens fonctionnent, tu subiras toujours leur folie.

Tout ce que tu as fait pour subir la folie des autres gens au lieu d'avoir conscience qu'ils sont fous, vas-tu le détruire et le décréer totalement ? Right and Wrong, Good and Bad, POD and POC, All Nine, Shorts, Boys and Beyonds.

J'ai toujours su ces trucs-là. Pourquoi est-ce que les autres ne le savent pas ?

Participant :

Parce que tu es étrange.

Gary :

    Oui, je sais. C'est parce que je suis étrange.

TAXES

    Est-ce que certains d'entre vous avez couché avec quelqu'un et ensuite avez senti que vous deviez faire quelque chose pour lui, pour compenser ?

Participant :

    Oui.

Gary :

    C'est une forme de taxe. C'est vous taxer – ce n'est pas du choix, pas de la possibilité et pas de la création et de la génération. Avez-vous jamais fait une gâterie à quelqu'un et pensé qu'ils devraient vous rendre la faveur ?

Participant :

    Oui.

Gary :

    Ou vice-versa ?

Participant :

    Est-ce que c'est taxer aussi ?

Gary :

    Oui. « Il y a une taxe que je dois payer pour ce que j'ai eu. » La taxation est tous les morceaux et les parties de ce que tu dois payer, peu importe ce qui se passe. Ça semble amusant, non ?

Participant :

Non. J'ai dépassé ça.

Gary :

Cool. Très bien, question suivante.

UNE RÉALITÉ SEXUELLE AU-DELÀ DE CETTE RÉALITÉ

Participant :

Au fil de ces téléclasses, j'ai remarqué que la tendance générale est que les hommes demandent : "Comment est-ce que j'obtiens plus de sexe et du meilleur sexe ?" Est-ce que nous sommes vraiment là pour ça ?

Gary :

Eh bien, nous ne sommes pas là pour ça, mais ça fait partie de ce qui est bon à propos d'être là.

Participant :

De mon point de vue, ma dame est très sexy et je l'adore, mais il doit bien y avoir plus que tremper ma queue. De ton point de vue, qu'y-a-t-il au-delà de ça que nous n'avons pas encore considéré ? Qu'est-ce qu'il faudrait pour avoir ça ?

Gary :

Quelle concrétisation d'une réalité sexuelle totalement au-delà de cette réalité es-tu maintenant disposé à générer, créer et instituer ? Tout ceci multiplié par un dieulliard, vas-tu le détruire et le décréer totalement ? Right and Wrong, Good and Bad, POD and POC, All Nine, Shorts, Boys and Beyonds.

TOUT ÇA EST UN JUGEMENT DU RECEVOIR

Participant :

Pendant ces téléclasses, il y a eu beaucoup de discussions sur les femmes et le sexe. Est-ce que nous en parlons parce que c'est tellement interconnecté avec tous les domaines de nos vies et c'est une manière de …

Gary :

Malheureusement, nous avons passé beaucoup de temps à essayer de déterminer si nous devions coucher ou ne devions pas coucher, si c'est approprié de coucher ou pas approprié de coucher, si nous allons obtenir plus si nous couchons ou ne pas avoir plus si nous ne couchons pas. Est-ce que quelque chose parmi tout ça est un jugement, ou tout est un jugement ?

Participant :

Il ne s'agit que de jugements et est-ce que c'est lié à tous les jugements que nous avons dans ces domaines, dans les autres secteurs de nos vies aussi ?

Gary :

Tout cela est un jugement du recevoir. Rappelle-toi, le sexe concerne recevoir.

Participant :

Je sais, je sais.

Gary :

Disons que tu vas coucher avec une femme. Qu'es-tu disposé à recevoir d'elle ? Tout ou rien ? Rien.

Participant :
   Rien est sorti.

Gary :
   C'est pourquoi tu essaies de coucher avec elle, pour que tu puisses lui donner tout ce que tu n'aimes pas à propos de toi.
   Tout ceci multiplié par un dieulliard, vas-tu le détruire et le décréer totalement ? Right and Wrong, Good and Bad, POD and POC, All Nine, Shorts, Boys and Beyonds.

Participant :
   Y-a-t-il quelque chose à dire à propos de la situation inverse, quand tu as plus à donner que l'autre personne ne peut recevoir ?

Gary :
   Tu es encore dans le calcul de ce que tu peux donner, pas ce que tu peux recevoir. Si tu étais disposé à voir quelqu'un qui pouvait recevoir tout ce que tu es, serais-tu piégé par ça ?

Participant :
   J'ai eu un *Oui* là-dessus.

Gary :
   C'est le problème. Quand tu as quelqu'un qui peut recevoir tout ce que tu es, tu sens que dans un sens tu vas être piégé. Est-ce une vérité, ou est-ce le mensonge, ou est-ce la folie que tu essaies de rendre réelle et qui en fait ne l'est pas ?

Participant :
   Ah, merde !

Gary :

Tout ceci multiplié par un dieulliard, vas-tu le détruire et le décréer totalement ? Right and Wrong, Good and Bad, POD and POC, All Nine, Shorts, Boys and Beyonds.

Ça t'intéresse plus de renoncer au choix qu'autre chose.

Quelle création de la vie, la façon de vivre et la copulation utilises-tu pour te rendre esclave de l'anti-conscience et de l'inconscience que tu choisis ? Tout ceci multiplié par un dieulliard, vas-tu le détruire et le décréer totalement ? Right and Wrong, Good and Bad, POD and POC, All Nine, Shorts, Boys and Beyonds.

Comprends bien que la plupart d'entre vous, vous êtes rendus esclaves de cette réalité. Tu n'as pas été disposé à considérer quels sont tes choix. Tu es plus intéressé par les choix que tu n'as pas. Ce n'est pas ton meilleur choix.

Participant :

Je suis sorti avec une belle femme et ça a été vraiment différent cette fois. Ça a été très facile. Le sexe est incroyable et aussi la façon dont je me connecte avec elle. C'est juste de l'espace. Qu'est-ce que c'est ? Est-ce que c'est moi qui ne la reçois pas ?

Gary :

Non, c'est vraiment recevoir.

Participant :

C'est tellement différent, je ne sais presque pas quoi faire avec ça. Je n'en ai tellement pas l'habitude.

Gary :

Oui, tu n'as jamais choisi une femme qui pourrait vraiment recevoir de ta part, n'est-ce pas ?

Participant :

Non, c'est vrai.

Gary :

Et as-tu déjà choisi des femmes qui se souciaient vraiment de toi ?

Participant :

Non.

Gary :

Pourquoi ? Pourquoi choisirais-tu des femmes qui n'en ont rien à faire de toi ? Est-ce que c'est pour que tu n'aies pas à te soucier d'elles ?

Participant :

Oui.

Gary :

Tout ce que tu as fait pour choisir des femmes dont tu n'as pas à te soucier, vas-tu le détruire et le décréer totalement ? Right and Wrong, Good and Bad, POD and POC, All Nine, Shorts, Boys and Beyonds.

Heureusement, il n'y a que toi qui fais ça.

Participant :

Oui, bien sûr.

Gary :

Pourquoi choisis-tu une femme dont tu n'as pas à te soucier afin d'avoir quelqu'un dont tu peux te préoccuper ?

Participant :

C'est une très bonne question. Est-ce pour me contrôler et éviter d'être meilleur ?

Gary :

Est-ce pour te contrôler ? Ou est-ce ton moyen de t'assurer que tu ne choisiras jamais d'être toute ta grandeur ?

Participant :

La deuxième réponse.

Gary :

Tout ceci multiplié par un dieulliard, vas-tu le détruire et le décréer totalement ? Right and Wrong, Good and Bad, POD and POC, All Nine, Shorts, Boys and Beyonds.

Participant :

Merci, Gary. Ces téléclasses bousculent mon monde. Je suis si reconnaissant.

Gary :

Je suis tellement content. Même si seulement six ou huit d'entre vous commencent à choisir plus grand, vous les gars pourriez changer le monde et j'aimerais vraiment voir ce qui va se passer ici quand le sexe et les relations seront différents.

Participant :

Changeons le monde !

QUEL GENRE DE FUTUR ESSAIE-T-ELLE DE CRÉER ?

Gary :

Oui. A l'origine, le job des femmes était d'être disposée et capable de créer un futur, parce que les femmes sont plus disposées à le voir que la plupart des hommes. Ça ne veut pas dire qu'elles sont meilleures. Ça veut juste dire qu'elles y sont plus disposées.

Participant :

Est-ce que c'est aussi parce que les femmes sont plus à même d'aller conquérir le monde et les hommes sont plus à même de rester au même endroit ?

Gary :

La plupart des hommes humanoïdes préféreraient avoir une vie confortable et créer un nid pour leurs enfants, plutôt qu'aller conquérir le monde.

Les femmes veulent créer un futur. La mascarade qu'on a faite aux femmes a été de leur faire croire que leur désir pour le futur concerne les enfants, mais ce n'est pas le cas. Elles ne font pas ce qu'elles font pour des enfants. Elles font ce qu'elles font pour ce qui va créer une possibilité différente.

Tout ceci multiplié par un dieulliard, vas-tu le détruire et le décréer totalement ? Right and Wrong, Good and Bad, POD and POC, All Nine, Shorts, Boys and Beyonds.

Quand vous êtes avec une femme, les gars, vous devez considérer : "Quel genre de futur essaie-t-elle de créer ici ?" Si elle essaie de créer un futur qui concerne avoir des enfants, elle adopte cette réalité. Est-ce que c'est la réalité selon laquelle tu veux vivre ? Si tu piges qu'elle essaie de créer des bébés, vas-tu avoir le même genre de relation avec elle que si elle n'essayait pas ?

Participant :

Non.

Gary :

Si tu commences à considérer quel est le futur qu'elle essaie de créer, tu ne vas plus te donner tort. Quand une femme est disposée à créer un futur qui t'inclut, ça ne va plus rendre ton tort plus réel que le choix que tu fais.

Que créerais-tu si tu savais quel futur elle essaie de créer ? Si elle essaie de créer un meilleur futur que tu n'es disposé à avoir, peux-tu être avec elle ?

Participant :

Là j'ai eu un *non*.

Gary :

Oui. C'est un *non*. Tu dois être disposé à créer le futur qu'elle est disposée à avoir. De quelle envergure est le futur qu'elle est prête à avoir ? Si tu es disposé à savoir ça, tu peux tout créer avec elle. Tu peux créer une relation. Disons que tu as une femme qui désire aller conquérir le monde et que tu es parfaitement satisfait d'être à la maison, à ne pas faire grand-chose. Si c'était le cas, est-ce que cette femme pourrait rester avec toi ?

Participant :
> Non.

Participant :
> Si c'était le cas, alors quoi ?

Gary :
> Alors tu devrais demander : "Est-ce que nous pouvons créer quelque chose de bien ?"

Participant :
> Oui.

Gary :
> Tu peux seulement créer une relation si son désir pour le futur et ta capacité à y aller correspondent. Si tu considères les relations qui n'ont pas marché pour toi dans le passé, est-ce que la femme avait le désir d'un futur pour lequel tu n'avais aucun désir ?

Participant :
> Oui.

Gary :
> C'est pourquoi ces relations n'ont pas marché.
> Tout ceci multiplié par un dieulliard, vas-tu le détruire et le décréer totalement ? Right and Wrong, Good and Bad, POD and POC, All Nine, Shorts, Boys and Beyonds.

Participant :
> Ça explique pourquoi je me suis barré, ou extirpé, ou choisi de ne plus voir une femme. C'est parce que j'étais

conscient du futur. J'en étais conscient, mais pas disposé à le voir et je me suis donné tort pour ça.

Gary :

Si la femme a un futur dans lequel tu dois être un suiveur, vas-tu être doué pour ça ?

Participant :

Non.

Gary :

Non. Tu n'es pas un suiveur. Es-tu disposé à être un leader ?

Participant :

Oui, je le suis.

Gary :

Ou essaies-tu d'éviter le leader que tu pourrais être ?

Participant :

Oui, c'est ça.

Gary :

Tout ceci multiplié par un dieulliard, vas-tu le détruire et le décréer totalement ? Right and Wrong, Good and Bad, POD and POC, All Nine, Shorts, Boys and Beyonds.

Sache que je n'essaie pas de te donner tort. Je veux que tu voies ce qui n'a pas marché dans ta vie, pour que tu puisses créer quelque chose de plus grand. C'est très réel pour moi que vous tous avez la capacité à créer quelque chose que les autres gens n'ont pas la capacité à créer, mais tu t'impliques tellement avec les femmes dans ta vie. Tu continues à penser qu'elles vont choisir quelque chose qui va permettre à tout de fonctionner plus facilement. Est-ce vraiment possible ?

Participant :
Non.

CESSER D'ÊTRE STOPPÉ

Participant :
J'ai contacté mon père aujourd'hui. Ça faisait treize ans que je ne lui avais pas parlé.

Gary :
De quoi étais tu conscient avec ton père, dont tu ne voulais pas être conscient, qui t'empêchait de lui parler ?

Participant :
Je lui ai manqué.

Gary :
C'est sympa, mais ça n'est pas ce dont tu étais conscient.

Participant :
Je pense qu'il est aussi malade.

Gary :
Ça n'est pas ce dont tu étais conscient. Est-ce que ton père était aussi sexuel que tu l'étais ? Ou était-il plus sexuel ?

Participant :
Plus.

Gary :

    Est-ce que ta mère aimait ça ou détestait ça ?

Participant :

    Elle détestait ça.

Gary :

    Aimais-tu ça ou détestais-tu ça ?

Participant :

    J'aimais ça.

Gary :

    Alors voulais-tu devenir comme ton père en grandissant, mais tu y résistait ?

Participant :

    Oui.

Gary :

    Tout ceci multiplié par un dieulliard, vas-tu le détruire et le décréer totalement ? Right and Wrong, Good and Bad, POD and POC, All Nine, Shorts, Boys and Beyonds.

Participant :

    Il s'avère que depuis que je suis né, ma mère m'a résisté et l'a rejeté.

Gary :

    Étais-tu disposé à atténuer ton énergie sexuelle pour t'adapter au besoin de ta mère ?

Participant :
   Absolument.

Gary :
   Combien de ton énergie sexuelle as-tu atténué pour t'adapter aux besoins des autres ? Beaucoup, un peu ou des mégatonnes ?

Participant :
   Le dernier.

Gary :
   Tout ceci multiplié par un dieulliard, vas-tu le détruire et le décréer totalement ? Right and Wrong, Good and Bad, POD and POC, All Nine, Shorts, Boys and Beyonds.

   Combien d'entre vous ont atténué leur énergie sexuelle pour correspondre à quelque chose qui était acceptable pour vos mères, ou pas acceptable pour vos pères, ou trop semblable à vos pères pour être acceptable pour vos mères ? Tout ceci multiplié par un dieulliard, allez-vous le détruire et le décréer totalement ? Right and Wrong, Good and Bad, POD and POC, All Nine, Shorts, Boys and Beyonds.

   Juste parce que tu étais capable d'être aussi sexuel que ton père l'était, ou aussi sexuel que ta mère l'était, ou aussi sexuel qu'ils étaient ensemble - c'est celui-là. Tu n'es pas disposé à être aussi sexuel qu'ils étaient ensemble parce que tu supposes que c'est ce qui t'a créé. Je suis désolé. Ce n'est pas ce qui t'a créé. Tu les as catapultés ensemble pour créer le corps que tu voulais. Ça ne t'a pas créé toi, l'être. Tu es déjà toi, l'être.

   Tout ceci multiplié par un dieulliard, vas-tu le détruire et le décréer totalement ? Right and Wrong, Good and Bad,

POD and POC, All Nine, Shorts, Boys and Beyonds.

Tu résistes à toute l'énergie sexuelle de ta propre vie, pour de ne pas être aussi sexuel que ton père et ta mère n'étaient ensemble, afin de ne pas créer quelqu'un comme toi. C'est cool et bien sûr ça ne requiert aucun jugement de toi, n'est-ce pas ?

Participant :

Oh mon Dieu.

Gary :

Tout ceci multiplié par un dieulliard, vas-tu le détruire et le décréer totalement ? Right and Wrong, Good and Bad, POD and POC, All Nine, Shorts, Boys and Beyonds.

C'est incroyable que vous les gars puissiez marcher, parler et mâcher un chewing gum, sans parler d'avoir une érection.

Participant :

Ça explique aussi la raison pour laquelle je recherche d'autres choses à juger, régler ou combler.

Gary :

Pourquoi ne comprends-tu pas que tu es formidable ? Pourquoi est-ce que voir à quel point tu es formidable t'est insoutenable, inimaginable et déplacé ?

Combien de toi as-tu rendu inapproprié parce que tu étais soucieux d'être aussi sexuel que ton père et ta mère l'étaient ensemble, chose que tu as créée en eux afin de créer ton corps ? N'es-tu pas disposé à créer quelqu'un d'aussi superbe que toi et à leur donner un corps égal à ce que tu as eu ? Ça serait un *oui*.

Tout ceci multiplié par un dieulliard, vas-tu le détruire et le décréer totalement ? Right and Wrong, Good and Bad, POD and POC, All Nine, Shorts, Boys and Beyonds.

Participant :

Ça invaliderait tous les autres.

Gary :

Est-ce que ça invaliderait tous les autres ou est-ce que ça inspirerait tout le monde ?

Participant :

Oui, ça inspirerait.

Gary :

Combien d'entre vous refusent d'inspirer les autres de façon dynamique afin de pouvoir vous évaporer et ne plus exister ? Tout ceci multiplié par un dieulliard, allez-vous le détruire et le décréer totalement ? Right and Wrong, Good and Bad, POD and POC, All Nine, Shorts, Boys and Beyonds.

Participant :

C'est là où nous érigeons toutes ces inventions et standards et tout ce que nous pouvons inventer pour nous enfermer dans une boîte.

Gary :

Eh bien, est-ce que quelque chose là-dedans t'appartient ?

Participant :

Non.

Gary :

Quelle création de ta sexualité refuses-tu, que tu pourrais véritablement choisir, que si tu la choisissais créerait un univers totalement différent pour toi ? Tout ceci multiplié par un dieulliard, vas-tu le détruire et le décréer totalement ? Right and Wrong, Good and Bad, POD and POC, All Nine, Shorts, Boys and Beyonds.

Participant :

Oh, dieu du ciel. Tu plaisantes ?

Gary :

Quelle création de ta sexualité refuses-tu, que si tu ne la refusais pas te permettrait vraiment d'être tout ce que tu es ? Tout ceci multiplié par un dieulliard, vas-tu le détruire et le décréer totalement ? Right and Wrong, Good and Bad, POD and POC, All Nine, Shorts, Boys and Beyonds.

Vous les gars, vous faites beaucoup pour refuser votre propre énergie sexuelle.

Quelle énergie sexuelle de toi refuses-tu afin de créer les limites que tu choisis ? Tout ceci multiplié par un dieulliard, vas-tu le détruire et le décréer totalement ? Right and Wrong, Good and Bad, POD and POC, All Nine, Shorts, Boys and Beyonds.

Participant :

J'ai toujours refusé mon énergie sexuelle.

Gary :

Pourquoi ? Parce que personne ne pouvait la recevoir ? Ou parce que si tu étais cette énergie, tu devais être quelque chose que tu ne pensais pas être capable d'être ?

Participant :
   Oh, merde.

Participant :
   Quand je t'écoute parler de ça, le mot qui me vient à l'esprit est inimaginable. C'est inimaginable de franchir le pas vers autant de sexualness.

Gary :
   Veux-tu dire se sortir d'être interrompu ?

Participant :
   Oui.

Gary :
   Tout ceci multiplié par un dieulliard, vas-tu le détruire et le décréer totalement ? Right and Wrong, Good and Bad, POD and POC, All Nine, Shorts, Boys and Beyonds.

Participant :
   J'en suis arrivé à un point où mon corps n'était pas disposé à ce que je fasse ça. J'ai eu une poussée d'urticaire.

Gary :
   Est-ce que ton corps n'était vraiment pas disposé à ce que tu fasses ça ? Ou savais-tu que ton corps devait changer si tu étais disposé à le faire ? Et est-ce que ton corps savait que si tu étais disposé à le choisir, il devrait changer ?

Participant :
   Oui.

Gary :

Tout ceci multiplié par un dieulliard, vas-tu le détruire et le décréer totalement ? Right and Wrong, Good and Bad, POD and POC, All Nine, Shorts, Boys and Beyonds.

Gary :

Il te disait : «Ok, c'est un premier avertissement. Si tu continues comme ça, tu vas changer encore plus.»

Participant :

C'est intéressant, parce que l'urticaire s'est toujours déclarée quand j'étais sur le point de choisir autre chose. Ensuite je me donnais tort. Je partais dans : «Qu'est-ce que j'ai mal fait ? Je dois faire quelque chose de travers.»

Gary :

Donc tu aimes te donner tort ?

Participant :

Eh bien, je suis doué pour ça.

Gary :

Si tu le fais, la réponse est *oui*. Et tu détruis sûrement ta vie.

Participant :

Oui. Je le sais. Chaque fois que je vais dans cet espace de tort, c'est clair que ça ne crée rien.

Gary :

C'est parce que tu ne voudrais vraiment rien créer, n'est-ce pas ?

Participant :

C'était intéressant pour moi d'être chez moi, seul, pendant que ma partenaire était en déplacement pendant deux semaines. J'ai reconnu l'énergie de destruction quand elle est apparue.

L'ÉNERGIE DE LIMITATION

Gary :

Est-ce que c'est vraiment l'énergie de destruction ou l'énergie de limitation ?

Participant :

Ok. Celle-là.

Gary :

Pourquoi est-ce que la limitation est plus importante pour toi que la possibilité ?

Participant :

Eh bien…

Gary :

Devrais-tu aller au-delà des limites de ce que tu as décidé être la réalité que tu es disposé à avoir ?

Participant :

Oui.

Gary :

Es-tu prêt à faire ça ?

Participant :
J'obtiens un non.

Gary :
Pourquoi ne serais-tu pas disposé à aller au-delà des limitations de ce que tu es disposé à avoir ? Es-tu disposé à vivre dans les limitations qui te sont actuellement familières ? Ou es-tu disposé à aller au-delà de ce que cette énergie peut supporter ?

Participant :
Je suis disposé à aller au-delà.

Gary :
C'est une exigence que tu dois avoir par rapport à toi-même : « Ok, peu importe ce que ça requiert, je vais au-delà de chaque limitation ici. Je ne vais pas vivre ma vie à partir de ce point de vue limité. Ça ne fonctionne pas pour moi. Et peu importe pour qui ça marche, ça ne marche pas pour moi. »

Participant :
Oui.

Gary :
Et si ça ne concernait pas le fait que ça marche pour quelqu'un d'autre ? Et si ça concernait toujours ce qui fonctionne pour toi ?

Participant :
Oui. J'aime ça.

Gary :

Combien de ta vie as-tu passée à faire ce qui fonctionne pour une femme parce que c'est plus facile que ce qui fonctionne pour toi ?

Participant :

La totalité.

Gary :

C'est là où tu as été un homme au lieu d'être un gentleman.

Participant :

Précisément.

Participant :

Gary, que penses-tu de ce déblayage que j'ai créé ? Est-ce qu'on peut l'améliorer ? Dans ta conscience, est-ce efficace ?

Quelle énergie, espace et conscience est-ce que mon corps et moi pouvons être pour recevoir les énergies féminines sexuelles et enrichissantes qui sont compatibles au niveau vibratoire pour moi ?

Gary :

Eh bien, je dirais qu'il y a juste une limite dedans.

Quelle énergie, espace et conscience est-ce que mon corps et moi pouvons être pour recevoir l'énergie sexuelle et enrichissante qui est compatible au niveau vibratoire pour moi et mon corps en totalité ?

Ce n'est peut-être pas juste les énergies féminines qui sont enrichissantes sexuellement pour toi. Et s'il y avait aussi des énergies masculines qui pouvaient t'apporter une contribution dynamique ? Serais-tu disposé à recevoir ça ?

Il y a des hommes, qui en étant ton ami, peuvent te donner plus que les femmes ne le peuvent. Si tu en fais une question d'énergie *féminine*, tu as défini les limitations de ce que tu es disposé à avoir comme réalité. Et y-a-t-il vraiment de l'énergie féminine ? Ou y-a-t-il l'énergie des gens qui ont choisi un corps féminin ? C'est la seule différence que je ferais dans le déblayage.

Participant :

Merci pour ces appels, Gary. Ils sont géniaux.

Participant :

Merci, merci, merci.

Gary :

Merci, messieurs, de participer à ces téléclasses. J'espère qu'elles peuvent changer le futur, de façon à ce qu'il y ait plus de liberté pour les hommes et les femmes.

Participant :

Merci Gary. Tu es merveilleux.

Gary :

Merci d'être les hommes formidables que vous êtes.

9
Que veux-tu réellement dans une relation ?

Si tu as une relation, ça devrait être quelque chose qui ajoute à ta vie et qui la rende plus grande, meilleure et plus ludique. Si une relation ne t'apporte pas ça, pourquoi en avoir une ?

Gary :
    Bonjour, messieurs. Commençons avec une question.

LA PERFECTION DES FEMMES

Participant :
    Dans la dernière téléclasse, tu disais qu'un gentleman est disposé à reconnaître ce qu'une femme nécessite et requiert, et qu'il est disposé à le donner. Je me demandais quelle en était la valeur. Ça ne semble pas être positif pour l'homme. Mon ex-copine utilisait ce truc du gentleman contre moi. Elle disait des choses comme : «Tu devrais faire ceci - sinon tu n'es pas un gentleman.» Et de son point de vue, ne pas être un gentleman était un tort.

Gary :

Non. De *ton* point de vue, c'était un tort, c'est pourquoi tu étais disposé à ce qu'elle dise : «Tu dois faire ceci» et tu le faisais. Les femmes vont t'utiliser pour obtenir ce qu'elles veulent.

Si une femme te dit : «Si tu étais un gentleman, tu ferais ceci,» ça veut dire qu'elle veut te contrôler. Es-tu disposé à être contrôlé ? Oui, jusqu'à un certain point, mais pas totalement. Nous avons récemment trouvé un nouveau processus qui est du tonnerre. Je vais l'activer sur vous tous :

Quelle batardisation de la perfection des femmes choisis-tu d'utiliser pour créer les jugements, les limitations et les invitations aux démons, sirènes et sylphes de l'anti-conscience et de l'inconscience ? Tout ceci multiplié par un dieulliard, vas-tu le détruire et le décréer totalement ? Right and Wrong, Good and Bad, POD and POC, All Nine, Shorts, Boys and Beyonds.

Il y a une perfection dans les femmes, mais ça ne concerne pas les choses qui les rendent parfaites à notre avis. Ce qui rend une femme meilleure qu'un homme, est le fait qu'elle n'a pas besoin d'arriver à une conclusion. Elle ne doit pas fixer quoique ce soit. Elle choisit plus qu'un homme le fait. Une partie de la perfection des femmes est qu'elles peuvent changer d'avis - et les hommes doivent l'accepter. Tu dois être capable de voir ceci, autrement tu te rends malheureux.

Quand tu crées les femmes comme parfaites, tu invites les démons, les sirènes et les sylphes. Les *sirènes* sont des femmes qui vont appeler un homme vers sa mort. Les *sylphes* sont des êtres ressemblant à des spectres qui passent et disparaissent mais ne font pas vraiment partie de la vie.

Nous nous empêchons d'avoir conscience de ce qu'une femme va requérir et désirer de nous et ensuite nous essayons de contrôler les désirs et exigences qu'elle revendique. Les désirs et exigences qu'*elle revendique* et ceux qu'elle *a véritablement* sont deux choses distinctes.

Quelle batardisation de la perfection des femmes choisis-tu d'utiliser pour créer les jugements, les limitations et les invitations aux démons, sirènes et sylphes de l'anti-conscience et de l'inconscience ? Tout ceci multiplié par un dieulliard, vas-tu le détruire et le décréer totalement ? Right and Wrong, Good and Bad, POD and POC, All Nine, Shorts, Boys and Beyonds.

Ok, passons à la question suivante.

Participant :

En tant que gentleman, comment gères-tu les garces exigeantes ?

Gary :

Tu les traites de garces exigeantes ! Une femme qui est véritablement une femme, va se battre pour créer un futur qui n'a pas existé sur la planète Terre. C'est ce qu'une vraie femme fera. Elle ne va pas essayer de te faire satisfaire tous ses désirs, tous ses espoirs et toutes ses exigences. Tu crois trop à ces comédies romantiques, ces films à l'eau de rose que tu as été obligé de regarder. En tant que gentleman, comment gères-tu les garces exigeantes ? Tu les traites de garces exigeantes.

PORNOGRAPHIE

Participant :

Peux-tu faire des déblayages sur la pornographie ? Même si je sais que ce n'est pas réel et que ce qu'ils font n'est pas enrichissant pour les corps, je trouve l'excitation de la pornographie plus excitante que le monde réel.

Gary :

Oui, et pourquoi est-ce que ça serait une surprise ? Si tu fonctionnes à partir des illusions de la pornographie, tu n'as pas besoin d'inclure quelqu'un d'autre dans ton monde. Tu n'as pas besoin d'avoir une personne réelle dans ta vie.

Participant :

En général, je trouve que les filles dans la pornographie sont plus jolies et qu'il y a plus de variété. J'aimerais déblayer ça et être plus présent avec les filles dans le monde réel.

Gary :

Eh bien, tu n'es pas obligé d'avoir ça si tu ne le préfères pas. Si tu préfères avoir des femmes dans ta vie qui ressemblent aux femmes de la pornographie, tu dois être disposé à te contenter de ce genre de femme. Il semblerait que tu aies essayé de transformer des filles bien en mauvaises filles et que tu choisisses des filles qui sont mignonnes mais pas trop quand même, afin qu'elles ne te quittent pas. En même temps, tu n'es pas disposé à avoir les salopes et les putes qui te donneront tout ce que tu veux sexuellement.

Tout ce que ça a fait apparaître multiplié par un dieulliard, vas-tu le détruire et le décréer totalement ? Right and

Wrong, Good and Bad, POD and POC, All Nine, Shorts, Boys and Beyonds.

LES SORTILÈGES QUE NOUS CRÉONS

Dain et moi avons animé une émission radio ce soir où nous avons parlé des sortilèges que nous créons. Nous créons ces sortilèges dans notre vie en répétant sans cesse quelque chose comme si c'était vrai. Tu jettes ton propre sort sur les choses. "Je veux une fille comme ça,» est un sort que tu jettes. Tu ne peux pas avoir une fille qui est comme une star du porno, à moins d'aller là où ils tournent des films pornos et de trouver une fille qui est une star du porno. Et tu supposes des choses la concernant, qui n'ont rien à voir avec la réalité.

Combien de sortilèges utilises-tu pour créer la nécessité et l'amour du porno que tu choisis ? Tout ceci multiplié par un dieulliard, vas-tu le détruire et le décréer totalement ? Right and Wrong, Good and Bad, POD and POC, All Nine, Shorts, Boys and Beyonds.

Chaque fois que tu dis : «Mon pénis est trop petit, «tu jettes un sort, afin qu'il ne soit jamais vu comme plus gros. Et tu ne peux jamais le rendre plus gros.

Participant :

Et la perfection de la femme serait aussi un sortilège, c'est ça ?

Gary :

Oui, tu as essayé de voir les femmes comme parfaites toute ta vie. Tu les as vues comme étant mieux que toi, ou procurant plus que toi, ou autre chose.

Un sortilège se produit quand tu adoptes un point de vue fixe qui crée un schéma de rétention dans le corps. En plus du point de vue fixe que tu as du corps, il y a aussi une situation où tu te répètes des choses. Tu crées un sortilège chaque fois que tu te dis : «Je ne peux pas.» Ou «Je ne vais pas.» Ou «Ma vie est pourrie.» Ou «Tu as tort» ou ce genre de choses.

Combien de fois est-ce qu'une femme t'a dit que tu avais tort ? Elle t'a jeté un sort.

Tous les sorts que les femmes ont jeté sur toi pour te prouver que tu avais tort, que tu ne le fais pas correctement et que tu as besoin d'être différent pour elles, vas-tu les détruire et les décréer totalement ? Right and Wrong, Good and Bad, POD and POC, All Nine, Shorts, Boys and Beyonds.

Tu n'as pas besoin d'être différent pour une femme. Tu as besoin d'être ce qui fonctionne pour toi.

Participant :

Est-ce que c'est ce que j'ai fait ? Essayer de me voir à travers les yeux d'une femme ?

Gary :

Oui. Est-ce qu'on t'a jeté un sort pour que tu ne puisses être vu qu'à travers les yeux d'une femme ?

Participant :

Oui.

Gary :

Tout ce que tu as fait pour te rendre visible seulement à travers les yeux d'une femme et bien sûr, combien de fois est-ce qu'une femme te laisse prendre place dans sa vie et te voit à travers ses yeux ? Jamais. Tout ceci multiplié par un dieulliard, vas-tu le détruire et le décréer totalement ? Right and Wrong, Good and Bad, POD and POC, All Nine, Shorts, Boys and Beyonds.

Participant :

J'étais dans le séminaire où tu as utilisé ce processus pour la première fois et j'ai perçu la façon dont l'énergie a changé dans tout le groupe, autant les hommes que les femmes, après ce processus.

Ça semble être un processus pour les hommes mais ça semblait alléger l'univers des femmes presque plus que celui des hommes. Peux-tu parler de ça ?

Gary :

Si tu projettes sur les femmes qu'elles sont parfaites, c'est le sort que tu leur jettes, alors elles doivent être en jugement d'elles-mêmes pour essayer de se rendre parfaites.

Participant :

Merci.

Gary :

De rien. Quand tu essaies de rendre les femmes parfaites ou que tu essaies d'être parfait pour les femmes, tu n'as pas la liberté de choisir.

Quelle batardisation de la perfection des femmes choisis-tu d'utiliser pour créer les jugements, les limitations et les invitations aux démons, sirènes et sylphes de l'anti-conscience et de l'inconscience ? Tout ceci multiplié par un dieulliard, vas-tu le détruire et le décréer totalement ? Right and Wrong, Good and Bad, POD and POC, All Nine, Shorts, Boys and Beyonds.

Si tu projettes sans arrêt : «Cette femme va être parfaite pour moi» tu lui jettes un sort, pour qu'elle soit parfaite pour toi. Les projections sont la façon dont les sorts sont jetés. Est-ce que ça lui donne la liberté d'être elle ? Est-ce que ça te donne la liberté d'être toi ?

Combien de sorts utilises-tu pour créer le piège que tu as choisi ? Tout ceci multiplié par un dieulliard, vas-tu le détruire et le décréer totalement ? Right and Wrong, Good and Bad, POD and POC, All Nine, Shorts, Boys and Beyonds.

"JE NE PEUX PAS M'EMPÊCHER DE PENSER À ELLE"

Participant :

J'ai récemment rencontré une femme et je ressens comme un sortilège jeté sur moi. Je ne peux pas m'empêcher de penser à elle. Que se passe-t-il ?

Gary :

Eh bien, combien de sorts as-tu qui te maintiennent en transe avec cette femme ? Tout ceci multiplié par un dieulliard, vas-tu le détruire et le décréer totalement ? Right and Wrong, Good and Bad, POD and POC, All Nine, Shorts, Boys and Beyonds.

Et tu n'as aucune conscience, donc tu ne sais jamais quand elle pense à toi, correct ?

Participant :

Exactement, ce qui est bizarre, parce qu'elle a coupé toute communication et pourtant l'attrait est toujours là.

Gary :

Pourquoi a-t-elle coupé toute communication ?

Participant :

Je me suis tellement embrouillé le cerveau avec ça. Je n'ai pas de réponse pour toi.

Gary :

Oui, tu en as une. Qu'est-ce que tu ne veux pas savoir concernant son choix qui, si tu le savais, te libérerait ?

Participant :

Elle m'a dit qu'elle ne veut pas être blessée.

Gary :

Oui, ce qui veut dire qu'elle veut te blesser.

Participant :

Oui. Elle fait ça en ce moment.

Gary :

Tout ceci multiplié par un dieulliard, vas-tu le détruire et le décréer totalement ? Right and Wrong, Good and Bad, POD and POC, All Nine, Shorts, Boys and Beyonds.

Participant :

Que signifie le fait que les gens disent qu'ils ne veulent pas avoir une relation parce qu'ils ont peur d'être blessés ? Est-ce que c'est une tentative de contrôle ?

Gary :

C'est simplement de la manipulation. Les femmes essaient de contrôler les hommes. Pourquoi ? Parce que tu es censé être le gars qui va partir et leur faire quelque chose. Ont-elles des projections et des attentes sur toi ?

Participant :

Oui.

Gary :

Combien de ces projections et de ces attentes te créent comme ayant tort ?

Participant :

La plupart.

Gary :

Tout ceci multiplié par un dieulliard, vas-tu le détruire et le décréer totalement ? Right and Wrong, Good and Bad, POD and POC, All Nine, Shorts, Boys and Beyonds.

Participant :

Comment puis-je utiliser ce genre de choses à mon avantage ? Comment est-ce que je peux changer ça ? Et est-ce que je peux changer ça ?

Gary :

Veux-tu être avec quelqu'un qui te découperait volontiers comme ça en petits morceaux ?

Participant :

C'est une bonne question. Je veux dire *non*, mais là, véritablement, c'est un *oui*. Mais pour quelle raison est-ce que je veux être avec elle ?

Gary :

Je ne sais pas. Peut-être parce que tu es simplement une espèce d'idiot.

Participant :

Oui, je pige ça. Totalement, oui.

Gary :

Quelle stupidité utilises-tu pour créer les femmes que tu choisis ? Tout ceci multiplié par un dieulliard, vas-tu le détruire et le décréer totalement ? Right and Wrong, Good and Bad, POD and POC, All Nine, Shorts, Boys and Beyonds.

"JE L'AI DEMANDÉ"

Participant :

Ce qui me bloque c'est qu'à chaque fois que mon corps est avec elle, c'est vraiment *waouh*. C'est enrichissant et je me sens dorloté. J'ai fait cette demande.

Gary :

Quelle stupidité utilises-tu pour créer les femmes que tu choisis ? Tout ceci multiplié par un dieulliard, vas-tu le détruire et le décréer totalement ? Right and Wrong, Good and Bad, POD and POC, All Nine, Shorts, Boys and Beyonds.

Quelle stupidité utilises-tu pour créer les femmes blessantes que tu choisis, où tu les blesses ou elles te blessent ? Tout ceci multiplié par un dieulliard, vas-tu le détruire et le décréer totalement ? Right and Wrong, Good and Bad, POD and POC, All Nine, Shorts, Boys and Beyonds.

Le sexe était donc enrichissant et bienveillant ?

Participant :

Oui, complétement.

Gary :

Et tu l'avais demandé ?

Participant :

Oui, c'est ça.

Gary :

Qu'est-ce qu'elle a demandé qu'elle ne t'ait pas dit ?

Participant :

Là j'ai un trou.

Gary :

Oui, je sais. C'est ce que tu fais pour ne pas savoir.

Combien d'énergie utilises-tu pour créer le trou noir que tu choisis ? Tout ceci multiplié par un dieulliard, vas-

tu le détruire et le décréer totalement ? Right and Wrong, Good and Bad, POD and POC, All Nine, Shorts, Boys and Beyonds.

Qu'est-ce qu'elle a demandé de toi qu'elle ne t'ait pas dit ? Que savais-tu qu'elle voulait ?

Participant :
Elle veut un homme qui s'occupe d'elle et de son gosse.

AS-TU ASSEZ D'ARGENT POUR ELLE ?

Gary :
Oui. As-tu assez d'argent pour elle ?

Participant :
Pas dans ces dix secondes, non.

Gary :
Pas étonnant qu'elle se soit débarrassée de toi.
Tout ceci multiplié par un dieulliard, vas-tu le détruire et le décréer totalement ? Right and Wrong, Good and Bad, POD and POC, All Nine, Shorts, Boys and Beyonds.
Messieurs, vous voulez arriver au stade où vous avez assez d'argent, parce que quand vous avez l'argent, vous avez le pouvoir. Une femme va toujours respecter que vous avez l'argent. Il serait recommandé d'abandonner le sortilège et les malédictions que vous avez qui vous empêchent d'avoir de l'argent.
Tous les sortilèges et malédictions que tu as qui t'empêchent d'avoir de l'argent, vas-tu maintenant les

révoquer, rétracter, abroger, récupérer, renoncer, dénoncer, détruire et décréer et les retourner tous à l'envoyeur ? Right and Wrong, Good and Bad, POD and POC, All Nine, Shorts, Boys and Beyonds.

Participant :

Waouh. Ça ouvre un univers totalement nouveau.

Gary :

Combien d'argent devrais-tu obtenir pour que les choses aillent dans la direction que tu désires ? Plus d'un million ou moins d'un million ?

Participant :

Probablement plus d'un million.

Gary :

Combien d'énergie as-tu utilisé pour ne jamais avoir plus d'un million afin que tu ne puisses pas avoir ce que tu aimerais vraiment avoir ?

Participant :

Des putains de tonnes.

Gary :

Tout ceci multiplié par un dieulliard, vas-tu le détruire et le décréer totalement ? Right and Wrong, Good and Bad, POD and POC, All Nine, Shorts, Boys and Beyonds.

Participant :

Cette conversation ne va pas dans la direction que je veux.

Gary :

Bienvenue dans le monde des hommes. Rien ne va jamais où tu veux que ça aille.

Participant :

Oui, je suis frustré, contrarié et en colère. Je veux que ça aille dans la direction que je veux. Quelle est cette frustration quand quelque chose ne va pas comme tu veux ? Est-ce juste de la stupidité aveugle ?

Gary :

Tu es un petit garçon irascible. Quand tu faisais une crise à ta maman quand tu étais gosse, est-ce que tu obtenais ce que tu voulais ?

Participant :

Oui.

Gary :

Oui, ben, ce n'est pas une relation avec ta maman.

Participant :

Alors qu'est-ce que je peux faire ?

LE SEXE AMOUREUX QUE TU AIMERAIS AVOIR

Gary :

Ça n'a rien à voir avec le fait d'obtenir ce que tu veux d'une femme. Ça concerne ce que tu dois être, faire, avoir, créer et générer pour avoir ce que tu aimerais.

Qu'est-ce que tu dois être, faire, avoir, créer ou générer pour obtenir le sexe amoureux, enrichissant que tu aimerais avoir ? Tout ce qui ne permet pas à ceci d'apparaître multiplié par un dieulliard, vas-tu le détruire et le décréer totalement ? Right and Wrong, Good and Bad, POD and POC, All Nine, Shorts, Boys and Beyonds.

Participant :

Je ne t'ai jamais entendu dire "sexe amoureux" avant. Qu'est-ce que c'est ?

Gary :

Je ne l'ai pas dit avant parce que pour la plupart d'entre vous, cette idée serait tellement putain d'étrange, vous préféreriez mourir plutôt que de le choisir. Pour l'avoir, il faudrait que tu sois prêt à recevoir totalement.

Participant :

Quand tu as activé ce processus, j'avais beaucoup d'espace. C'était "Ok, qui devrais-je être ?" C'est juste *moi*. Je peux créer et choisir tout ce que j'aime afin d'obtenir ce que je désire et je peux vraiment recevoir ce que j'aimerais avoir.

Gary :

Tu peux l'avoir à nouveau. Tu supposes que tu ne pourrais pas. Tu supposes aussi que tu ne vas pouvoir l'obtenir que d'elle. Combien de femmes créent ça comme réalité – que tu ne vas jamais l'obtenir de quelqu'un d'autre ?

Participant :

Nom de dieu, oui.

Gary :

Tout ceci multiplié par un dieulliard, vas-tu le détruire et le décréer totalement ? Right and Wrong, Good and Bad, POD and POC, All Nine, Shorts, Boys and Beyonds.

Participant :

Est-ce que c'est comme une potion d'amour ou un sortilège amoureux qu'elles créent ou que j'adopte ?

Gary :

C'en est un que tu crées sur toi-même. C'est le sortilège de : "Je ne l'aurai jamais plus. C'était si bon cette fois, ce n'est pas possible que je puisse l'avoir encore." Tu t'es complétement enroulé avec : "Il n'y en aura pas d'autre."

Combien d'entre vous, les gars, avez décidé qu'il n'y en aura pas une autre aussi douée que celle que vous venez d'avoir ? Tout ceci multiplié par un dieulliard, allez-vous le détruire et le décréer totalement ? Right and Wrong, Good and Bad, POD and POC, All Nine, Shorts, Boys and Beyonds.

Participant :

Quand je suis aussi vulnérable, je ressens une telle tristesse. J'ai évité cette situation depuis si longtemps. Quand je franchis le pas, c'est *bleh*.

Gary :

Vraiment ? Pourquoi est-ce triste ? Tu as franchi le pas vers quelque chose que tu as toujours désiré et maintenant tu es triste ? Est-ce qu'elle devait choisir ce qu'elle a choisi ?

Participant :

Non.

Gary :

Pourquoi a-t-elle choisi ça ? Est-il possible qu'elle se soit sentie trop proche de toi et que ce soit putain d'effrayant pour elle ?

Participant :
Oui.

POURQUOI LES FEMMES VEULENT S'ENFUIR

Gary :

Quand tu es véritablement vulnérable et que tu es réellement présent et que tu apprécies vraiment le sexe, c'est en général tellement intimidant pour les femmes qu'elles veulent s'enfuir.

Participant :

Oh mon Dieu.

Gary :

Si tu es à ce niveau de vulnérabilité avec les femmes, ça leur fout la trouille. Elles n'ont pas de contrôle sur toi.

Tout ceci multiplié par un dieulliard, vas-tu le détruire et le décréer totalement ? Right and Wrong, Good and Bad, POD and POC, All Nine, Shorts, Boys and Beyonds.

Un jour, je suis sorti avec une femme et nous avons eu la meilleure relation sexuelle que je n'aie jamais eue dans ma vie. C'était juste merveilleux. Ce n'était pas une belle femme. Elle était intelligente, elle était drôle, elle était légère, elle était désinvolte, elle adorait le sexe et elle était vraiment douée pour ça.

Je lui ai demandé : "Pouvons-nous nous revoir ?"
Elle a dit : "Non."
J'ai dit : "Quoi ? Pourquoi pas ?"
Elle a dit : "Tu es trop beau. Tu vas me faire du mal. Tu vas me quitter." Alors elle a dû partir.

Participant :

Une femme m'a fait un massage l'autre jour et j'étais totalement disposé à recevoir le massage venant d'elle. Le jour suivant elle a dit : "C'était tellement cool que tu sois prêt à recevoir. C'est ce que toutes les femmes veulent – que les hommes reçoivent." Est-ce en fait vrai ?

Gary :

Jusqu'à un certain point, mais pas complétement. Quand elles ont un homme qui reçoit comme ça, elles ont tendance à s'enfuir.

Donc tu dois te contenter du système 1-2-3. La première fois c'est pour le plaisir. La seconde fois tu es dans une relation. La troisième fois tu vas te marier. Tu dois comprendre ce qui va vraiment se passer, pas essayer de le créer de la façon dont tu penses que ça devrait se passer.

Quelle stupidité utilises-tu pour créer les illusions et les délires à propos des femmes que tu choisis ? Tout ceci multiplié par un dieulliard, vas-tu le détruire et le décréer totalement ? Right and Wrong, Good and Bad, POD and POC, All Nine, Shorts, Boys and Beyonds.

"JE NE DEVRAIS PAS LA QUITTER"

Participant :

Je suis resté dans ma dernière relation au moins un an de plus que je n'aurais dû. Dans la dernière année de la relation, ce n'était pas marrant du tout. Je voulais partir mais je ne savais pas comment. Je prétendais que tout allait bien quand j'étais avec elle. Être dans une relation semble être si difficile.

Gary :

C'est : "Ça ne fonctionne pas pour moi. À plus tard." Voilà vraiment à quel point c'est difficile.

Participant :

J'avais sans arrêt cette pensée : "Elle ne fait rien de mal. Je ne devrais pas la quitter," comme si le seul moyen pour moi de mettre fin à une relation est si ma partenaire faisait quelque chose de mal ou de mauvais.

Gary :

C'est ce que la plupart d'entre nous pensons. Ça fait partie de l'illusion et du délire de tout ça.

Participant :

Chaque fois que je pensais que je devais partir, j'avais cette pensée : "Si je la quitte juste comme ça, elle va être blessée et je serai celui qui a tous les torts." Je ne voulais pas être jugé de cette façon. A cause de ça, je n'étais pas disposé à m'embarquer dans une autre relation. J'ai peur que quelque chose de semblable se produise à nouveau et que je ne sache pas comment le gérer. Ça serait toujours la même histoire avec une fille différente. Je vois que mes amis ont le même problème. Ils restent avec des relations malheureuses et n'ont pas le courage de les terminer.

Gary :

Ça s'appelle : "Sois un vrai mec." Tu dois prendre le taureau par les cornes et terminer la relation. Si ça ne marche pas, ça ne marche pas. Ce n'est pas qu'il y a quelque chose qui cloche avec la relation ou que la personne fait quelque chose de mal. Tu dois reconnaître ce qui se passe vraiment à ce moment-là et reconnaître si ça fonctionne pour toi. J'ai continué la relation avec mon ex-femme pendant longtemps parce que je me disais : "Il n'y a rien qui cloche vraiment ici."

Un jour, je me suis posé la question : "Qu'est-ce qui devrait changer pour que cette relation marche pour moi ?" Je me suis assis pour écrire les huit choses qui devraient changer pour que ça marche pour moi. Une fois arrivé au numéro huit et après avoir parcouru la liste, je me suis rendu compte que six des choses que j'avais écrites nécessitaient que le léopard change ses taches- et tu ne peux pas faire changer un léopard de pelage.

Six sur huit signifiait que ce n'était pas une relation qui pouvait élargir ma réalité ou ma vie et si tu n'as pas une relation qui contribue à élargir ta vie, c'est de peu ou d'aucun intérêt. Je sais que la majorité d'entre vous pensez que si votre pénis s'élargit, alors tout va bien, parce que tout le sang a quitté votre tête et vous n'avez plus aucune conscience.

Participant :

C'est tellement vrai.

Gary :

Quelle stupidité utilises-tu pour créer les illusions et les délires à propos des femmes que tu choisis ? Tout ceci multiplié par un dieulliard, vas-tu le détruire et le décréer totalement ? Right and Wrong, Good and Bad, POD and POC, All Nine, Shorts, Boys and Beyonds.

Qui sait ce que les femmes requièrent et désirent réellement ? Est-ce qu'elles désirent véritablement autant de vulnérabilité et d'intimité dans une relation ? Non, ça induit de la peur. Est-ce qu'un homme désire autant d'intimité dans une relation ? Non, ça induit de la peur. Alors devinez pourquoi les relations craignent autant ? Quatre-vingt-dix pour cent d'entre elles fonctionnent à partir de la peur. Elles n'ont rien à voir avec le fait de rendre de votre vie plus expansive ou de rendre meilleur quoique ce soit.

Participant :

Gary, tu m'as souvent demandé si je désirais avoir une relation et je t'ai toujours donné la réponse Access "non", quand en fait je me suis rendu compte que c'est quelque chose que j'aimerais avoir, mais pas de cette manière glauque.

Gary :

Alors, pourquoi ne dis-tu pas simplement ce qui est vrai ? "Oui, mais je ne veux pas une relation normale." Les gars, vous devez vous sortir de la tête que j'ai une perspective fixe à propos des relations. Je n'en ai pas. Le seul point de vue fixe que j'ai, est : "Pourquoi être dans une relation merdique ?"

Parfois les gens me disent : "Tu n'aimes pas les relations." Non. C'est que je n'aime pas les mauvaises relations. Je ne vois aucune raison pour qu'il y ait jamais une mauvaise relation. Si tu as une relation, ça devrait être quelque chose qui ajoute à ta vie et la rende plus grande, meilleure et plus drôle. Si une relation ne contribue pas à ça, pourquoi en avoir une ?

Si tu veux une relation, sois clair sur ce que tu veux comme relation et ce que tu veux dans la relation. Si ce que tu veux est du sexe attentionné, tendre, enrichissant et une relation qui élargit ta vie, alors demande à ce que ça vienne dans ta vie.

Participant :

Gary, juste pour valider tes propos, je n'aurais jamais été dans la relation que j'ai maintenant, si ce n'est grâce à toi.

Gary :

Est-ce que c'est plus agréable pour toi que les autres relations que tu as eues ?

Participant :

Oui, et ça ne ressemble à rien de ce que j'ai jamais imaginé.

Gary :

Et à quelle partie de toi dois-tu renoncer afin de l'avoir ?

Participant :

Aucune.

RENONCER À TOI-MÊME

Gary :

C'est ce que vous devez demander, les gars – une relation où vous ne devez renoncer à aucune partie de vous-même et ou vous avez l'intégralité de ce que vous êtes, peu importe la situation. Les femmes pensent qu'elles doivent vous demander de renoncer à vous-mêmes, mais si vous vous abandonnez, elles veulent se débarrasser de vous.

Tout ceci multiplié par un dieulliard, vas-tu le détruire et le décréer totalement ? Right and Wrong, Good and Bad, POD and POC, All Nine, Shorts, Boys and Beyonds.

Participant :

Je commence à abandonner le fait de renoncer à moi-même.

Gary :

Enfin nous parvenons à quelque chose ! Tu remarques qu'il y a plus de femmes qui te trouvent attirant ?

Participant :

Oh, Oui.

Gary :

Est-ce que ta partenaire te désire plus maintenant qu'elle ne l'a fait jusqu'à maintenant ?

Participant :

Oui. Pendant des années, j'avais quelqu'un d'autre qui gérait mon univers, s'agissant de qui était admis dans mon univers et qui ne l'était pas.

Gary :

Donc, tu avais renoncé à ton choix afin d'être dans une relation ?

Participant :

Oui.

Gary :

Combien d'entre vous ont renoncé à votre choix de qui vous pouviez avoir dans votre vie basé sur votre relation ? Tout ceci multiplié par un dieulliard, allez-vous le détruire et le décréer totalement ? Right and Wrong, Good and Bad, POD and POC, All Nine, Shorts, Boys and Beyonds.

Un jour je parlais avec Dain et je lui ai demandé : "Comment se fait-il que tu as arrêté de courir et de faire toutes les choses que tu aimes ?"

Il m'a dit : "Parce que tu n'aimes pas faire ces choses."

Je lui ai demandé : "Quand avons-nous donc commencé une relation ?". Je ne savais pas que nous avions une relation parce que la relation ne devrait pas ressembler à ça. C'était comme ça quand j'étais marié ; il y avait des gens que je n'avais pas le droit d'inviter chez moi. Dain et moi permettons à l'autre d'inviter quiconque à la maison. Si nous ne voulons pas côtoyer cette personne, nous allons dans une autre pièce et leur donnons l'espace pour avoir ce qu'ils veulent. Cessez de renoncer à vous-mêmes, parce que ce qu'une femme veut, requiert et désire vraiment d'un homme, est qu'il *ne renonce pas à lui-même*. Elle veut un homme qui est disposé à être tout ce qu'il est, plutôt que juste une partie de ce qu'il est.

Tout ceci multiplié par un dieulliard, vas-tu le détruire et

le décréer totalement ? Right and Wrong, Good and Bad, POD and POC, All Nine, Shorts, Boys and Beyonds.

QU'EST-CE QUI T'EXCITERAIT DANS TA VIE ?

Dans le mois qui vient, j'aimerais que vous considériez tous si vous aimeriez vraiment avoir une relation. Veux-tu vraiment une relation ? Aimerais-tu plutôt avoir du bon sexe de temps en temps ? Qu'est-ce que tu aimerais avoir ? Qu'est-ce qui te rendrait heureux dans ta vie ? C'est la chose la plus importante que tu puisses choisir. Si tu choisis ça, les femmes te voudront comme des folles. Si tu ne choisis pas ceci, tu vas renoncer à toi-même tout le temps, comme si ça avait de la valeur.

Quelle batardisation de la perfection des femmes utilises-tu pour créer les jugements, les limitations et l'invitation des démons, sirènes et les sylphes d'anti-conscience et d'inconscience que tu choisis ? Tout ceci multiplié par un dieulliard, vas-tu le détruire et le décréer totalement ? Right and Wrong, Good and Bad, POD and POC, All Nine, Shorts, Boys and Beyonds.

Si tu veux vraiment une relation, trouve-t'en une bonne, bon sang. Tu es expert pour dénicher "les mauvaises". Tu dois considérer le fait de savoir si ça va marcher pour toi et si ça va marcher pour la personne avec qui tu veux avoir la relation.

Il y a un an environ, j'ai réalisé qu'il y avait une femme avec qui je pouvais avoir une relation qui marcherait vraiment pour moi, mais je me suis rendu compte qu'elle voulait quelque chose que je ne pouvais pas lui donner. La relation n'allait pas marcher pour elle. Alors j'ai renoncé à la possibilité de la relation, en faveur du fait qu'elle obtienne ce qu'elle voulait.

Participant :
Es-tu en train de dire que, même si ça aurait pu marcher pour toi, puisque ça n'aurait pas marché pour elle, les problèmes seraient retombés sur ton dos ?

Gary :
Oui. Tu dois considérer toutes ces choses et en être conscient. Tu dois considérer tout ça à partir d'un autre angle.

TU DOIS FAIRE UN "ACCORD ET TENIR SES ENGAGEMENTS"

Participant :
J'ai une femme dans mon entourage en ce moment qui est très énervée après moi. Qu'est-ce que je fais pour créer ça ?

Gary :
Parles-tu de ta partenaire ?

Participant :
Oui.

Gary :
Pourquoi est-elle énervée après toi ?

Participant :

C'est une grande partie de ma question. Je ne le comprends pas vraiment.

Gary :

Non, tu ne veux pas le comprendre.

Participant :

C'est sans doute vrai. Oui, c'est vrai.

Gary :

Tu ne veux pas la rendre heureuse. Tu préférerais la rendre malheureuse.

Participant :

Est-ce vrai ?

Gary :

Regarde la façon dont tu fais les choses.

Participant :

Peux-tu me donner plus de précisions là-dessus ? Je pensais que j'essayais de la rendre heureuse. Je suis prêt à laisser tomber tout ça parce que ce n'est plus assez amusant en ce moment. Quelle question est-ce que je peux poser là ?

Gary :

Qu'est-ce que tu n'es pas ou ne fais pas que tu pourrais être ou faire, qui changerait totalement la relation ? Les gars, vous devez être disposés à changer totalement la relation.

A l'heure actuelle, tu as une femme qui n'est pas disposée à communiquer avec toi. Si tu la veux vraiment, tu dois lui dire : "Je veux m'engager envers toi. Que faudrait-il pour que ça se produise et comment ça va fonctionner pour toi ?"

Tu as besoin de faire un "Accord et Engagement". Demande-lui :

- A quoi précisément aimerais-tu que cette relation ressemble ?
- Qu'est-ce que tu attends de moi exactement ?
- Qu'est-ce que tu veux de moi exactement ?
- Qu'est-ce que je peux faire précisément pour te rendre heureuse ?

Participant :

Ça rend tout ça tellement plus facile, n'est-ce pas ?

ENGAGEMENT

Gary :

C'est vrai. Chaque femme veut un homme qui se déclare en premier. Elles veulent que tu t'engages envers elles. Si tu t'engages envers elles, elles savent que tout ira bien. C'est plus important pour elles que presque tout le reste.

Participant :

Quelle est cette énergie d'engagement, alors ? Qu'est-ce qui est si puissant à ce sujet ?

Gary :

C'est puissant parce que tu penses que ça veut vraiment dire quelque chose. Mais pour la plupart d'entre vous, être engagé est un carcan dans lequel vous n'avez aucun choix.

Participant :

Peux-tu élaborer là-dessus ?

Gary :

Étais-tu engagé envers ta précédente femme ?

Participant :

Oui.

Gary :

As-tu été capable de terminer l'engagement avec aisance ? Et c'était combien d'années après que tu aies décidé de partir ?

Participant :

Deux cent million.

Gary :

Je voulais juste poser la question. Donc *engagement* veut apparemment dire pour toi que tu es dans un carcan et que tes choix cessent d'exister.

Participant :

Si je prends un engagement envers une femme en rapport avec "Accord et Engagement", est-ce que ça me permet de pouvoir me sortir de ce carcan ? Ou est-ce qu'il n'y a pas besoin de carcan ?

Gary :

Si tu prends un engagement à partir "d'Accord et Engagement", tu sais exactement ce que l'on attend de toi. Actuellement, tu as cette idée que si tu prends un engagement, ça veut dire que tu dois renoncer à tout, y compris toi et tout ce que tu es, ce qui ne te donne pas grand-chose en termes de choix.

La plupart d'entre nous, les hommes, ne voulons pas savoir ce que nous savons et toi, surtout, tu ne veux pas savoir que tu pourrais faire ta vie sans une femme. Tu veux croire que sans une femme, tu es un perdant et qu'avoir une femme dans ta vie fait de toi un gagnant.

Chaque fois que tu as créés cette malédiction et ce sortilège, vas-tu le détruire et le décréer totalement ? Right and Wrong, Good and Bad, POD and POC, All Nine, Shorts, Boys and Beyonds.

Je viens de recevoir un email dont le titre est "Conseil n° 78 pour les hommes." Il était écrit : "Quand une femme te dit 'Fais ce que tu veux', ne fais ce que tu veux sous aucun prétexte." Est-ce que ça te donne des informations sur les hommes et les femmes ?

Participant :

Oui. C'est bon à savoir.

Gary :

Alors, qu'est-ce que tu choisis en permanence ? Pour toi ou pour la femme ?

Participant :

Je choisis toujours ce qu'elle veut.

Gary :

Pourquoi choisis-tu toujours ce qu'elle veut ?

Participant :

Parce que ça me frappe plus que la légèreté de la conscience que j'avais juste avant ça.

Gary :

Oui, et si tu avais vraiment choisi pour toi, serais-tu disposé à renoncer à toi-même pour quoi que ce soit ?

Participant :

Non.

Gary :

Tout ce que tu as fait pour renoncer à toi-même pour quelqu'un d'autre, vas-tu le détruire et le décréer totalement ? Right and Wrong, Good and Bad, POD and POC, All Nine, Shorts, Boys and Beyonds.

J'ai essayé de te faire considérer ça auparavant.

Participant :

Oui.

Gary :

Le voulais-tu ?

Participant :

Non, je ne voulais pas.

Gary :

Pourquoi pas ?

Participant :

C'est quelque chose concernant le contrôle des femmes.

Gary :

Aimes-tu être contrôlé par les femmes ou est-ce que tu aimes contrôler les femmes ?

Participant :

J'essaie de prétendre que j'aime contrôler les femmes.

Gary :

Prétends-tu contrôler les femmes ou es-tu vraiment capable de contrôler les femmes et tu refuses de le faire, afin de t'assurer que personne ne sache quel salaud tu es en réalité ?

Participant :

Je suis capable de le faire, mais je refuse de le faire.

Gary :

Combien d'énergie utilisez-vous pour essayer de cacher le fait que vous êtes des putains de salauds selon les standards des femmes ? Tout ceci multiplié par un dieulliard, vas-tu le détruire et le décréer totalement ? Right and Wrong, Good and Bad, POD and POC, All Nine, Shorts, Boys and Beyonds.

Participant :

Est-ce la même énergie quand je ne suis pas disposé à énerver ma partenaire ?

Gary :

Tu fais précisément ce qui va l'énerver, pour qu'elle paraisse être l'idiote.

Participant :

Est-ce que je fais vraiment ça ? J'aime ça. Oui. Je ne dis pas que je ne le fais pas. Je n'étais pas conscient que je faisais ça.

Gary :

Ce n'est pas que tu n'en étais pas conscient. Tu n'étais simplement pas disposé à le reconnaître, parce que si tu le faisais, tu ne serais pas capable d'avoir autant de pensées positives à ton égard, afin de compenser ce que tu as décidé être ton tort.

Participant :

Exactement.

QUE PUIS-JE ÊTRE OU FAIRE DE DIFFÉRENT QUI CHANGERAIT TOUT ÇA ?

Participant :

Donc, que puis-je faire ou être de différent à la place ?

Gary :

Enfin une bonne question ! Demande : « Qu'est-ce que je peux être ou faire de différent qui changera tout ça ? »

Participant :

C'est comme si j'étais sur le point de choisir quelque chose de différent et je n'ai aucune idée de ce que c'est.

Gary :

Est-ce que tu n'as aucune idée de ce que c'est - ou est-ce que si tu étais disposé à le choisir, ça changerait trop pour toi, trop rapidement ?

Participant :

Oui, ça aussi.

Gary :

Tout ceci multiplié par un dieulliard, vas-tu le détruire et le décréer totalement ? Right and Wrong, Good and Bad, POD and POC, All Nine, Shorts, Boys and Beyonds.

ESSAYER D'IGNORER TON CORPS

Participant :

Récemment, j'ai couché avec une femme et nous avons ensuite déjeuné ensemble. Dans la soirée, une fois dans la chambre, je me suis rendu compte : "Ça ne fonctionne pas. Ça n'est pas plaisant. Je ne peux pas ignorer mon corps". Alors, j'ai choisi de partir.

Gary :

Pourquoi as-tu essayé d'ignorer ton corps ?

Participant :

Parce que je vais dans ces humeurs de "tenir mes engagements". Même si je ne le voulais pas, je devais exécuter et délivrer. Ce qu'une femme attend de moi.

Gary :

Quelle stupidité choisis-tu d'utiliser pour te créer comme le garçon de livraison éternel ? Tout ceci multiplié par un dieulliard, vas-tu le détruire et le décréer totalement ? Right and Wrong, Good and Bad, POD and POC, All Nine, Shorts, Boys and Beyonds.

Alors, qu'est-ce que tu aimes dans le fait d'être un garçon de livraison ?

Participant :
Plus rien.

Gary :
Combien de vies passées as-tu été un concubin ? Essaies-tu toujours d'être à la hauteur de ta réputation ? Essaies-tu toujours d'être à la hauteur de ton engagement à être ça ? Ou essaies-tu toujours d'être à la hauteur de livrer – quand tu avais promis que tu ne serais plus livré ?

Participant :
Je crois que c'était tout ce que tu viens de dire et plus.

Gary :
Tous les engagements que tu as d'être un donneur de sperme universel, vas-tu maintenant renoncer à tout ça, s'il te plait ? Right and Wrong, Good and Bad, POD and POC, All Nine, Shorts, Boys and Beyonds.

Quelle stupidité utilises-tu pour te créer comme le concubin de toutes les femmes que tu choisis ? Tout ceci multiplié par un dieulliard, vas-tu le détruire et le décréer totalement ? Right and Wrong, Good and Bad, POD and POC, All Nine, Shorts, Boys and Beyonds.

Quelle batardisation de la perfection des hommes choisis-tu d'utiliser pour te créer comme le concubin, le donneur de sperme et la source pour la création des corps de réalité ? Tout ceci multiplié par un dieulliard, vas-tu le détruire et le décréer totalement ? Right and Wrong, Good and Bad,

POD and POC, All Nine, Shorts, Boys and Beyonds.

Participant :

En ce qui concerne la création de corps futurs, est-ce que c'est dans des autres vies ou est-ce que c'est du genre "demain et le jour d'après" ?

Gary :

Eh bien, c'est le jour d'après et pour toujours. C'est la valeur des hommes. C'est pourquoi tu penses toujours que tu dois te mettre avec une femme et c'est pourquoi tu ne veux jamais te mettre avec une femme.

Participant :

Oui. Donneur Universel de Sperme.

Gary :

Tu as un engagement à ne plus faire d'enfants. C'est la raison pour laquelle tu n'as pas été intéressé de coucher avec certaines femmes - parce qu'elles sont capables de tomber enceintes à ce moment-là.

Si tu as pris un engagement à ne pas avoir d'enfants, et que tu es avec quelqu'un qui est prête à avoir des enfants et qu'elle a décidé de te piéger dans un mariage ou une relation en ayant un enfant avec toi, ton corps va dire : "Nooon ! On ne va pas y aller," c'est pourquoi tu n'es pas intéressé et tu rentres chez toi. Remercie ton corps de sauver tes fesses.

Gary :

Bien, messieurs. J'aimerais que vous décidiez de regarder votre vie et que vous vous demandiez :

- Est-ce que j'aimerais vraiment avoir une relation ?
- Si j'avais une relation qui rendrait ma vie meilleure, à quoi est-ce que ça ressemblerait ?
- Quelle personnalité est-ce que j'aimerais que la personne ait ?

Est-ce que tu veux qu'elle s'habille bien ? Est-ce que tu veux qu'elle dépense beaucoup d'argent ? Où veux-tu qu'elle soit ? Tu dois aussi noter toutes les choses que tu voudrais qu'elle *ne soit pas*, parce que le seul moyen que tu obtiennes ce que tu veux vraiment est en sachant ce que tu veux, autant que ce que tu ne veux pas.

Regarde ça de près et vois si tu aimerais vraiment avoir une relation. Vous êtes des hommes humanoïdes qui préfèrent avoir un endroit extrêmement confortable pour vous poser. Ce n'est pas un tort, mais vous avez une tendance à sélectionner les mauvaises femmes pour ça. Je veux vous mettre sur la voie pour pouvoir choisir le genre de femme que vous voulez vraiment.

Très bien, mes amis, super de vous avoir sur cet appel.

Participant :
Merci Gary, tu es génial.

Participants :
Merci.

10
La Présence Agressive de la Sexualness

Plus tu as de questions, plus tu es présent.
Plus tu es présent, plus tu as de contrôle.

PRÉSENCE AGRESSIVE

Gary :

Bonjour messieurs. J'aimerais parler de présence agressive. La présence agressive signifie que tu ne renonces pas à toi-même pour quiconque et que tu as toujours une question. Quand tu es agressivement présent, tu ne t'adaptes pas aux réalités des autres. Les gens ont tendance à adapter leur réalité à la tienne.

Participant :

Il y a récemment quelqu'un que je ne voulais pas côtoyer, parce que je n'aimais pas la façon dont il avait traité mon fils. J'étais bloqué avec ça, plutôt que de me demander : "A quoi ressemblerait le fait de simplement pouvoir être moi en présence de n'importe qui ?" Je me suis rendu compte de quelle partie de moi je me coupais afin de l'éviter. Que faudrait-il pour avoir une présence agressive ?

Gary :

Et si tu avais été disposé à dire : "Hé, sois gentil avec mon fils, monsieur. Il m'est cher" ?

Participant :

Est-ce être agressivement présent ? C'est aussi refuser d'accepter n'importe quoi. Si tu es présent agressivement, tu ne te laisses emmerder par personne.

Participant :

Et tu deviens conscient des choses quand elles surviennent ?

Gary :

Oui. Tu deviens conscient : "Oh, ce gars est brutal avec mon fils. Il n'est pas présent agressivement avec lui." Tu dois être plus gentil. Tu dois être gentil agressivement.

Participant :

Quand je t'ai vu faire ça, Gary, tu ne transformes pas les choses en conflit. Je semble créer une situation de conflit.

Gary :

C'est-ce qu'on t'a appris. Tu penses que ça fait de toi un homme. Ça fait de toi un vrai mec.

Participant :

Peux-tu préciser ce qu'est un vrai mec ?

Gary :

L'idée est que quand tu es un vrai mec, tu seras toujours apprécié par les hommes et pas nécessairement par les femmes. Un vrai mec est quelqu'un dont tous les hommes pensent qu'il est sexy et bon aussi. Sean Connery serait considéré comme un vrai mec, mais Roger Moore, qui a aussi joué le rôle de 007, ne le serait pas. Il serait considéré comme trop mignon.

Participant :

Donc un vrai mec est considéré comme un homme aux yeux des hommes ?

Gary :

Oui.

Qu'est-ce que tu peux être ou faire en tant qu'homme, qui si tu l'étais ou le faisais te donnerait tout ce que tu désires dans la vie ? Tout ceci multiplié par un dieulliard, vas-tu le détruire et le décréer totalement ? Right and Wrong, Good and Bad, POD and POC, All Nine, Shorts, Boys and Beyonds.

CHOISIR POUR TOI

C'est là où tu dois déterminer ce que tu veux avoir comme vie. Si tu avais ta propre vie, que choisirais-tu ?

Participant :

Cette question est un outil tellement génial pour moi. C'est ma question numéro un en ce moment : « Si je choisissais ma réalité, qu'est-ce que je choisirais ? » La conscience que j'ai eue là-dessus, était le peu que je choisissais vraiment pour moi.

Gary :

C'est intéressant, n'est-ce pas, quand tu te rends compte du peu que tu choisis pour toi ?

Participant :

Je demande aussi : "Si je choisissais ma réalité, qui serais-je ?"

Gary :

Oui.

Si tu choisissais ta réalité sexuellement, qui choisirais-tu qui ne te baiserait pas ? Tout ceci multiplié par un dieulliard, vas-tu le détruire et le décréer totalement ? Right and Wrong, Good and Bad, POD and POC, All Nine, Shorts, Boys and Beyonds.

Combien d'entre vous ont tendance à laisser les femmes et les amis les baiser ?

Participant :

Oui. Et la famille.

Gary :

Oui et la famille. C'est bien mieux en famille.

Participant :

Et nous-mêmes.

Gary :

Oui.

Si tu choisissais avec qui coucher, à qui ne permettrais-tu

pas de te baiser ? Tout ceci multiplié par un dieulliard, vas-tu le détruire et le décréer totalement ? Right and Wrong, Good and Bad, POD and POC, All Nine, Shorts, Boys and Beyonds.

ÊTRE SEXUELLEMENT AGRESSIF

Je suis sexuellement agressif parce que je ne vais pas couper mon énergie sexuelle pour un mâle ou une femelle, ou toute personne, ou tout couple de gens – ou personne. Je suis toujours cette énergie peu importe la situation. Quand tu es agressivement sexuel, il y a plus de chances que les gens adaptent leur réalité à la tienne. Combien d'entre vous essaient toujours d'adapter leur réalité à celle d'une femme ?

Participant :
Ce serait un *oui*.

Gary :
C'est un *oui* pour tout le monde.
Quelle batardisation de sexualness totale utilises-tu pour créer l'élimination et l'éradication de la présence agressive de sexualness que tu pourrais choisir ? Tout ceci multiplié par un dieulliard, vas-tu le détruire et le décréer totalement ? Right and Wrong, Good and Bad, POD and POC, All Nine, Shorts, Boys and Beyonds.

En tant qu'hommes, nous avons tendance à être agressifs en utilisant la force pour obtenir qu'une femme couche avec nous. Ça n'a rien à voir avec la gentillesse et l'attention. Vous dites : "Hé bébé, t'es prête ?" Comment est-ce que ça va marcher ? Ça ne va pas le faire ! Combien de femmes vont être séduites par ça ? Pas tant que ça !

On apprend la sexualité avec les films pornos – aucun de ceux-ci n'ont la gentillesse ou l'attention comme références. Il est question de comment tu peux tordre son téton six fois dans un sens et six fois dans l'autre et ça l'excite tellement qu'elle doit t'avoir. Ces images ne sont pas réelles ou vraies. Ce n'est pas ton meilleur choix.

Tu veux être si agressivement sexuel, que les femmes veulent coucher avec toi juste parce que tu es si agressivement présent. Comment réalises-tu ça ? Tu y arrives en posant des questions :

- Est-ce que ce sera facile ?
- Est-ce que ce sera ludique ?
- Est-ce que je vais apprendre quelque chose ?

FONCTIONNER À PARTIR DE LA PRÉSENCE

Plus tu as de questions, plus tu es présent. Plus tu es présent, plus tu as de contrôle.

Tu continues d'essayer de créer les conclusions comme étant une source de contrôle. Imaginons que tu veuilles coucher avec quelqu'un. C'est quoi comme question ? Ce n'est pas une question ! C'est une conclusion. Quand tu arrives à une conclusion, tu penses que tu vas avoir plus de contrôle sur la situation et que les gens vont faire ce que tu veux qu'ils fassent. Mais ce n'est pas le cas.

Qu'est-ce qui rend la conclusion mieux que la question ? Tout ceci multiplié par un dieulliard, vas-tu le détruire et le décréer totalement ? Right and Wrong, Good and Bad, POD and POC, All Nine, Shorts, Boys and Beyonds.

As-tu mal identifié les conclusions comme étant du contrôle ? Chaque fois que tu as conclu que conclusion est création, ou que conclusion est-ce qui est nécessaire pour que tu aies le contrôle, vas-tu le détruire et le décréer totalement ? Right and Wrong, Good and Bad, POD and POC, All Nine, Shorts, Boys and Beyonds.

Si tu fonctionnes à partir de questions, les femmes te regardent et pensent : "Oh. Il pourrait bien être l'homme qu'il me faut." C'est parce que si tu poses des questions, tu te demandes : "Est-ce que cette femme est la bonne personne pour moi ?" et elles le perçoivent dans tes pensées. Quand tu tires une conclusion, leur point de vue est que tu n'en a rien à faire d'elles.

Plus tu fonctionnes à partir de questions, plus tu vas te rendre compte que ce que tu veux, c'est plus de sexe plaisant. Et le genre de sexe que tu veux n'existe pas tellement. Est-ce une réalité pour vous ? Ça réduit par conséquent le nombre de gens que tu peux choisir pour avoir une relation sexuelle, mais ça élargit ta disposition à recevoir.

LA FEMME QUI N'A PAS BESOIN DE TOI

Gary :

Il y a un autre aspect de ceci. Quand tu fonctionnes à partir de la présence agressive, la personne n'a pas besoin de toi.

Combien d'entre vous fonctionnent à partir du point de vue que vous voulez une femme qui a besoin de vous ? Tout ceci multiplié par un dieulliard, vas-tu le détruire et

le décréer totalement ? Right and Wrong, Good and Bad, POD and POC, All Nine, Shorts, Boys and Beyonds.

Ce que tu veux est une femme qui n'a pas besoin de toi. C'est à partir de là que tu devrais fonctionner. Tu te demandes : "Ok, qu'est-ce qui serait amusant pour moi ?" Pas : "Qu'est-ce que je dois faire de bien ? Qu'est-ce que je dois faire de mal ? Qu'est-ce qui est nécessaire ?" Mais "Qu'est-ce que j'aimerais créer et générer ici ?"

Combien d'entre vous ont passé leur vie à essayer qu'une femme ait besoin d'eux ? Combien d'entre vous ont appris de leurs mères que chaque femme veut un homme qui a besoin d'elle ? Tout ceci multiplié par un dieulliard, vas-tu le détruire et le décréer totalement ? Right and Wrong, Good and Bad, POD and POC, All Nine, Shorts, Boys and Beyonds.

Participant :

Je viens de me rendre compte que je suis quelque chose pour ma femme et pas pour moi.

Gary :

Oui, ça serait essayer de te rendre un produit nécessaire.

Participant :

Oui.

Participant :

Est-ce que c'est ce que nous définissons comme l'amour quand nous sommes gosses ?

Gary :

Oui, et c'est aussi ce que tu définis comme ce qui va te procurer du sexe.

Participant :

D'accord. J'observe ça avec mon fils. Il va voir sa mère et elle a besoin de lui. Elle a besoin de lui et ensuite il vient me voir et je n'ai pas du tout besoin de lui. Est-ce qu'il en est confus ?

Gary :

Non. Il apprend avec sa mère à avoir une femme qui a besoin de lui.

Participant :

D'accord.

Gary :

Combien d'entre vous ont appris à être l'homme que vous êtes censés être, pour que votre mère ait besoin de vous ? Tout ceci, multiplié par un dieulliard, vas-tu le détruire et le décréer totalement ? Right and Wrong, Good and Bad, POD and POC, All Nine, Shorts, Boys and Beyonds.

Participant :

Quand je suis avec mon père, c'est tellement simple. Quand je vais voir ma mère, elle a besoin de moi. Ça a toujours été comme ça. Qu'est-ce que c'est ? Est-ce que les femmes sont entraînées à faire ça ?

Gary :

On entraîne les femmes à penser que c'est la façon dont ça doit être. Ton père voulait que tu grandisses pour être un vrai mec. Ta mère voulait que tu grandisses pour qu'une femme ait besoin de toi. Tu n'étais impliqué nulle part dans le calcul. Personne ne t'a demandé : "Que veux-tu ? Que veux-tu être ? Qu'est-ce qui est important pour toi ?"

Participant :

Ça me semble être de la maltraitance. Ç'en est ?

Gary :

Pas du tout. C'est de la négligence.

Participant :

Peux-tu parler de manière plus approfondie de la différence entre négligence et maltraitance ?

Gary :

Tu penses que c'est de la maltraitance que de ne pas être reconnu comme toi. Mais ça a rarement à voir avec de la maltraitance. Ça a à voir avec de la négligence, parce que la plupart des parents ne savent pas ce qui se passe vraiment. Ils ne savent pas comment gérer, alors ils passent à un état de négligence. Et la plupart d'entre vous choisissent aussi des femmes qui vous négligent après un certain temps, parce que vous avez tendance à trouver quelqu'un qui est comme l'un de vos deux parents. Être négligé semble plus réel pour vous que toute autre chose.

Participant :

La femme que je vois en ce moment n'a pas besoin de moi du tout.

Gary :

Est-ce que de ce fait, tu as incroyablement besoin d'elle ?

Participant :

Non, c'est autre chose.

Gary :

Te sens-tu négligé ?

Participant :

C'est ça. Oui. C'est comme si j'avais mal identifié ce non-besoin comme de la négligence. Qu'est-ce que je ne suis pas disposé à considérer là ?

Gary :

Alors es-tu disposé à être totalement sans besoin d'une femme ?

Gary :

Pas dans ces dix secondes, non.

Gary :

Quelle stupidité utilises-tu pour créer la nécessité des femmes que tu choisis ? Tout ceci multiplié par un dieulliard, vas-tu le détruire et le décréer totalement ? Right and Wrong, Good and Bad, POD and POC, All Nine, Shorts, Boys and Beyonds.

LA NON-NÉCESSITÉ AGRESSIVE

Participant :

À quoi ressemblerait la non-nécessité agressive avec les femmes ?

Gary :

Ce serait les situations où, au lieu de rechercher comment tu peux coucher, tu demandes :

+ Qu'est-ce que j'attends vraiment de cette personne ?
+ Est-ce qu'elle peut me le procurer ?

Tu considères rarement ce que quelqu'un peut te procurer. As-tu remarqué ça ?

Participant :

Non, je recherche toujours ce que je peux leur procurer.

Gary :

Oui. Tu cherches à être une contribution. Et elles cherchent à ce que tu contribues encore plus. Tu penses que tu ne donnes jamais assez. Elles ont toujours raison et tu as tort. Comment est-ce que ça fonctionne ?

Participant :

Est-ce notre manière de fonctionner plutôt que de dire : "Si tu ne peux pas me donner ce que je veux, fous le camp" ?

Gary :

Oui et la plupart des femmes ont ce point de vue : "Tu ne peux pas me procurer ce que je veux ? Vas te faire foutre et vas t'en."

LA SEXUALNESS AGRESSIVE

La sexualness agressive est ces situations où tu n'es pas disposé à fonctionner sans questions. Dans cette réalité, tout ce qui crée une question est vu comme de l'agression. As-tu déjà entendu quelqu'un dire : "Arrêtes de poser toutes ces questions ! Pourquoi poses-tu toutes ces questions ? Qu'est-ce que tu veux de moi ? Comment peux-tu être comme ça ?" Poser une question est considéré comme un tort. C'est considéré comme une agression, à moins que tu ne dises d'abord : "Est-ce que je peux te poser une question, s'il te plait ?"

Si tu demandes : "Est-ce que je peux te poser une question ?" personne ne va s'offenser. Mais si tu poses une question sans demander d'abord, l'autre personne va se sentir offensée. Ils sont offensés et ils vont se défendre. Ce sont les situations où tu as des ennuis avec les femmes.

QUAND UNE FEMME NE PEUT PAS AVOIR UN ORGASME

Participant :

Que se passe-t-il quand une femme a des difficultés à avoir un orgasme ou ne peut pas avoir un orgasme ?

Gary :

En général, la raison pour laquelle une femme ne peut pas avoir un orgasme est parce qu'elle n'est pas vraiment dans son corps. Quand vous couchez ensemble, garde les lumières allumées. Décolle ton corps du sien ; ne t'allonge pas sur elle pour qu'elle puisse cacher ses yeux. Et à chaque fois que tu la vois fermer les yeux, dis-lui : "Reviens, s'il-te-plait. Reviens. Ouvre les yeux. S'il-te-plait, regarde-moi. Je veux sentir la connexion avec toi. Je veux sentir la connexion avec toi et je veux sentir la connexion avec ton corps. Laisse-moi te sentir toute entière." C'est comme ça que tu commences à l'aider à se reconnecter à son corps et à ce qui est possible.

Tu dois juste faire cette chose-là pour qu'elle reste avec son corps. La plupart des femmes qui sont non-orgasmiques ou qui ne peuvent pas avoir de multiples orgasmes, ont tendance à être déconnectées de leur corps. Certaines aiment regarder du plafond. Quand tu la sens partir ou tu sens qu'elle sort de son corps, demande-lui : "Où es-tu ? Où viens-tu d'aller ? Qu'est-ce qui s'est passé ?" Quand tu poses ces questions, elle commencera à se demander. Tu dois la faire revenir au questionnement parce que les questions créent la présence.

Participant :

Quelle question est-ce que je peux me poser qui me permettrait d'être conscient quand ma femme fait ça ?

Gary :

Garde les lumières allumées - ou au moins des lumières de bougies. Demande-lui de mettre ses jambes sur tes épaules pour que vous puissiez vous voir. Sois avec elle et dis : "Je suis tellement heureux de pouvoir te regarder dans les yeux. Te regarder dans les yeux est la chose la plus merveilleuse. Reste avec moi, chérie. J'ai vraiment besoin de ça. J'ai vraiment besoin de ça."

Et ensuite tu dois lui demander : "Peux-tu jouir ou dois-je le faire ?"

Participant :

Ma femme et moi sommes ensemble depuis huit ans, et c'est seulement dans les trois derniers mois qu'elle a commencé à avoir un orgasme avec moi pendant l'amour. Elle est tout à fait capable d'y arriver seule, mais avec moi, ça semble beaucoup plus difficile pour elle. Je vais commencer à suivre la piste que tu as suggérée.

EST-CE QU'ELLE AIME FAIRE L'AMOUR *AVEC* SON CORPS – OU *EN TANT QUE CORPS* ?

Gary :

Certaines personnes, surtout les femmes, essaient de rester hors de leurs corps pendant qu'elles font l'amour. Elles n'aiment pas vraiment avoir de connexion à leur corps. Si tu veux réellement avoir du plaisir avec le sexe, tu dois demander : "Est-ce que cette personne aime faire l'amour avec son corps ou *en tant* que corps ?" Beaucoup de femmes se tiennent à coté de leur corps et le regardent. Est-ce que l'Être fait l'amour – ou est-ce que le Corps fait l'amour ?

Participant :

Le corps fait l'amour.

Gary :

Alors, tu as besoin de te connecter avec l'être et le corps. Tu veux les deux. Si tu as les deux, tu as la capacité pour une plus grande stimulation.

Participant :

A quoi ça ressemblerait ? Ou quelles questions est-ce que je peux poser pour être encore plus connecté dans le corps et l'être pendant l'amour ?

Gary :

Tu dois être prêt à voir ce que l'autre personne est disposée à avoir.

Combien de ton énergie utilises-tu pour t'aveugler avec ce que les autres personnes sont capables ? Beaucoup, un peu ou des mégatonnes ? Tout ceci multiplié par un dieulliard, vas-tu le détruire et le décréer totalement ? Right and Wrong, Good and Bad, POD and POC, All Nine, Shorts, Boys and Beyonds.

Participant :

Et ensuite tu te demandes : "Où la toucher ? Quand la toucher ? Combien la toucher ?"

Gary :

Tout ce que tu dois faire c'est demander au corps. Il va te dire où toucher.

"IL Y A UNE ÉNERGIE AVEC MON PÉNIS"

Participant :

J'ai eu beaucoup de sexe vraiment bon et je trouve qu'il y a une énergie avec mon pénis qui est bien plus dynamique. Quels conseils aurais-tu quand j'ai mon pénis dans le vagin de la femme ? Quelles énergies pourrais-je être sur ce sujet qui me donneraient plus de conscience ?

Gary :

Quand tu as ton pénis dans le vagin d'une femme, au lieu de faire le truc du va-et-vient, essaie de ne pas le bouger et fléchis le pendant que tu mets de l'énergie dedans, pour que ce soit comme si tu allais et venais sans bouger.

Participant :

Je peux faire ça.

Gary :
Et mets de l'énergie dans toute la structure de tes hanches aussi. Il y a des chances pour que la femme ait un orgasme juste en faisant ça.

Participant :
Merci.

Participant :
J'ai remarqué que quand je suis dans la femme, il semble y avoir beaucoup plus d'espace dans le vagin que je n'en ai l'habitude.

Gary :
Essaies-tu de remplir cet espace ou est-ce que tu crées l'espace ?

Participant :
J'ai essayé de remplir cet espace plutôt que le créer.

Gary :
Et si tu créais l'espace comme quelque chose qui contribuait à la qualité orgasmique de ce que tu fais ?

Participant :
Waouh ! Je vois que j'ai adopté l'idée que ça devait s'ajuster exactement.

Gary :
Eh bien, combien de tas de merde t'ont dit que c'était la façon dont c'est censé être ?

Participant :

Beaucoup.

Gary :

Tout ceci multiplié par un dieulliard, vas-tu le détruire et le décréer totalement ? Right and Wrong, Good and Bad, POD and POC, All Nine, Shorts, Boys and Beyonds.

Peux-tu demander à ton pénis d'être *l'énergie* qui remplit l'espace, au lieu de *l'organe* qui remplit l'espace ?

Participant :

Je le ferai.

Gary :

Cool.

Participant :

Merci infiniment. Waouh.

"POURQUOI NE PUIS-JE PAS AVOIR DE MULTIPLES ORGASMES, MOI AUSSI ?"

Participant :

Je deviens un peu jaloux des femmes. Pourquoi ne puis-je pas avoir de multiples orgasmes, moi aussi ?

Gary :

Tu peux avoir de multiples orgasmes. Tu n'as pas besoin d'éjaculer pour avoir un orgasme. Si je suis allongé sur le dos, je peux avoir de six à huit orgasmes sans jamais éjaculer.

Participant :
   Comment fais-tu ?

Gary :
   Je me suis entraîné à ne pas jouir trop rapidement quand je suis sur le dos ; je voulais que la femme devienne plus excitée.

Participant :
   Comment t'es-tu entraîné ?

Gary :
   J'ai simplement demandé à mon corps de me montrer une autre manière de faire.

Participant :
   Ce truc de la question…

Participants :
   (Rires)

Gary :
   J'ai entendu parler d'hommes qui avaient de multiples orgasmes et j'ai demandé : "Comment puis-je avoir ça ?" et j'ai perçu : "Mets-toi sur le dos", alors j'ai dit "Ok." Je me suis mis sur le dos et je l'ai laissée s'asseoir sur moi et bouger jusqu'à ce qu'elle soit satisfaite et j'ai utilisé mes doigts sur elle et fait tout ce genre de trucs. J'ai fait tout ce que je pouvais pour rendre les choses plus agréables pour elle, et j'ai finalement commencé à avoir des orgasmes quand j'étais sur le dos. J'ai commencé à avoir des orgasmes qui n'étaient pas forcément des éjaculations.

Il s'agit de demander à ton corps : "Corps, que faudrait-il pour que nous ayons un orgasme sans éjaculation ?" Quand tu commences à considérer ce que tu peux créer, une possibilité différente commence à apparaître. Mais tu dois regarder à partir de cet angle là, pas des autres endroits où tu vas d'habitude.

Avec les multiples orgasmes, tu ne ressens pas de besoin ou de désir d'éjaculer, mais tu ne perds pas ton érection. Tu sens que si tu repars pour un tour, tu vas peut-être éjaculer, mais tu parviens à ne pas avoir d'éjaculation et les choses s'améliorent. Tu sens comme si tu avais joui, mais tu n'as pas éjaculé. Tu le ressens comme un orgasme interne plutôt qu'une éjaculation.

TE DONNER DU PLAISIR TOI-MÊME

Gary :

L'agressive sexualness ne signifie pas attendre qu'une femme veuille avoir une relation sexuelle avec toi. C'est ta disposition à avoir du sexe pour toi. Nous avons tendance à renoncer à la masturbation, surtout quand nous entrons dans une relation. Quand tu renonces à la masturbation, tu renonces à te donner du plaisir a toi-même et tu abandonnes l'idée que tu vas avoir du sexe, peu importe si ça plait aux autres ou pas.

Un homme qui est agressif sexuellement, va avoir une relation sexuelle et ensuite il va aller dans la douche et se masturber.

Participant :

Comment est-ce que ça fonctionne dans un mariage ?

Gary :

Tu te branles quand tu en as envie. Tu fais tout ce que tu choisis. Tu peux dire : "Ma chérie, je suis désolé. J'ai vraiment besoin d'aller me branler." Si elle n'aime pas ça, elle dira : "Pourquoi ne me laisses tu pas t'aider ?" Ou tu pourrais lui dire : "Tu peux venir m'aider si tu veux."

Participant :

Oui, j'ai fait ça plusieurs fois. C'était plaisant.

Gary :

C'est un espace différent à partir duquel fonctionner. Essaies de te demander : « Si j'étais toute la sexualness que je suis, comment est-ce que je fonctionnerais dans la vie ? »

Si tu étais toute la sexualness que tu es véritablement, comment fonctionnerais-tu dans la vie ? Tout ce que ça fait apparaître multiplié par un dieulliard, vas-tu le détruire et le décréer totalement ? Right and Wrong, Good and Bad, POD and POC, All Nine, Shorts, Boys and Beyonds.

Utilisez ces processus :

Si je fonctionnais comme je suis véritablement, comment est-ce que je fonctionnerais sexuellement ? Tout ceci multiplié par un dieulliard, vas-tu le détruire et le décréer totalement ? Right and Wrong, Good and Bad, POD and POC, All Nine, Shorts, Boys and Beyonds.

Si je fonctionnais sexuellement comme moi-même, comment est-ce que je fonctionnerais dans la vie ? Tout ceci multiplié par un dieulliard, vas-tu le détruire et le décréer

totalement ? Right and Wrong, Good and Bad, POD and POC, All Nine, Shorts, Boys and Beyonds.

Il y a une période de ma vie où je considérais que quatre femmes par jour était ce qui me convenait. Malheureusement, je ne parvenais pas à faire grand-chose d'autre.

Participant :

Donc Gary, à quoi cela ressemblerait ?

"COMMENT CE SERAIT DE COUCHER AVEC CET HOMME ?"

Gary :

Ce serait regarder un homme et se demander : "Comment ce serait de coucher avec cet homme ?" Ça ne veut pas dire que tu dois coucher avec lui. Quand tu es disposé à considérer le fait de coucher avec quelqu'un, surtout quelqu'un du même sexe quand ça n'est pas ta préférence habituelle, tu commences à voir l'énergie sexuelle des femmes d'une autre manière, parce que tu arrêtes d'essayer de mettre de l'énergie sexuelle dans "homme" ou "femme".

Alors, commence à te demander : "Comment ce serait de coucher avec cette personne ?" Quand tu commences à avoir ce genre d'agressivité sexuellement, tu commences à voir ce qui marche et ce qui ne marche pas. Et si tu es disposé à voir ce qui marche et ne marche pas, tu es disposé à faire ce que tu fais de façon différente.

Participant :

J'adore cette question : "Comment ce serait de coucher avec

cet homme ?" Ça ouvre une possibilité de recevoir totalement différente. Le fait de poser cette question au sujet d'un homme, m'a permis de recevoir une énergie totalement différente.

Gary :

Oui, quand tu es disposé à poser cette question au sujet d'un homme, tu es disposé à voir plus ce que les femmes vont choisir.

Participant :

Oui.

Gary :

Quand tu es un homme hétéro et que tu considères un homme du point de vue : "Comment ce serait de coucher avec lui ?" tu dois considérer l'être et le corps et voir si ce serait plaisant, ce que tu *ne fais* pas avec les femmes. Tu te dis : "Oh, elle est belle. Je la veux." Quelle question est-ce ? Ce n'en est pas une ! Avec les hommes, tu vas continuer de poser des questions.

Avec les femmes, tu as tendance à ne pas le faire. Si tu étais disposé à continuer de poser des questions, aurais-tu quelque chose de mieux ? Oui, et c'est le point important. Quand tu parviens à cette situation où tu peux considérer un homme et poser la question : "Est ce qu'il serait plaisant de coucher avec lui ? " tu peux commencer à considérer les femmes et poser la même question : "Est ce qu'il serait plaisant de coucher avec elle ? " Tu te diras : "Waouh ! Je n'avais aucune idée que j'étais aussi conscient."

Participant :

Oh, c'est génial ! S'entraîner à choisir ce qui est le plus léger.

Gary :

C'est comme ça que tu apprends à choisir de meilleures personnes avec qui coucher.

Participant :

J'ai fait ça et ça marche.

Gary :

Ça marche. C'est génial.

Participant :

Waouh. Fabuleux. Je suis reconnaissant.

Gary :

Ok, messieurs, nous avons fini.

Participant :

Merci, M. Douglas. Tu es merveilleux.

Participant :

Vous l'êtes.

Participant :

C'est toujours génial.

Gary :

Et rappelez-vous d'essayer de vous mettre sur le dos et d'obtenir des orgasmes multiples. Ce sont les exercices que vous avez à faire jusqu'à la prochaine fois. La première personne à obtenir six orgasmes avant d'éjaculer gagne un prix. Merci. Je vous parle la prochaine fois.

Bye Bye.

11
Choisir l'Engagement

*Quand tu t'engages par choix, tu dois te rendre compt
de ce qui est vraiment possible.
C'est te demander : Qu'est-ce qui est possible
ici que je n'ai pas considéré ?*

Gary :

Bonjour, messieurs. Allons aux questions.

VIRILITÉ ET MASCULINITÉ

Participant :

Peux-tu parler de virilité, de masculinité et comment sembler et avoir l'air plus viril et masculin ? Je n'ai pas une voix grave comme les autres hommes. As-tu des suggestions pour pouvoir développer une voix plus profonde, plus virile ? Et qu'en est-il de la barbe ? Je n'ai pas beaucoup de barbe, non plus. Est-ce génétique - ou est-ce modifiable ?

Gary :

C'est génétique - et ça peut être modifiable. Tu dois

demander : «Quels énergie, espace et conscience est-ce que mon corps et moi pouvons être pour faire pousser d'énormes quantités de poils avec une facilité totale ?" Le seul problème avec ça, est que tu vas sans doute faire pousser des poils sur ta poitrine, ton dos et tes testicules. Essaie.

Participant :

Est-ce que ça fonctionne aussi à l'inverse ? Pour moins de pilosité ?

Gary :

Essaie : "Quels énergie, espace et conscience puis-je être pour avoir moins de poils, avec une facilité totale ?" Mais le problème avec ça, c'est que tu vas peut-être aussi devenir chauve.

Alors, tu as le choix. Tu peux être chauve avec une pilosité abondante et alors elle va passer tout son temps à travailler sur ton corps, ou tu peux avoir des cheveux épais et ondulés sur ta tête et elle passera tout son temps avec sa main dans tes cheveux. Où veux-tu qu'elle mette ses mains ?

Participant :

Partout.

Gary :

Exactement. C'est la raison pour laquelle tu fais pousser des poils partout. Arrête de le juger. D'où vient le jugement que tu as au sujet de tes poils ? Il y a beaucoup de femmes qui n'aiment pas les hommes poilus, mais si elles n'aiment pas les hommes poilus, elles ne voudront pas de toi et tu ne voudras pas d'elles. Choisis celles qui aiment beaucoup de poils. Et si tu as beaucoup de poils sur ta poitrine, retire ta chemise à chaque occasion, pour montrer que tu as une poitrine poilue. Certaines femmes aimeront ça. Et si tu n'as pas de poils sur ta poitrine, alors saisis l'opportunité de retirer ta chemise pour qu'elles sachent comment tu es équipé. Être masculin signifie juste que tu es disposé à être quelque chose qui n'est pas précieux sur cette planète.

Pour rendre ta voix plus grave, essaie ceci :

Quels énergie, espace et conscience est-ce que mon corps et moi pouvons être, qui permettraient à notre voix de descendre de deux octaves avec une facilité totale ? Tout ceci multiplié par un dieulliard, vas-tu le détruire et le décréer totalement ? Right and Wrong, Good and Bad, POD and POC, All Nine, Shorts, Boys and Beyonds.

UN COURANT D'ÉNERGIE

Participant :

Que se passe-t-il quand tu te sens comme dans un courant d'énergie qui te propulse en avant pour être avec une autre personne, et ça semble tellement léger et facile ? J'ai eu une expérience après le dernier événement de sept jours d'Access Consciousness, où pendant une semaine j'ai rêvé clairement que je faisais l'amour avec une dame spécifique, et la semaine suivante, ça se produisait vraiment. Nous étions au lit à rejouer le rêve.

Pour arriver à ce moment de plaisir, j'ai suivi une vague d'énergie vers elle et ça semblait si facile et plaisant énergétiquement. Ça semblait comme l'énergie du follement possible. Je dois dire que c'était très plaisant. Cependant, maintenant je ne suis pas sûr de ce que je dois faire.

Gary :

C'est une situation dans laquelle vous devez arrêter d'aller, les gars. Tu as tendance à te dire : «Oh, maintenant qu'est-ce que je fais ? « Euh. Ce que tu fais, c'est continuer. Si tu as un courant qui se produit, glisse le dedans, glisse le dehors, glisse le dedans, glisse le dehors et éclate-toi.

Tout ceci multiplié par un dieulliard, vas-tu le détruire et le décréer totalement ? Right and Wrong, Good and Bad, POD and POC, All Nine, Shorts, Boys and Beyonds.

Participant :

J'essaie de ne pas être trop enthousiaste, au cas où je l'effraie. Comment est-ce que je change ça pour avoir plus d'aisance par rapport à où aller ou quoi faire après avoir fait l'amour ? J'aimerais explorer cette possibilité plus loin.

Gary :

Tu deviens accro au mental, mon ami.

Tout ce que tu as fait pour te rendre accro au mental, vas-tu le détruire et le décréer totalement ? Right and Wrong, Good and Bad, POD and POC, All Nine, Shorts, Boys and Beyonds.

Quelle batardisation de sexualness infinie utilises-tu pour créer l'accro au mental, l'accro aux sentiments et l'accro au sexe que tu choisis ? Tout ceci multiplié par un dieulliard, vas-tu le détruire et le décréer totalement ? Right and Wrong, Good and Bad, POD and POC, All Nine, Shorts, Boys and Beyonds.

Participant :

Pourrais-tu expliquer ce que tu voulais dire quand tu as dit qu'il devenait accro au mental ? Pourquoi est-ce être accro au mental ?

Gary :

Premièrement : «J'essaie de ne pas être trop enthousiaste.» C'est être accro au mental. C'est lié à ce que tu dois essayer d'être ou faire. Deuxièmement : «Comment est-ce que je change ça pour avoir plus d'aisance par rapport à où aller ou que faire après ?»

Accro au mental.

Participant :

Est-ce que c'est comme essayer de voir ce qui va se passer dans le futur plutôt que de poser une question ?

Gary :

C'est ce que tu crées quand tu as des jugements au sujet de ce que tu es supposé avoir comme relation ou comment tu es supposé être. Quand tu fais un choix et juges ce choix, tu crées une solidité qui requiert que le jugement s'étende et crée ton avenir. Tu crées un futur solide basé sur ces jugements. Est-ce vraiment ce que tu aimerais choisir ?

«Aucun jugement» équivaut à un futur sans jugement. «Jugement», même un jugement positif, équivaut à un futur avec jugement.

COMBIEN DE FUTURS AS-TU CRÉÉS QUI BLOQUENT TA CAPACITÉ À CRÉER ?

Chaque fois que tu choisis, tu crées. Chaque choix crée, que ce soit un choix pour toi ou contre toi. Si tu mets un jugement avec ce choix, tu crées un futur qui commence à se produire, ce qui va créer le jugement comme futur. Disons que tu as treize ans. Tu trouves une fille et elle couche avec toi. Tu te dis : «Oh mon Dieu, je dois l'aimer pour toujours. Je dois rester avec elle. Je dois avoir des enfants avec elle. Je dois avoir tout ça.» Ce sont des futurs potentiels que tu commences à créer, fondés sur tes jugements au sujet de ce que tu as fait et devrais faire.

Participant :
Oui.

Gary :
Tous ceux-ci deviennent quelque chose qui verrouille un futur potentiel et, chaque fois que tu te rapproches de quelqu'un qui correspond à ça, tu ajoutes cette énergie à ce futur, pour créer un futur dont tu as décidé qu'il devait se réaliser. Aucun de ceux-ci n'est réel.

Combien de futurs avec des femmes as-tu créés qui bloquent actuellement ta capacité à créer ? Je vais compter jusqu'à quatre. Le «un, deux, trois» déblaye le passé et le présent. Quand «quatre» est ajouté, ça change le futur que tu crées basé sur les décisions, choix et jugements que tu fais. A quatre, on va les détruire et les décréer tous. Un... deux... trois... quatre. Merci.

Tout ce que tu as créé à propos du futur avec les femmes

et comment tu ne peux pas avoir un futur avec une femme, et comment tu dois avoir un futur avec une femme et sans un futur avec une femme, tu n'es pas un vrai homme et tous les domaines où tu ne peux pas être sans avoir une femme, tous ces futurs, vas-tu détruire et décréer tous ceux-ci à quatre : Un... deux... trois... quatre. Merci

Quelle batardisation d'engagement infini d'être choisis-tu d'utiliser pour créer la nécessité du sexe, des relations, de la copulation et de la sexualité ? Tout ceci multiplié par un dieulliard, vas-tu le détruire et le décréer totalement ? Right and Wrong, Good and Bad, POD and POC, All Nine, Shorts, Boys and Beyonds.

Combien d'entre vous ont le point de vue que sans une femme, vous ne pouvez pas être ? Tout ceci multiplié par un dieulliard, allez-vous le détruire et le décréer totalement ? Right and Wrong, Good and Bad, POD and POC, All Nine, Shorts, Boys and Beyonds.

Est-ce qu'il y en a parmi vous qui ont eu l'impression d'être dirigés par votre besoin de sexe, de copulation ou de relation ?

Participant :

Oui.

Participant :

Oui.

Gary :

C'est à propos de ça. C'est là où tu penses que tu n'as aucun choix. Tu penses que tu dois le faire. Où est ton choix ?

ARRIVER LÀ OÙ IL Y A UN VRAI CHOIX

Toute l'idée de cette série a été de t'amener à ce point où tu peux avoir le choix, au lieu de penser que quelque part tu n'as aucun choix et que tu dois avoir une relation sexuelle. Si tu peux arriver à un vrai choix, tu n'as pas à renoncer à une partie de toi pour créer une relation amoureuse ou sexuelle, et en agissant ainsi tu peux avoir plus de présence et de plaisir. Comment ce serait si les relations sexuelles étaient un plaisir total pour toi ?

Participant :

Oui, s'il te plait.

Gary :

Tout le temps. A chaque fois.

Quelle batardisation d'engagement infini d'être choisis-tu d'utiliser pour créer la nécessité du sexe, des relations, de la copulation et de la sexualité ? Tout ceci multiplié par un dieulliard, vas-tu le détruire et le décréer totalement ? Right and Wrong, Good and Bad, POD and POC, All Nine, Shorts, Boys and Beyonds.

Maintenant, pourquoi est-ce que je dis *sexualité* ? Parce que tu arrives à un point où tu estimes que tu dois avoir une relation sexuelle avec une femme, afin de prouver que tu es un homme. Qu'est-ce que cela a à voir avec le choix ?

Participant :

Rien.

Gary :

Ça veut dire que tu ne parviens à avoir des relations sexuelles qu'avec la moitié de la population. Le seul moment où tu te rends compte que ça n'a pas vraiment d'importance, est quand on te met en prison et que tu n'as personne d'autre qu'un homme avec qui coucher.

Tout ceci multiplié par un dieulliard, vas-tu le détruire et le décréer totalement ? Right and Wrong, Good and Bad, POD and POC, All Nine, Shorts, Boys and Beyonds.

C'était censé être marrant. Où est ton sens de l'humour ? Est-ce trop tard pour que tu aies un sens de l'humour ?

Participant :

Je pense que tu devrais faire un POD et POC sur ton humour afin qu'on puisse rire de tes blagues.

Gary :

Tout ce qui ne te permet pas de reconnaître mon humour et son génie et tout ce qui ne te permet pas d'avoir un sens de l'humour au sujet du sexe, de la copulation, des relations et de la sexualité et tout ce qui ne te permet pas de jouer avec toutes les formes de sexe, de relation, de copulation, de sexualité que tu pourrais potentiellement avoir, vas-tu le détruire et le décréer totalement ? Right and Wrong, Good and Bad, POD and POC, All Nine, Shorts, Boys and Beyonds.

ENGAGEMENT EN TANT QUE DÉCISION/ ENGAGEMENT EN TANT QUE CHOIX

Participant :

Gary, Peux-tu parler de l'engagement et du choix ? Est-ce que nous créons l'engagement en tant que décision au lieu de l'avoir comme un choix ?

Gary :

Oui.

Participant :

Est-ce la perspective de cette réalité sur ce que signifie l'engagement ?

Gary :

Oui.

Tous les futurs que tu as créés basés sur ça, vas-tu les détruire et les décréer totalement : Un... deux... trois... quatre. Merci.

Vous les gars, devez comprendre que vous prenez des décisions à propos d'un engagement et puis vous essayez de valider l'engagement, afin de le rendre réel et correct.

L'ENGAGEMENT COMME UN CHOIX EN DIX SECONDES

Participant :

Tu parles de choisir par intervalles de dix secondes et tu as dit que l'engagement est un choix en dix secondes. Je suis un peu perdu à ce sujet. Comment est-ce que ça fonctionne ?

Gary :

Quand tu choisis par intervalles de dix secondes, dans un intervalle de dix secondes, tu peux dire : «Je l'aime". Dans les dix prochaines secondes, tu peux dire : «Je ne l'aime pas". Tu peux dire : «J'aime mon business» et dix secondes plus tard, tu peux dire : «Je n'aime pas mon business". Quand tu choisis par intervalles de dix secondes, il existe la possibilité de création constante.

Vous les gars, d'une certaine manière, êtes arrivés à ce point de vue étrange que l'engagement est permanent. Vous pensez qu'une fois que vous avez pris un engagement, aucun autre choix n'est possible.

Quand tu t'engages par choix, tu dois te rendre compte de ce qui est vraiment possible. C'est demander : "Qu'est ce qui est possible ici que je n'ai pas envisagé ?" Et si tu regardais ce qui est possible, au lieu de ce que tu penses que ça devrait être ? C'est différent d'essayer de t'engager à l'engagement auquel tu t'es déjà engagé.

Participant :

Ça serait bien trop facile.

Gary :

Oui, et c'est pourquoi tu n'auras pas de facilité dans ta vie. Tu essaies toujours de chercher les parties difficiles et les parties mauvaises, au lieu de ce qui rendrait quelque chose facile. Et si tu faisais tout à partir de ce qui est facile plutôt que de ce qui est difficile ?

Participant :

C'est si remarquablement simple.

Gary :

C'est simple. Nous cherchons toujours comment nous pouvons faire fonctionner quelque chose qui ne semble pas marcher, plutôt que de poser les questions :
- Qu'est-ce qui fonctionne avec ça ?

♦ Qu'est ce qui ne fonctionne pas avec ça ?

Par exemple, disons que tu prends un engagement à te marier. Est-ce que ça veut dire que tu dois y donner suite ? Si tu te maries avec une femme, es-tu marié avec elle pour toujours ?

Participant :

Non.

Gary :

Tu essaies toujours d'arriver à un point à partir duquel tu penses pouvoir fonctionner. Tu penses que ça va créer quelque chose de mieux qu'être vraiment présent. Tu essaies toujours d'évaluer ce que ça va être, avant même de l'avoir choisi. Combien de futurs possibles crées-tu et combien de futurs possibles as-tu créés, afin de créer ce qui ne fonctionne pas dans ta vie ? A quatre : Un... deux... trois... quatre. Merci.

Tu dois choisir à partir d'une sensation de paix. Quel genre de paix et de possibilité sont disponibles ici, que tu n'as pas envisagées ? La seule raison d'être dans une relation, c'est pour avoir une sensation de paix, ce qui est la sensation de joie et de possibilité et la sensation qu'il y a quelqu'un qui te soutient tout le temps, quelqu'un avec qui tu peux t'amuser sexuellement.

Participant :

Et pas seulement sexuellement.

Gary :

Oui, et il devrait y avoir une sensation de paix avec le sexe.

Si tu as du sexe, tu ne devrais pas avoir le point de vue : «Je n'aurais pas dû faire ça.» Ça devrait être : «Qu'est-ce que je peux choisir que je n'ai pas choisi ?» Comment ce serait si tu choisissais quelque chose de mieux ?

CRÉER UNE RELATION AVEC L'ENFANT DE TA PARTENAIRE

Participant :

Gary, j'ai une question à propos d'une relation que je choisis avec une petite fille de 4 ans. Elle fait... je ne sais pas trop comment appeler ça... de la protection ou de la défense ou de la concurrence avec moi. Est-ce que je peux lui parler de façon à lui permettre de comprendre que je ne lui vole pas Maman ? C'est ce qui se présente.

Gary :

Oui, tu peux lui dire : «J'aime bien passer du temps avec ta maman. Tu aimes passer du temps avec ta maman. Quel genre de relation veux-tu avoir avec moi ?»

Participant :

Cool. C'est vraiment léger.

Gary :

"Que veux-tu que je sois pour toi ? Veux-tu que je sois ton papa supplémentaire ? Veux-tu que je sois l'ami de ta mère ? Veux-tu que je sois ton ami ? Que veux-tu ?»

Participant :

Oui et ça va lui donner le choix. Génial.

Gary :

Oui. Elle a besoin d'avoir le choix. Quand je me suis installé avec mon ex-femme, elle avait un fils, Adam, qui avait seize ans et qui était incontrôlable et une fille, Shannon, qui avait six ans et qui était incontrôlable. J'ai demandé à Adam : "Que veux-tu que je sois dans ta vie ? Comment veux-tu que je sois dans ta vie ? Veux-tu que je sois le mari de ta mère ? Veux-tu que je sois ton beau-père ? Veux-tu que je sois ton méchant beau-père ? Que veux-tu que je sois ?» Il a choisi que je sois son père et j'ai dit : «OK, à partir de maintenant je suis ton père.»

Participant :

Et donc, tu es cette énergie de ce qu'est le père ?

Gary :

Oui. Tout à fait.

Participant :

Donc, ça peut être celui qui fait la loi, ou quoi que ce soit d'autre.

QU'EST-CE QU'UN PÈRE POUR TOI ?

Gary :

Tu dois demander : «Qu'est-ce qu'un père pour toi ?» Trouve ce qu'est leur définition d'être un père ou un frère ou autre.

Participant :

Oui.

Gary :

Laisse-les définir la relation et tu fais tout ce que tu peux pour être ça

Participant :

Ça le rend tellement facile.

Gary :

Oui. Tu peux t'adapter. Ils ne le peuvent pas.

Participant :

Oui. Je comprends.

Gary :

Tout le monde s'attend à ce qu'un enfant s'adapte et ce n'est pas la bonne chose à faire. A un moment dans ma relation avec mon ex, Shannon me traitait comme de la merde. Je lui ai demandé : «Comment se fait-il que tu me traites comme de la merde ? «

Elle a répondu : «Parce que tu n'es pas ma vraie famille.»

J'ai dit : «Si tu vas me traiter comme de la merde, je vais te traiter exactement de la même façon dont tu me traites, en pire.»

Quand elle me traitait comme de la merde, je la traitais comme de la merde. Je lui donnais exactement la même merde qu'elle me donnait et en trois semaines, tout a changé.

Participant :

Trois semaines. C'est long !

Gary :

Oui, c'était long, mais je m'en suis sorti. Tu dois être le

plus conscient des deux.

Participant :

Pourquoi les gosses ne peuvent-ils pas s'adapter ?

Gary :

Parce que toute leur vie tourne autour du fait qu'ils doivent changer en fonction du point de vue des autres. Ils ont le sentiment qu'ils n'ont aucun contrôle sur quoi que ce soit.

Participant :

Donc ils peuvent s'adapter, mais nous ne devrions pas nous attendre à ce qu'ils le fassent ?

Gary :

Eh bien, tout le monde s'attend à ce qu'ils s'adaptent. Tu t'attends à ce que ton gosse s'adapte à ta réalité tout le temps. Alors, le point de vue du gosse est : «Je n'ai aucun contrôle". Et si un gosse n'a aucun contrôle, que fait-il ou elle pour regagner du contrôle ? Ils utilisent colère, rage, furie et haine.

Participant :

Tout à fait.

Participant :

Est-ce que c'est ce que je fais avec mon fils ? Créer ma vie et m'attendre à ce qu'il veuille m'accompagner ?

NE CRÉE PAS UN CONFLIT OU UNE SÉPARATION CHEZ TES GOSSES

Gary :

L'autre jour tu lui as dit : «Tu as le choix. Veux-tu rentrer à la maison chez ta mère et retourner à ton école ?» Dire : «Veux-tu retourner à l'école ? « est une chose, mais utiliser rentrer chez sa maman comme une punition n'était pas une bonne chose, parce que sa loyauté envers sa mère entre en conflit avec son désir d'être avec toi. Ne crée pas ça chez tes gosses.

Participant :

Qu'aurais-je pu dire ?

Gary :

"Fiston, si tu veux rentrer chez ta mère, je peux essayer de trouver quelqu'un qui te ramènerait chez elle.»

Participant :

Oui.

Gary :

Comme ça, il a le choix.

Participant :

C'est tellement intéressant ! Je n'ai jamais considéré ça jusqu'à maintenant. Ce serait le traiter de la manière dont j'aurais aimé qu'on me traite.

Gary :

Oui. Si tu es dans une relation avec quelqu'un et que tu

traites ton gosse comme ça, le gosse doit créer de la colère contre la personne avec qui tu es.

Participant :

Oh, d'accord.

Gary :

Et ça leur donne peu ou pas de choix dans la vie.

Participant :

Je vois combien c'était méchant de demander à mon fils :»Veux-tu rentrer chez ta mère et retourner dans ton école ?» As-tu plus d'informations à me donner au sujet de comment je créais une séparation avec...

Gary :

Disons que tu lui as dit ça parce que tu considères comme une punition de l'envoyer chez sa mère. Le considère-t-il comme une punition ?

Participant :

Non.

Gary :

Si tu fais ça, il doit choisir entre sa mère - et toi et ta partenaire. A qui va-t-il s'en prendre ?

Participant :

A ma partenaire.

Gary :

Oui, parce *qu'elle* est le problème.

Participant :
Pourquoi ferais-je ça ? C'est tellement clair maintenant que c'était méchant.

Gary :
C'était juste un moment de maladresse. Tu n'essayais pas de faire quelque chose intentionnellement. Tu ne fonctionnais pas à partir de la conscience du résultat produit par tes choix.

Participant :
Oui. Merci.

Gary :
Tu n'as pas causé de dommages permanents.

Participant :
Non, et sa mère lui dit : «Je vais t'envoyer vivre avec ton père ! Tu es tout à fait comme ton père !» Tout ça, c'est d'une telle méchanceté. Je l'ai détestée d'avoir fait ça et je n'avais même pas remarqué que je le faisais aussi avec lui, jusqu'à ce que tu le dises.

Gary :
C'est parce que je suis prêt à dire les choses que personne d'autre n'est prêt à dire.

Participant :
Peux-tu me dire dans quelles autres situations je fais ça ?

QUAND ESSAIES-TU DE L'AMENER À TE PRÉFÉRER À SA MÈRE ?

Gary :
Tu dois considérer les situations où tu essaies de l'amener à te préférer à elle.

Participant :
Oui.

Gary :
Le moyen le plus facile à l'amener à te préférer est de le laisser aller chez elle et juste être toi quand il revient.

Participant :
Oui.

Gary :
La mère de mon fils essayait toujours de prouver qu'elle était meilleure que moi. Aujourd'hui, il veut qu'elle s'en aille et il veut que je sois là tout le temps. La mère de Shannon ne voulait jamais que je sois près de Shannon et ne voulait jamais que je la touche. Et aujourd'hui Shannon veut être avec moi. Elle ne veut pas être avec sa mère.

C'est comme ça que ça marche. Le parent qui essaie de prouver qu'il est le meilleur, le parent qui essaie de contrôler le gosse, perd le gosse. Si tu ne vis pas avec la mère de ton enfant, saches que le gosse va toujours te préférer à ta partenaire. Tu dois faire de ton gosse le numéro un avant ta partenaire et laisser ta partenaire savoir que tu ne le fais que pour rendre le gosse heureux. Qui est ta priorité numéro un ?

Ton gosse ou ta partenaire ?

Participant :
  Mon gosse.

Gary :
  Donc, s'il est ta priorité numéro un, quelle est la place de ta partenaire ? Elle est numéro un, aussi. Tu dois prendre du temps pour chacun d'entre eux. Chacun a son propre temps privilégié avec toi. Chacun sait qu'il est numéro un dans ton agenda.

Participant :
  D'accord, au lieu d'essayer de les combiner.

Gary :
  Oui, parce que le gosse va commencer à sentir qu'il perd sa position et il va avoir du ressentiment pour ta partenaire. Tu dois prendre un certain temps avec le gosse, jusqu'à ce qu'il sente qu'il n'a plus besoin de toi. C'est comme pousser des quantités énormes d'énergie vers lui, jusqu'à ce qu'il en ait suffisamment. Si tu pousses des quantités énormes d'énergie vers une personne, soit ils se remplissent, soit ils veulent s'en aller. Dans les deux cas, ils n'ont plus le sentiment d'avoir été abandonné.

Participant :
  Tandis que j'ai essayé de lui donner tout ce que sa mère ne pouvait pas afin...

Gary :
  Afin qu'il t'aime mieux.

Participant :
   Oui.

Gary :
   Ça ne fait que créer une situation où il doit choisir *contre* au lieu de *pour*.

Participant :
   Ça aide beaucoup. Merci.

Gary :
   La chose sympa pour toi, est que ta partenaire aime ton gosse et est disposée à faire des choses pour lui et à lui donner des choses qui le rendent heureux. C'est ce qui rend ça fonctionnel. Quand un gosse vit avec sa mère et son père, les deux parents vont bien s'occuper du gosse. Quand il y a un beau-parent, le beau-parent commence souvent à avoir du ressentiment, du fait que le gosse prend tellement d'énergie et de temps. Tu ne dois jamais permettre au ressentiment de gérer ta relation, c'est pourquoi tu dois être dans la question et demander : "Que puis-je créer ici que je n'ai même pas envisagé ?"

"J'AI ESSAYÉ D'ÊTRE LE PAPA COOL"

Participant :
   Je suis tellement reconnaissant pour tout ce qui est ressorti de cette discussion. Je me rends compte de toutes les situations où j'ai essayé d'être le papa cool ou le papa riche ou le papa qui n'a pas de point de vue, plutôt que quelqu'un

qui pourrait juste être là avec son gosse. J'ai créé toutes ces situations où j'essayais de *faire* quelque chose.

Gary :

Oui. Et qu'est-ce que ta mère t'a appris ? Est-ce qu'elle t'a appris à essayer d'être mieux que ton père ?

Participant :

Elle a essayé de m'apprendre à ne pas être mon père, alors j'ai dû le devenir afin d'évaluer comment ne pas être comme lui.

Gary :

Oui, et en même temps, tu essaies toujours de faire ce qu'elle faisait, qui était de prouver que ton père n'était pas aussi bon qu'elle.

Participant :

Oui, alors combien de mon futur est toujours créé par ça ?

Gary :

Beaucoup. Alors pouvons-nous détruire et décréer tout ça ?

Participant :

Oui.

Gary :

Un… deux… trois… quatre ! Merci.
Il y en a pas mal d'autres parmi vous qui avez des mères et pères qui font la même chose.

Participant :
J'aimerais dire combien je suis reconnaissant pour cette conversation. Je ne suis pas un beau-père et je n'ai pas de belle-mère, ni rien de ce genre. Je n'ai même pas d'enfants, mais la prise de conscience que cette conversation fait ressortir est applicable à la vie en général. C'est génial.

Gary :
Si tu vois des gens qui font des choix qui vont créer des choses qu'ils ne cherchent pas, alors au moins tu sais avec quoi les aider ou comment les assister.

Participant :
Oui.

Participant :
Est-ce que je peux demander une chose de plus à ce sujet ? Pouvons-nous détruire et décréer toutes les situations où je l'ai créé comme le futur de mon fils ?

Gary :
Tout ce que tu as fait pour créer ce genre de futur. Toutes les projections et attentes que tu as eues au sujet des autres, que tu as créées comme futurs qui sont verrouillés dans leur univers et toutes les projections et attentes : Un... deux... trois... quatre ! Merci.

Ça arrive avec les femmes aussi, quand les femmes projettent que tu devrais être dans leur futur. Elles te regardent et disent : «Oh, c'est l'homme pour moi.» Elles commencent à essayer de solidifier dans ta réalité un futur qui devrait être, basé sur le fait que tu sois avec elles.

Combien d'entre vous les gars, avez toujours ces genres de futurs créés.

Participant :

Oh, nom de dieu !

Gary :

Oui. Pouvons-nous détruire et décréer tous ceux-ci : Un... deux... trois... quatre ! Merci.

Participant :

Celui-là, il est énorme. Merci infiniment de l'avoir évoqué.

Participant :

Et ça s'applique à l'argent, aussi. Quand je t'ai rencontré, combien avais-je de projections avec l'argent ?

Gary :

Oui. Apparemment, le processus qui a pour objet de vous débarrasser des projections pour vos futurs, vous donne plus de liberté que tout ce que j'ai fait ce soir.

Participant :

Tu m'as dit que j'étais indûment généreux, pourtant ma femme m'accuse parfois d'être égoïste. Elle pense que je ne la prends pas assez en compte. Qu'est-ce que c'est ?

APPRENDS À ÊTRE MANIPULATEUR

Gary :

C'est une femme. Si elle n'est pas la priorité numéro un

dans ta vie et la personne numéro un que tu écoutes et à qui tu parles, son point de vue est que tu ne lui prêtes pas assez attention. Il y a toutes sortes de manières dont tu peux changer ça.

Par exemple, assure-toi de lui ramener un cadeau au moins une fois par semaine. Ça n'a pas besoin d'être gros, juste quelque chose qui montre que tu penses à elle. Ça peut être une simple fleur. Trouve une belle fleur et dis-lui : «Chérie, je voulais te donner ça, parce que ça me fait penser à toi. C'est si proche de la perfection, et je ne pouvais pas imaginer quelque chose de plus beau.» C'est bon pour trois jours et tu as des chances d'avoir une pipe avec ça, aussi. Les gars, vous devez apprendre à être plus manipulateurs.

Participant :

Juste des petites marques de «je pense à toi ?» Peux-tu énumérer un peu plus de ces choses qui rendraient la vie avec une femme encore plus plaisante et facile ?

Gary :

Demande-lui : «Qu'est-ce que tu aimerais de ma part ?» et sois disposé à entendre la réponse qu'elle ne te dit pas. Les femmes font quelque chose que j'appelle le sous-entendu. Tu poseras une question comme ça et elles répondront : «Oh, rien» mais ça ne signifie pas «rien". Ça veut dire : «Je veux que tu saches ce que je veux sans rien avoir à te dire.»

Si ta femme fait ça, va faire du shopping avec elle et demande-lui : «Qu'est-ce que tu aimes dans cette vitrine ? Qu'est-ce qui te fait vraiment envie ?» jusqu'à ce que tu commences à avoir une idée de ce que pourraient être ses goûts. Alors tu as un choix.

Chaque fois que tu es avec elle, exprime de la gratitude pour le fait qu'elle soit dans ta vie. «Je suis tellement reconnaissant que tu sois dans ma vie. Je suis tellement reconnaissant du cadeau que tu es.»

Participant :

J'ai dit ça un jour à ma partenaire et elle a failli me couper les couilles.

Gary :

Oui, parce qu'elle a pensé que c'était une manipulation. Tu aurais dû dire : «Chérie, j'étais sérieux. Je le pensais vraiment.»

Participant :

Je le vois lui disant à quel point elle est belle tout le temps. Est-ce exprimer de la gratitude aussi ?

Gary :

Oui, c'est la seule manière dont elle peut le recevoir.

Participant :

Oui, elle le peut.

Gary :

Elle peut recevoir : «Tu es tellement belle. Comment j'ai eu la chance de t'avoir dans ma vie ?» Tu dois trouver ce que la personne peut recevoir. Donne-lui ce qu'elle peut recevoir. N'utilise pas les phrases que je te donne ici. Tu l'as déjà compris. J'ai observé ta partenaire devenir de plus en plus jolie chaque année et j'ai observé que vous étiez de plus en plus sur la même longueur d'onde et connectés l'un à l'autre.

Participant :

Un jour, tu m'as dit de donner à ma partenaire des choses que personne ne lui a jamais données. C'était putain de «waouh".

Gary :

Un jour, Dain et moi avons donné un collier à une femme qui travaille pour nous, c'était la chose la plus chère qu'elle ait jamais reçu et ça a créé une faille dans son univers. En résultat de cela, nous avons gagné encore plus d'argent. Quand tu es disposé à reconnaître le fait que les femmes méritent ce genre de choses, elles disent : «Oh mon Dieu. Ce gars est vraiment là pour moi. Je le soutiens. Il est à moi.»

Et comme le dit Dain, ce n'est pas fait à partir de : «Oh, ça va être une manipulation.» C'est fait à partir de la gratitude et de la joie qui sont vraiment là, parce qu'il y a une gratitude pour chaque personne qui est dans ton univers et pour tout ce qu'ils offrent et procurent.

Ok, messieurs, ce fut un plaisir. Je pense que vous êtes parmi les gars les plus cool de la planète et les seuls avec assez de courage pour devenir des hommes.

Participant :

Tu es fantastique, Gary !

Participant :

Merci Gary.

12
Décrypter les sous-entendus des femmes

*Les sous-entendus est la manière dont fonctionnent les femmes.
Il y a "Ce qu'elle dit" et il y a "Ce qu'elle pense."
Ce qu'elle pense est ce que tu es censé faire.*

Gary :

Bonjour messieurs. Êtes-vous heureux ?

Participant :

Oui. Nous sommes vraiment heureux.

Participant :

Nous sommes heureux ! Heureux !

Gary :

D'accord, allons-y. Voyons ce que je peux créer ici. Voyons à quel point je peux vous rendre malheureux. Qui a une question ?

ENTRAÎNEMENT CULTUREL

Participant :

Je me retrouve plus attiré par des femmes qui sont de la même race et ethnicité que moi et qui ont la même couleur de peau. Est-ce qu'avoir des relations sexuelles avec des personnes de la même race et ethnicité est un implant ou une programmation dans le corps ?

Gary :

Non, c'est un conditionnement que tu as appris de ta culture. Nous avons tendance à être plus stimulés par des personnes de la même "ethnicité" parce qu'on nous a formés à croire qu'elles sont les plus attirantes. Ce n'est pas une programmation ; c'est de l'entraînement.

Beaucoup de gars regardent une femme et se disent : "Oh ! Elle est canon !" Est-ce vraiment la regarder ? Non, tu en fais un objet et tu la transformes en un "quoi" dans ton monde au lieu d'être avec elle en tant qu'être.

Combien d'entraînements choisis-tu d'avoir tu pour déterminer avec qui ou quoi tu vas coucher et avec qui tu ne vas pas coucher ? Tout ceci multiplié par un dieulliard, vas-tu le détruire et le décréer totalement ? Right and Wrong, Good and Bad, POD and POC, All Nine, Shorts, Boys and Beyonds.

"J'ATTIRE SOUVENT DES HOMOS"

Participant :

Il me semble que j'attire souvent des homos. Ils aiment

flirter avec moi et ça me rend toujours mal à l'aise parce que je ne sais pas comment réagir. Comment est-ce que je crée ceci ?

Gary :

Eh bien. Je ne sais pas. Ça se pourrait que tu sois vraiment sexy ! Le truc à propos des homos est qu'ils aiment les hommes qui sont sexy. Si tu es sexy, les homos vont te convoiter. Ça ne veut pas dire que tu sois homo, bien que ça simplifierait les choses si tu l'étais. Ça veut dire que tu es beau gosse. Dommage que tu sois un idiot. Tu penses que tu n'es pas beau gosse parce que les femmes ne te courent pas après de la manière que les hommes le font. Crétin, crétin, crétin.

Participant :

Est-ce que j'envoie les mauvais messages aux homos ?

Gary :

Non.

Participant :

Comment est-ce que je peux changer ça ?

Gary :

Apprécie-le. Reconnais que c'est juste une confirmation de ce que tu as fait et de ce qui fonctionne pour toi.

OÙ AS-TU BESOIN DE METTRE TON ÉNERGIE ?

Participant :

Je commence une relation consciente avec une femme, et je me suis rendu compte que j'ai bougé plus dans ma propre affaire et moins dans Access Consciousness et le soutien des autres facilitateurs. Est-ce que j'exclus Access afin de créer ma relation et ma propre affaire ?

Gary :

Non. Tu dois être disposé à voir où tu as besoin de mettre ton énergie chaque jour. C'est la partie la plus importante de tout ça. Ça ne veut pas dire renoncer à Access. Tu dois te demander : "Quelle priorité va créer le meilleur résultat pour moi ?"

Participant :

Que puis-je être ou faire de différent pour les avoir tous comme priorité ?

Gary :

Tu ne peux pas les avoir tous comme priorité. Tu pourrais reconnaître qu'il y a des moments où une chose est une priorité et des moments où c'en est une autre. Et si tu es avec une femme, elle est toujours la priorité.

Participant :

Que puis-je être qui me permettra de recevoir plus d'Access Consciousness et de ta part ?

Gary :
Ce que tu peux être est toi. Et si tu fais ton business, si tu fais toutes les choses dont tu parles là, tout devrait s'améliorer.

UNE RELATION AVEC UN GOSSE EN PRIME

Participant :
La relation que j'ai maintenant a un gosse en prime. J'ai trouvé que parler avec mon appréciable moitié de comment nous facilitons sa fille, a créé une super connexion entre nous. Est-ce une contribution pour l'enfant, moi et la femme – ou est-ce que ça va me revenir en pleine poire ?

Gary :
Non, c'est une contribution. Tu dois comprendre que c'est où tu vas là. C'est ce à quoi tu peux contribuer et ce qui est vraiment possible.

Participant :
Après la dernière téléclasse, j'ai demandé à ma belle-fille ce qu'elle aimerait que je sois dans sa vie et elle a répondu : «Heureux.» Après que nous en ayons parlé un peu plus, elle a dit : «Un ami.» Nous en avons parlé aussi et son point de vue est qu'un ami est un camarade de jeux. Comment puis-je utiliser ça ?

Gary :
Sois un compagnon de jeu.

Participant :

Elle a aussi joué à changer son nom avec mon nom et elle m'a appelé *Papa* une fois.

Gary :

Ça voudrait dire qu'elle essaie de faire de toi un papa. Tu dois voir si tu es disposé à être ça, parce que même si tu finis par ne pas rester avec cette femme, tu dois être disposé à être le papa pour la gosse, sinon la femme va te haïr.

Participant :

Ma belle-fille aime faire des vidéos sur les entités et des choses comme ça avec moi. Je lui ai demandé ainsi qu'à sa maman, si je peux les utiliser pour promouvoir mon business. Elles sont toutes deux ok avec ça. Qu'est-ce que ça va créer ?

Gary :

Ça va créer leur implication dans ton business, ce qui devrait créer plus de profit pour toi.

Participant :

Est-ce que ça devrait être fait comme un "Accord et Engagement" ?

Gary :

Oui. Tout devrait être fait comme un "Accord et Engagement".

UNE VIE NON DÉFINIE

Participant :

Tout d'abord, je veux te dire merci infiniment pour ces téléclasses. Elles ont changé ma vie de tant de façons. J'ai acquis plus de clarté à propos de ma manière de fonctionner avec les femmes, avec les relations et ce que je peux faire différemment pour que les choses marchent. Je me donne moins tort et j'ai plus de paix intérieure. A ce moment précis, j'ai l'impression qu'il n'y a aucun domaine de ma vie où je dois m'accrocher à quoi que ce soit. J'ai demandé une vie non définie, ce qui signifie pour moi être libre des définitions et limitations que les autres m'imposent. Je n'ai aucune idée comment fonctionner avec ça, pourtant, à part poser des questions.

Gary :

Si tu fonctionnes à partir de questions dans tes relations et avec tout ce que tu fais, tu commences à avancer vers une vie non définie. Si tout est une question, tu ouvres la porte pour une relation qui n'a pas encore existé. Demande :

Quels énergie, espace et conscience pouvons-nous être mon corps et moi qui nous permettraient d'avoir une relation au-delà de cette réalité avec aisance totale ? Tout ce qui ne permet pas à ceci d'apparaître multiplié par un dieulliard, vas-tu le détruire et le décréer totalement ? Right and Wrong, Good and Bad, POD and POC, All Nine, Shorts, Boys and Beyonds.

Tu pourrais mettre ça en boucle et l'écouter sans arrêt pendant au moins trente jours, jusqu'à ce que tu comprennes qu'il y a une façon différente de tout appréhender.

GÉRER LA COLÈRE D'UNE FEMME

Participant :

Quand ma femme se met en colère ou me la projette, je continue à aller dans un au-delà et je me renie. Parfois, je me donne tort. J'ai utilisé des déblayages avec les au-delàs et les implants SHICUUUU, mais il y a toujours de la résistance à recevoir l'énergie de sa colère.

Gary :

La colère n'est jamais rien d'autre qu'une façon de te contrôler. Et si tu pouvais avoir un autre choix ? Serais-tu disposé à avoir ça ?

Participant :

Devrais-je utiliser : "Quels énergie, espace et conscience mon corps et moi pouvons-nous être qui me permettraient d'être le tas de merde pathétique, le tort et la faiblesse que je suis véritablement ?"

Gary :

Ce n'en est pas un bon. Tu peux utiliser :

Quelle batardisation de capacité infinie est-ce que je choisis d'utiliser pour créer le tort, le tas de merde pathétique et le couard faible, poltron que j'essaie d'être, que je prétends être ? Tout ce qui est multiplié par un dieulliard, vas-tu le détruire et le décréer totalement ? Right and Wrong, Good and Bad, POD and POC, All Nine, Shorts, Boys and Beyonds.

Participant :

J'ai aussi essayé d'utiliser les tractions d'énergie, de baisser mes barrières, de faire point de vue intéressant et POC et POD et ils marchent tous parfois. Mais quand je vais dans un au-delà, tous ces outils disparaissent. Y a-t-il un autre moyen d'être libre ici et de lâcher ça ?

Gary :

Parfois, tu dois être disposé à te mettre en colère. Tu peux utiliser la colère sans jugement et sans force. Utiliser la colère sans jugement et sans force est l'élément générateur de la colère. Tu dois être disposé à faire ça. Sois disposé à utiliser la colère quand tu en as besoin. La plupart d'entre nous pensons que l'objectif est de ne pas être en colère. Et si ça n'était pas ça ? Et s'il y avait un autre choix que nous n'avons pas encore choisi ?

Participant :

Peut-on utiliser la colère sans jugement avec les gosses, aussi ?

Gary :

Oui. Avec les gosses tu peux dire : «Arrête. C'est fini.»

Participant :

Est-ce que la colère sans jugement est la même chose que l'énergie tueuse ?

Gary :

Non, la colère sans force ou jugement est : «Tu sais quoi ? Refais ça et toi et moi c'est fini.»

Les gens ont tendance à avoir le point de vue que la colère

est toujours un tort, mais ce n'est pas le cas. C'est juste que tu es un homme, donc tu es un tort en général.

Tout ce que tu as fait pour ne pas percevoir, savoir, être et recevoir les autres options que tu as, vas-tu le détruire et le décréer totalement ? Right and Wrong, Good and Bad, POD and POC, All Nine, Shorts, Boys and Beyonds.

PRÉSENCE AGRESSIVE DANS LES RELATIONS

Participant :

Peux-tu parler un plus au sujet de la présence agressive dans les relations et à quoi ça pourrait ressembler ?

Gary :

La présence agressive est la volonté à être toi et à être présent dans une relation peu importe le résultat final. C'est n'avoir aucun point de vue. Tout est juste un point de vue intéressant, rien de plus. Quand tu es disposé à fonctionner sans le sentiment que tu dois faire autre chose qu'être simplement présent, tu commences à créer une réalité dans laquelle rien ne devient un tort et tout devient une possibilité.

COMMENT ABORDER UNE FEMME

Participant :

Peux-tu parler de comment aborder les femmes ?

Gary :

Ça dépend de ce que tu recherches. Tu dois poser ces questions :
- ✦ Qu'est-ce que je veux vraiment créer ici ?
- ✦ Qu'est-ce que je veux faire ?
- ✦ Comment est-ce que ça va fonctionner pour moi ?
- ✦ Qu'est-ce que je veux obtenir de cette femme ?

Si tu souhaites vraiment créer quelque chose avec une femme, tu dois poser la question : «Qu'est-ce que je veux vraiment créer ici ? « Beaucoup d'entre vous essayez de créer quelque chose basé sur un mensonge.

Combien de mensonges utilises-tu pour créer les relations que tu choisis ? Tout ceci multiplié par un dieulliard, vas-tu le détruire et le décréer totalement ? Right and Wrong, Good and Bad, POD and POC, All Nine, Shorts, Boys and Beyonds.

"LE MOT *ENGAGEMENT* ME BLOQUE TOUJOURS"

Participant :

Le mot *engagement* me bloque toujours. Par exemple, l'idée de m'engager dans une relation me donne l'impression que je dois exclure toutes les autres femmes avec lesquelles j'aimerais coucher ou que j'aimerais côtoyer. Ou m'engager à un accord en affaires ou dans un job signifie que je dois exclure toutes les autres possibilités en affaires.

Gary :

Combien d'entre vous adoptez la merde que vous n'êtes

seulement capables de, ou disposés à, ou aimeriez avoir seulement une personne ou un business comme la somme totale de ta réalité ? Tout ceci, multiplié par un dieulliard, allez-vous le détruire et le décréer totalement ? Right and Wrong, Good and Bad, POD and POC, All Nine, Shorts, Boys and Beyonds.

Participant :
Les attentes de l'autre personne me donnent envie de fuir.

Gary :
Et si tu étais simplement conscient - plutôt qu'idiot ?

Participant :
(Rires)

Gary :
Reconnais que tu es conscient. Tu es bien plus conscient que quatre-vingt-dix pour cent des gars sur la planète. Alors qu'est-ce que ça signifie ? Ça signifie que tu as plus de possibilités, avec plus de femmes que les autres gars.

Utilise ta conscience et demande :
+ Qu'est-ce que cette personne veut entendre ?
+ Qu'est-ce que cette personne veut créer ?
+ A quoi est-ce que ça va ressembler ?

Commence à atteindre cet univers et tu seras capable de parler à n'importe qui, sans la sensation que tu ne peux pas choisir d'être avec elle. Tu seras capable de créer ta chaîne de facilitation comme quelque chose de plus grand que ce que tu as fait actuellement.

Participant :

J'ai peur qu'en m'engageant envers quelqu'un ou quelque chose, je me perdrai encore en faveur de cette personne ou chose.

Gary :

Est-ce vraiment à toi ? Je n'aime pas te dire ça, mon ami, mais tu es bien plus conscient que tu ne veux le savoir. Quatre-vingt-dix pour cent de ce qui, selon vous, vous fout en l'air n'est même pas à vous. C'est bizarre non ?

TU PEUX ÊTRE TOI SANS UNE FEMME

Participant :

J'ai rencontré une femme qui a douze ans de moins que moi. Elle vit à soixante kilomètres de chez moi et sa vie est très différente de la mienne. Elle travaille dans l'art et je travaille dans les affaires.

Gary :

Pourquoi penses-tu que tu l'intéresse ? Son point de vue primaire est que tu dois avoir de la réussite. Elle veut apprendre comment réussir.

Participant :

Tout était vraiment facile entre nous, et ni l'un ni l'autre ne recherchait une relation sérieuse, alors nous nous entendions bien. Je l'appréciais vraiment et elle a développé des sentiments qu'elle ne voulait pas et les a mis de côté. C'est comme si elle avait le point de vue qu'elle ne veut pas être dans une relation, alors rien d'autre ne peut se produire. Même si elle avance dans sa vie de la manière qu'elle choisit, j'aimerais avoir plus de clarté à propos de ce qui se passe.

Gary :

Quelle batardisation de la liberté infinie loin des femmes utilises-tu pour créer les relations inconscientes avec les femmes que tu choisis ? Tout ceci multiplié par un dieulliard, vas-tu le détruire et le décréer totalement ? Right and Wrong, Good and Bad, POD and POC, All Nine, Shorts, Boys and Beyonds.

Participant :

Waouh ! C'est l'énergie que je ressentais.

Gary :

Quelle batardisation de la liberté infinie loin des femmes utilises-tu pour créer les relations inconscientes avec les femmes que tu choisis ? Tout ceci multiplié par un dieulliard, vas-tu le détruire et le décréer totalement ? Right and Wrong, Good and Bad, POD and POC, All Nine, Shorts, Boys and Beyonds.

Vous les gars, avez le point de vue bizarre que vous ne pouvez pas être vous sans une femme. C'est putain de bizarre, parce que tu *peux* être toi sans une femme. En fait c'est bien plus facile, mais pour une raison ou une autre, tu as décidé que sans une femme, tu ne peux pas être toi.

Tout ceci multiplié par un dieulliard, vas-tu le détruire et le décréer totalement ? Right and Wrong, Good and Bad, POD and POC, All Nine, Shorts, Boys and Beyonds.

Quelle batardisation de la liberté infinie loin des

femmes utilises-tu pour créer les relations inconscientes avec les femmes que tu choisis ? Tout ceci multiplié par un dieulliard, vas-tu le détruire et le décréer totalement ? Right and Wrong, Good and Bad, POD and POC, All Nine, Shorts, Boys and Beyonds.

Participant :

Active-le encore, s'il te plait.

Gary :

Quelle batardisation de la liberté infinie loin des femmes utilises-tu pour créer les relations inconscientes avec les femmes que tu choisis ? Tout ceci multiplié par un dieulliard, vas-tu le détruire et le décréer totalement ? Right and Wrong, Good and Bad, POD and POC, All Nine, Shorts, Boys and Beyonds.

Et tous les futurs non actualisés et non concrétisés que tu as à propos de ton futur comme étant toujours avec une femme et que le seul moyen pour toi d'avoir un futur est avec une femme, pouvons-nous les détruire, s'il te plait : Un... deux...trois...quatre. Merci.

TU VAS TOUJOURS ALLER VERS LA RELATION PARCE QUE C'EST CE QUE VEUT LA FEMME

Participant :

Je ne désire pas vraiment de relation ; pourtant, j'ai rencontré une femme formidable avec laquelle j'apprécie de passer du temps et même si tout est facile, ça finit par créer une relation.

Gary :

Tu es un homme. Tu es un idiot. Je t'aime, mais tu me fais marcher ? Tu vas toujours aller vers la relation parce que c'est ce que la femme veut. Vous allez renoncer à vous-même en faveur de la femme à chaque fois, les gars. C'est simplement putain de stupide. Vous avez un pénis. Votre QI est proportionnel à la largeur de votre pénis.

Participant :

Est-ce que les choses pourraient être agréables, sans tous ces autres trucs ?

Gary :

Non, je suis désolé. Tu es super mignon, mais tu es extrêmement bête. Une "amitié avec des bonus" n'existe pas. Chaque femme suppose toujours que si tu es amical et facile et qu'en plus de ça tu es mignon, ça veut dire que finalement tu vas débuter une relation et la seule raison pour laquelle tu veux être avec elle, est parce que tu veux vraiment une relation. Désolé les gars. Vous avez un seul cerveau qui fonctionne et c'est celui qui pend entre vos jambes. Le reste de votre puissance cérébrale est inutile.

Participant :

Y a-t-il un moyen de contourner cette merde ?

Gary :

Y a-t-il moyen de la contourner ? Oui. Deviens futé. Considère-le. Après avoir fait la classe du sexe et des relations, j'ai reçu un sms d'une dame qui me disait : «Que dois-je faire pour t'avoir? Puis-je t'envoyer une photo de mon clitoris ? Dois-je disparaître de façon agressive ? Que dois-je faire pour t'avoir ? « M'a-t-elle demandé mon point de vue ? Non. M'a-t-elle demandé si j'étais intéressé ? Non ! Pourquoi ? Parce que c'est une femme et son point de vue primaire est : «Si tu es un homme, tu n'as aucun point de vue à part celui que je veux que tu aies.» Vous devez comprendre ceci, les gars, parce que sinon, vous passerez votre vie entière à essayer de donner raison à la femme et essayer de trouver comment faire pour que ça se passe bien pour elle.

Pas pour *toi*, pour *elle*.

LA FEMME N'EST PAS LA SOURCE DE TA RÉALITÉ SEXUELLE

Participant :

J'ai arrêté de faire de la femme la source de ma réalité sexuelle. Ça m'a donné beaucoup de liberté.

Gary :

Oui. La femme n'est pas la source de ta réalité sexuelle. Combien d'entre vous avez fait des femmes la source de votre réalité sexuelle ? Tu as fait du sexe la source de comment tu vis. Tu décides que tu ne peux pas vivre sans sexe. La vérité est que tu peux vivre sans sexe - mais c'est bien plus plaisant d'en avoir. Mais vous les gars, n'avez pas de sexe pour le plaisir. Vous le faites pour vous assurer de pouvoir continuer à vivre.

Tu penses que le sexe est sérieux. J'ai un point de vue différent. J'ai le point de vue que le sexe est quelque chose que tu fais pour le plaisir. Pourquoi ne pas le faire juste parce que c'est plaisant ?

Quelle stupidité utilises-tu pour créer le sexe sérieux que tu choisis ? Tout ceci multiplié par un dieulliard, vas-tu le détruire et le décréer totalement ? Right and Wrong, Good and Bad, POD and POC, All Nine, Shorts, Boys and Beyonds.

Quand tu arrives au point où le sexe n'a pas d'importance, où c'est ok pour toi d'une façon ou d'une autre, tu crées une situation où tu peux en fait avoir le choix et là quand tu as du sexe, il est bien meilleur.

Les femmes me font toutes sortes d'invitations étranges avec force et je n'ai aucun désir de coucher avec elles. J'aime quelqu'un qui est plaisant, pas quelqu'un qui force les choses. Il doit y avoir une sensation de plaisir dans tout ça, pour moi personnellement. Quand tu arrives au point où tu n'en as aucun besoin, tu commences à choisir avec qui coucher-et quand. C'est une situation plus aisée à partir de laquelle fonctionner, et quand tu y parviens, tu finiras par avoir du meilleur sexe. Je peux te le garantir.

COMBIEN DE JOBS T'A-T-ON DONNÉS ?

Participant :

Je vois que j'ai essayé d'être un émissaire de la paix dans le sexe et les relations. J'ai utilisé le déblayage : «Quelle stupidité est-ce que j'utilise pour créer l'émissaire de la paix que je choisis ?» et il semble que les choses se transforment.

Gary :

As-tu endossé le job d'être émissaire de la paix - ou t'a-t-on donné le job ? T'a-t-on donné ce job in utero ?

Participant :

Donné paraît plus léger.

Gary :

Donc, on t'a donné le job d'être l'émissaire de la paix dans ta famille. Est-ce que ça te donne du choix ou est-ce que ça leur donne le choix pour toi ?

Participant :

Ça leur donne le choix pour moi.

Gary :

Si c'est eux qui choisissent, quels choix as-tu ? As-tu beaucoup de choix ou as-tu peu de choix ?

Participant :

Peu de choix.

Gary :

La réalité est que ce que tu veux vraiment créer est une plus grande possibilité, pas une possibilité moindre. Comment ce serait si tu pouvais avoir la meilleure possibilité que tu aies jamais eue ? A quoi ça ressemblerait ?

Remarque que tu n'as pas de réponse, parce que *pas de réponse* est l'endroit où on ne t'a jamais donné de choix. On t'a donné un job et c'était le job que tu étais censé avoir. Aucun autre job n'allait.

Tout ce avec quoi tu étais d'accord ou à quoi tu as résisté ou réagi, qui a permis à ce job de t'être donné, vas-tu le détruire et le décréer totalement ? Right and Wrong, Good and Bad, POD and POC, All Nine, Shorts, Boys and Beyonds.

Combien de jobs t'ont été donnés dans cette vie par des

femmes qui te demandent de ne pas choisir pour toi, de ne pas être toi et de faire ce qu'elles veulent que tu fasses ? Tous ceux-ci, vas-tu les détruire et les décréer totalement ? Right and Wrong, Good and Bad, POD and POC, All Nine, Shorts, Boys and Beyonds.

Tous les futurs qui ont été créés basés sur ces jobs, pouvons-nous les détruire et les décréer tous, s'il vous plait : Un...deux...trois...quatre. Encore une fois : Un...deux...trois...quatre. Encore une fois : Un...deux...trois...quatre. OK, vous sentez-vous plus libres de choisir ?

Participants :
Oui.

Gary :
Tu penses toujours que parce que la femme t'a donné le job, que ton job soit de sortir la poubelle ou d'être la poubelle, que ce job t'es attribué. On a donné à beaucoup d'entre vous le job d'être l'homme de la famille, surtout si vous avez des mères divorcées. On vous a donné le job d'être l'homme de la famille, mais on ne vous a jamais dit ce que ça signifiait et vous n'avez certainement pas eu les avantages qui vont avec. En général, elles vous ont dit que votre père était si terrible, affreux et vicieux que vous avez décidé que vous ne vouliez pas devenir comme ça et donc vous n'aviez pas du tout l'opportunité d'être vous. Tu sais ce que tu es comme homme, en te fondant sur le père que tu as eu, même si tu ne l'as eu comme père que pour les trente secondes que ça lui a pris d'éjaculer.

Tout ceci multiplié par un dieulliard, vas-tu le détruire et

le décréer totalement ? Right and Wrong, Good and Bad, POD and POC, All Nine, Shorts, Boys and Beyonds.

LE JOB DE TE JUGER TOI-MÊME

Si tu as eu une mère qui jugeait ton père d'une façon ou d'une autre, le seul choix que tu as eu était le job de te juger toi-même.

A combien d'entre vous a-t-on donné le job de sans cesse vous juger à mort ? Tout ceci multiplié par un dieulliard, allez-vous le détruire et le décréer totalement ? Right and Wrong, Good and Bad, POD and POC, All Nine, Shorts, Boys and Beyonds.

Participant :

Comment est-ce que ça fonctionne ? Si ta mère juge ton père alors tu es...

Gary :

Tu es la progéniture. Dans la Bible, il est dit : «Les péchés du père rejailliront sur l'enfant.» Nous y voilà. C'est l'entraînement à supposer que tu es aussi mauvais que ton père. Et si tu passes ta vie à ne pas vouloir être comme ton père, le résultat final est que tu es déjà devenu ça afin de ne pas l'être, ce qui signifie que tu es coincé. En fait, tu es mieux que ton père. Est-ce que quelqu'un l'a remarqué ? T'at-on reconnu un jour comme étant bien mieux que ton père ?

Participant :

Non. Ma maman avait l'habitude de me dire : «Tu ressembles à ton père» et les gens disaient : «Tu ressembles à ton père» et un jour je me suis rendu compte : «Waouh, mon corps est en train de devenir celui de mon père.»

Gary :

Oui. On t'a donné tous ces points de vue. Combien d'entre vous avez le point de vue que vous ressemblez à votre père, ou ressemblez à votre mère, ou à votre oncle ou à votre grand-père ? La vérité est qu'aucun d'entre vous ne ressemble à qui que ce soit, à part vous.

Tout ce que tu as fait pour être d'accord de ressembler au corps d'un autre, vas-tu détruire et décréer tout ça ? Right and Wrong, Good and Bad, POD and POC, All Nine, Shorts, Boys and Beyonds.

QUEL EST LE SOUS-ENTENDU ICI QUE JE NE RECONNAIS PAS ?

Participant :

Quand je demande à une femme ce qu'elle aimerait, ce à quoi ressemblerait quelque chose, ou ce que je pourrais faire pour elle, j'obtiens rarement des informations. Elle ne veut pas répondre, donc nous ne pouvons jamais parvenir à un "Accord et Engagement". Je t'entends dire que les femmes ne disent jamais ce qui est vrai pour elles afin de pouvoir contrôler l'homme. Quelles questions puis-je poser ou quelles énergies puis-je être dans cette situation ? Peux-tu élaborer là-dessus ? Est-ce que je cherche la réponse, pas la conscience ?

Gary :

Oui, tu cherches la réponse, pas la conscience. Qu'aimerais-tu créer ? Qu'aimerais-tu créer avec une femme ?

Tout ce qui ne te permet pas de percevoir, savoir, être et recevoir cela, vas-tu le détruire et le décréer totalement ? Right and Wrong, Good and Bad, POD and POC, All Nine, Shorts, Boys and Beyonds.

Participant :

J'ai un problème avec ceci, aussi. Pouvons-nous en parler un peu plus ? Quand j'ai essayé de faire un "Accord et Engagement", la femme continue à me poser la question que je lui ai posée, alors nous tournons en rond.

Gary :

Pourquoi est-ce que quelqu'un te pose une question que tu viens juste de lui poser ? Parce que a) Il ne veut pas y répondre et b) Il veut découvrir ce qu'est ta réponse avant de te répondre.

Si tu demandes à une femme : "Aimes-tu cette couleur ?" elle va répondre : "Quelle couleur aimes-tu ?" Son point de vue est : "Si tu n'aimes pas la couleur que j'aime, je ne vais pas t'aimer. Si je n'aime pas la couleur que tu aimes, nous n'allons pas nous entendre." C'est le sous-entendu de chaque conversation. Tu dois poser la question : "Quel est le sous-entendu ici que je ne reconnais pas ?"

Participant :

J'ai rencontré quelques femmes. Nous aimons les mêmes choses, nous aimons faire les mêmes trucs et nous avons beaucoup de choses en commun …

Gary :

Chaque femme va te dire que vous avez des choses en commun, que ce soit vrai ou pas. *En commun* signifie : "Nous sommes destinés à être ensemble." C'est le sous-entendu de ce commentaire. Quand une femme dit : "Nous avons beaucoup en commun" ça signifie : "Nous allons nous marier."

Participant :

C'est là où je voulais en venir. Quand une femme dit : "Nous avons beaucoup de trucs en commun", je lui dis : "Oui et qu'est-ce que ça a à voir avec quoi que ce soit ?"

Gary :

Chaque femme va chercher ce que vous avez en commun afin de pouvoir décider que tu es l'homme qu'elle veut. Ça n'a rien à voir avec ton point de vue. Elles se fichent de ton point de vue.

Participant :

Vrai, vrai, vrai.

Gary :

Quand vas-tu piger qu'il y a un texte sous-jacent dans chaque conversation féminine ? "Tu es tellement intéressant" signifie : "Oh, je peux coucher avec toi." "Waouh, c'était vraiment plaisant" signifie : "Qu'est-ce que tu vas faire ensuite ?" et "Quand est-ce que je planifie l'église ?"

Participant :

Je pige.

Gary :

Vous les gars, vous avez le point de vue que les femmes entendent ce que vous dites. Non, non. Elles n'entendent pas ce que vous dites. Elles ont déjà concocté ce qui va se passer.

Combien de ta capacité à comprendre est supplantée par la concoction qu'une femme veut entendre ? Tout ceci, multiplié par un dieulliard, vas-tu le détruire et le décréer totalement ? Right and Wrong, Good and Bad, POD and POC, All Nine, Shorts, Boys and Beyonds.

QUELLE PARTIE DE "LES FEMMES ONT UN SOUS-ENTENDU" NE PIGES TU PAS ?

Les femmes communiquent de façon détournée, pensant qu'elles vont obtenir ce qu'elles veulent en changeant la façon dont elles le demandent, pour qu'à la fin tu capitules et fasses ce qu'elles disent. Les femmes s'attendent toujours à ce que les hommes fassent ce qu'elles veulent. Pourquoi ne piges tu pas ça ? Quelle partie de "les femmes ont un sous-entendu" ne piges-tu pas ?

Le point de vue d'une femme est que si tu dis ce qu'elle dit, tu dis la vérité. Si tu lui dis ce qu'elle veut entendre, tu dis la vérité. Tout le reste est un mensonge.

Vous devez piger ça, les gars. Les femmes fonctionnent à partir d'un sous-entendu. Demande : "Quel est le sous-entendu que je n'écoute pas là ?" Le sous-entendu est la manière dont elles fonctionnent. Il y a "ce qu'elle dit" et il y a "ce qu'elle pense." Ce qu'elle pense est ce que tu es censé faire. Elle dit : "Oh, ce n'est pas un problème. Fais ce que tu veux." Ça signifie : "Tu fais ça et je te tue."

Quelqu'un a dit que nous devrions avoir une appli de sous-entendus pour décrypter ce que disent les femmes. Ça serait génial, non ? Elle dit : "x,y,z" et ça apparaît comme : "ça signifie bla, bla, bla". Dans une classe qu'on a animée cette semaine, j'ai expliqué aux femmes ce qu'était un sous-entendu et elles ont toutes dit : "Oui, mais…"

Je disais : "Le sous-entendu de ça est bla, bla, bla."

Elles disaient : "Que veux-tu dire ? Je ne faisais pas de sous-entendu !"

Je disais : "Si tu en faisais ! Tu viens de le faire ! Ce n'est pas un tort ; c'est juste ce que tu fais. Si tu veux être honnête à propos de ce que tu dis, tu dois voir quand tu le fais. C'est juste une des façons dont les femmes sont différentes des hommes."

Il y a une vidéo You Tube super appelée : "Ça n'a rien à voir avec le Clou."

Une dame dit a un homme : "J'ai besoin que tu m'écoutes. J'ai cette douleur dans la tête."

L'homme dit : "Eh bien, qu'est-ce que c'est que ce clou, là, dans ta tête ?"

La femme dit : "Non, ce n'est pas le problème ! Je veux que tu m'écoutes. Pourquoi tu ne m'écoutes jamais ? Arrête d'essayer de me réparer !"

Vous savez quoi, les gars. Vous êtes des hommes.

Participant :

As-tu des déblayages pour plus de facilité à décrypter les sous-entendus ?

Gary :

Les femmes ont toujours des arrière-pensées. Elles ont toujours un sous-entendu. Rien n'est jamais simple. Ça n'est jamais direct.

Quelle stupidité choisis-tu d'utiliser pour créer ne jamais percevoir et recevoir le sous-entendu ? Tout ceci multiplié par un dieulliard, vas-tu le détruire et le décréer totalement ? Right and Wrong, Good and Bad, POD and POC, All Nine, Shorts, Boys and Beyonds.

"NOUS AVONS UNE RELATION MAINTENANT"

Participant :

Y a-t-il quelque chose que je n'ai pas considéré avec ma relation que si je le considérais, pourrait créer plus d'espace et de possibilités ?

Gary :

Tu fais toujours ça de toute façon, alors je ne pense pas que tu aies besoin de t'en inquiéter.

Toi et ta partenaire essayez de *créer* votre relation. Vous n'essayez pas de vivre dedans. Et c'est primordial. La plus grosse erreur que font les gens est quand ils disent : "Nous avons une relation maintenant." C'est la fin ? Non, ce n'est pas la fin. C'est seulement le début d'autres possibilités. Vous êtes dans un état constant de création de votre relation quand vous fonctionnez à partir de :

- Quelles sont les autres possibilités ?
- Quels autres choix avons-nous ?

- Que pouvons-nous créer d'autre ?
- Comment aimerions nous que soit ceci ?
- Pouvons-nous détruire et décréer tout ce que c'était hier ?

En posant ces questions, ça vous maintient dans l'instant présent et ça ouvre la porte à des niveaux de possibilité que personne d'autre ne peut avoir.

Merci infiniment. Vous avez été un cadeau incroyable les gars. Cette série de classes a été une contribution énorme à de plus grandes possibilités. Vous êtes les gars les plus courageux que j'aie jamais rencontrés, parce que vous êtes prêts à parler d'être quelque chose de différent de ce que les autres gens sont prêts à être.

Participant :

Génial. Je veux te dire merci pour une série superbe.

Participant :

Merci infiniment, Gary.

Gary :

Merci à vous tous de participer à ces téléclasses. Je suis tellement reconnaissant que vous soyez dans le monde les gars. Prenez soin de vous les gars - et allez coucher à tout va ! Mais rappelez-vous de ne coucher qu'une fois. Si vous couchez deux fois, vous allez être dans une relation et si vous couchez trois fois, vous allez vous marier. Et si la fille dit : "Nous avons tellement en commun", son point de vue est que vous allez vous marier bientôt. Alors, vous feriez bien de vous préparer aux conséquences si vous ne correspondez pas à ses attentes.

Je vous adore les gars. Prenez soin de vous !

La Formule de Déblayage d'Access Consciousness

*Tu es le seul qui puisse déverrouiller les points de vue qui t'ont piégé.
Ce que j'offre ici avec le processus de déblayage est un outil que tu peux utiliser pour changer l'énergie des points de vue qui t'ont enfermé dans des situations immuables.*

Tout au long de ce livre, je pose beaucoup de questions et certaines de ces questions pourraient vous déboussoler un petit peu. C'est bien mon intention. Les questions que je pose sont conçues pour passer outre votre mental, afin que vous puissiez accéder à l'énergie d'une situation.

Une fois que la question t'a déboussolé et fait ressortir l'énergie d'une situation, je demande si tu es disposé à détruire et décréer cette énergie, parce que l'énergie bloquée est la source de barrières et limitations. Détruire et décréer cette énergie va ouvrir la porte à de nouvelles possibilités pour toi. C'est pour toi l'occasion de dire : "Oui, je suis prêt à lâcher ce qui maintient cette limitation en place."

Ça sera suivi par des paroles bizarres que nous appelons la formule de déblayage :

Gary Douglas

Right and Wrong, Good and Bad, POD and POC, All 9, Shorts, Boys and Beyonds

Avec la formule de déblayage, nous retournons à l'énergie des limitations et barrières qui ont été créées. Nous examinons les énergies qui nous empêchent d'avancer et de prendre de l'expansion dans tous les domaines où nous aimerions aller. La formule de déblayage est simplement une façon raccourcie de parler qui s'adresse aux énergies qui créent les limitations et les contractions dans notre vie.

Plus tu utilises la formule de déblayage, plus elle agit en profondeur et plus ça déverrouille de couches et de niveaux. Si beaucoup d'énergie remonte pour toi en réponse à une question, ce serait avisé de répéter le processus un certain nombre de fois, jusqu'à ce que le sujet en question ne soit plus un problème pour toi.

Tu n'as pas besoin de comprendre les mots de la formule de déblayage pour qu'elle fonctionne parce que ça concerne l'énergie. Cependant, si ça t'intéresse de savoir ce que signifient les mots, tu en trouveras une brève définition ci-dessous.

Right and wrong, good and bad : Juste & faux, raison & tort, bon & mauvais, bien & mal : est un raccourci pour : « Qu'est ce qui est bien, bon, parfait et correct à ce sujet ? Qu'est ce qui est mal, mauvais, horrible, mesquin, vicieux et terrible à ce propos ». La version raccourcie de ces questions est : "Qu'est ce qui est juste et faux, bon ou mauvais ? Ce sont les choses que nous considérons comme bien, bonnes, parfaites et / ou correctes qui nous piègent le plus. Nous ne souhaitons pas les lâcher puisque nous avons décidé que nous avons tout bon.

POD représente le « point de destruction » (**p**oint **o**f **d**estruction en Anglais), tous les moyens par lesquels tu t'es détruit toi-même afin de maintenir l'existence de tout ce que tu déblaies.

POC signifie « point de création » (**p**oint **o**f **c**reation en Anglais) des pensées, sentiments, émotions précédant immédiatement ta décision de verrouiller l'énergie à cet endroit.

Parfois les gens disent "POD et POC le", ce qui est simplement un raccourci pour la formule plus longue. Quand tu "POD et POC" quelque chose, c'est comme tirer la carte de base d'un château de cartes. Tout l'édifice s'écroule.

All 9 : Tous les 9 représente les neuf différentes façons dont tu as créé cette chose en tant que limitation dans ta vie. Ce sont les couches de pensées, sentiments, émotions et points de vue qui créent la limitation comme solide et réelle.

Shorts : Raccourcis est la version raccourcie d'une série bien plus longue de questions qui inclut :

« Qu'est-ce qui est significatif à ce sujet ? Qu'est-ce qui n'a aucune importance à ce sujet ? Quelle est la punition pour cela ? Quelle est la récompense de ceci ?

Boys : Les gars représentent des structures énergétiques qu'on appelle des sphères nucléées.

Fondamentalement, elles ont à voir avec ces domaines de notre vie où nous avons essayé de gérer quelque chose continuellement, sans aucun effet.

Il y a au moins treize différents types de ces sphères, qui sont collectivement appelées « les gars ». Une sphère nucléée ressemble aux bulles créées quand tu souffles dans une de ces pipes à bulles d'enfant qui a des sections multiples. Ça crée une quantité énorme de bulles et quand tu éclates une bulle, les autres bulles remplissent l'espace.

As-tu déjà essayé d'atteindre le cœur d'un problème, en pelant les différentes couches, comme celles d'un oignon, sans pouvoir jamais y parvenir ? C'est parce que ce n'était pas un oignon ; c'était une sphère nucléée.

Beyonds : Au-delàs sont des sentiments ou des sensations que tu as qui arrêtent net ton cœur, arrêtent net ta respiration, ou arrêtent net ta disposition à considérer les possibilités. Les Au-delàs sont ce qui se passe quand tu es en état de choc. Nous avons beaucoup de domaines dans notre vie où nous nous figeons. Chaque fois que tu te figes, c'est un au-delà qui te tient en captivité. C'est la difficulté avec un au-delà : il t'empêche d'être présent. Les au-delàs incluent tout ce qui dépasse l'entendement, la réalité, l'imagination, la conception, la perception, la rationalisation, le pardon et tous les autres au-delàs. Ce sont généralement des sentiments et sensations, rarement des émotions et jamais des pensées.

Glossaire

LAISSER-ÊTRE

Tu peux t'aligner et être d'accord avec un point de vue ou réagir et résister à un point de vue.

C'est la polarité de cette réalité. Ou tu peux être dans le laisser-être. Si tu es dans le laisser-être, tu es le rocher au milieu du ruisseau. Les pensées, croyances, attitudes et considérations viennent vers toi et te contournent, parce que pour toi, elles ne sont qu'un point de vue intéressant. Si, d'un autre côté, tu vas dans l'alignement et l'accord ou la résistance et la réaction à ce point de vue, tu sombres dans le courant de folie et tu te fais entraîner. Ce n'est pas le courant dans lequel tu veux t'embarquer. Tu veux être dans le laisser-être. Le laisser-être total est : Tout est simplement un point de vue intéressant.

BARS®

Les Bars® (barres) sont un processus Access, qui implique un toucher léger sur la tête de différents points, qui correspondent à différents aspects de notre vie. Il y a des points pour la joie, la tristesse, le corps et la sexualité, la conscience, la gentillesse, la gratitude, la paix et le calme. Il y a même une Bar pour l'argent. Ces points sont appelés Bars parce qu'ils vont d'un coté à l'autre de la tête.

ÊTRE

Dans ce livre, le mot « être » est parfois utilisé plutôt que « es » pour s'adresser à toi, l'être infini que tu es véritablement, en contraste à un point de vue restreint à propos de qui tu penses que tu es.

L'ÊTRE ET L'ÉTAT D'ÊTRE

L'Être c'est toi, l'être infini que tu es.
L'état d'être est quelque chose que tu fais pour prouver que tu es.

SYNTHÈSE ÉNERGÉTIQUE D'ÊTRE (ENERGETIC SYNTHESIS OF BEING : ESB)

L'ESB est une classe enseignée par le Dr Dain Heer. C'est au sujet de comment toi, en tant qu'être, tu rassembles les choses pour tout changer autour de toi.

SYNTHÈSE ÉNERGÉTIQUE DE COMMUNION (ENERGETIC SYNTHESIS OF COMMUNION : ESC)

C'est un processus que fait Dain. Fondamentalement, la synthèse énergétique de communion te met en connexion avec toutes les structures moléculaires de l'univers d'une manière différente. Tu peux avoir plus d'informations à ce propos sur le site web de Dain (www.drdainheer.com). Il offre des « avant-goûts » gratuits pour que tu en aies une expérience.

ACCRO AU MENTAL, ACCRO AUX SENTIMENTS, ACCRO AU SEXE

Quand tu es accro au mental, tu penses à ça (peu importe ce qu'est ça) tout le temps. "Et après ? Qu'allons-nous faire après ? Quelle est la prochaine étape ?" Un accro au mental va toujours dans «et après, et après, et après.»

Un accro aux sentiments va toujours dans "Pourquoi ne m'as-tu pas appelé ? Tu ne m'aimes plus ? Qu'est-ce qui t'arrive ? Qu'est-ce qui m'arrive ?"

Les accros au sexe essaient toujours de prouver à quel point ils sont sexuels plutôt que de l'être vraiment. C'est *prouver* sa sexualness - pas *être* sexuel. Les femmes qui s'habillent de façon provocatrice mais qui n'ont pas un gramme d'énergie sexuelle sont des accros au sexe.

Elles ont l'air d'être sexuelles – mais elles sont dans l'image, le paraître, pas dans la réalité.

SCHÉMAS DE RÉTENTION

Ce sont des schémas que nous retenons dans nos corps. Ils peuvent être déverrouillés par un processus corporel d'Access Consciousness.

HUMAINS ET HUMANOÏDES

Il y a deux espèces différentes d'êtres bipèdes sur cette planète. Nous les appelons humains et humanoïdes. Ils se ressemblent, ils marchent de la même façon, ils parlent de la même façon et souvent ils mangent de la même manière, mais la réalité est qu'ils sont différents.

Les humains te disent toujours combien tu as tort, combien ils ont raison et combien tu ne devrais rien changer. Ils disent des choses comme : « Nous ne faisons pas les choses de cette manière-là, alors ne commences même pas. » Ce sont ceux qui demandent : « Pourquoi changes-tu cela ? C'est ok comme c'est. »

Les humanoïdes prennent une autre approche. Ils observent toujours les choses et se demandent : « Comment pouvons-nous changer ça ? Qu'est ce qui améliorerait ceci ? Comment pouvons-nous réinventer cela ? ». Ce sont les gens qui ont créé toutes les grandes œuvres d'art, toute la grande littérature et tous les grands progrès sur la planète.

IMPLANTS

Les implants sont des choses qu'on nous a fait dans une vie antérieure ou une autre, qui ont une action sur le corps et le mental. Un implant crée un type particulier de vibration en nous ; ça devient quelque chose qui nous impacte et nous retient. Nous avons découvert qu'il est possible de les enlever ou les défaire en utilisant un processus d'Access Consciousness.

POINT DE VUE INTÉRESSANT

Point de vue intéressant est un outil d'Access Consciousness. C'est une manière géniale de neutraliser le jugement, en te rappelant que peu importe le jugement, ce n'est qu'un point de vue intéressant que toi ou quelqu'un d'autre a à ce moment précis. Ce n'est ni bien, ni mal, ni bon, ni mauvais.

Chaque fois qu'un jugement apparaît, dis simplement : "Point de vue intéressant." Ça t'aide à prendre du recul par rapport au jugement. Tu ne t'alignes ou ne t'accordes pas avec – et tu ne résiste ou ne réagis pas à ça. Tu le laisse être ce qu'il est, ce qui n'est rien de plus qu'un point de vue intéressant. Quand tu peux faire ça, tu es en laisser-être.

EST-CE QUE ÇA M'APPARTIENT ?

"Est-ce que ça m'appartient ?" Est une question que tu poses pour savoir si les pensées, sentiments et émotions que tu as t'appartiennent véritablement – parce que 98% des pensées, sentiments et émotions que nous avons ne nous appartiennent pas. Nous captons constamment les choses de tous les autres et supposons que c'est à nous, surtout si c'est mauvais. Et nous supposons que toutes les bonnes choses appartiennent à quelqu'un d'autre.

ÉNERGIE TUEUSE

L'énergie tueuse est l'énergie qui serait nécessaire pour que tu tues quelque chose, si tu étais disposé à le faire sans aucun jugement. Il faut de l'énergie pour tuer une vache ou un cerf ou quoi que ce soit ce que tu vas manger. Cette énergie, projetée sur quelqu'un de la façon dont tu la projetterais si tu abattais un animal, est l'énergie qui changera les choses pour les gens.

PLUS LÉGER/ PLUS LOURD

Ce qui est léger est toujours vrai et tu ressens cette légèreté. Ce qui est un mensonge est toujours lourd et tu ressens cette lourdeur.

THE PLACE, (LE LIEU)

Un roman de Gary Douglas qui parle de ce que tu as toujours recherché, et la façon dont et le lieu où cela pourrait être possible.

"POC et PODer"

POC et PODer (utiliser la formule "POC et POD") est une façon raccourcie de dire que tu retournes dans le temps, au point où tu t'es détruit avec quelque chose ou au point de création de quelque chose qui t'emprisonne.

TIRER DE L'ÉNERGIE, TRACTIONS D'ÉNERGIE

La plupart des hommes poussent de l'énergie vers les femmes qu'ils trouvent attirantes. Les femmes reçoivent beaucoup de ça et leur réponse est le plus souvent : "Non merci !" Au lieu de pousser de l'énergie vers quelqu'un qui t'attire, essaies de tirer de l'énergie de lui ou elle. C'est la façon de les attirer. Ils se sentiront soudain attirés par toi. Les flux d'énergie sont la manière de créer des connexions avec les gens. Tu demandes simplement à tirer l'énergie. C'est aussi simple que ça.

METTRE (quelque chose) EN BOUCLE

C'est quelque chose que tu peux faire sur ton ordinateur, qui te permet d'écouter quelque chose en boucle, encore et encore.

RECEVOIR

Dans cette réalité, les gens croient que les seules façons de recevoir sont via le sexe, la copulation ou l'argent. Le recevoir véritable, c'est être capable de recevoir toute l'information disponible. Ça concerne la prise de conscience de tout ce qui est possible. C'est la capacité à percevoir toute la conscience sans point de vue.

SEXE ET NON-SEXE

Chez Access Consciousness, quand nous parlons de Sexe et Non-sexe, nous ne parlons pas de copulation. Nous parlons de recevoir. Nous avons choisi ces mots parce qu'ils font remonter l'énergie de recevoir et de ne pas recevoir mieux que toute autre chose.

Les gens utilisent leurs points de vue au sujet du Sexe et Non-sexe comme une manière de limiter leur recevoir. Sexe et Non-sexe sont des univers qui s'excluent mutuellement

– des univers « soit ceci/ soit cela » - où soit tu te montres (Sexe) à l'exclusion des autres, soit tu te caches (Non-sexe) afin de ne pas être vu. Dans un cas comme dans l'autre, compte tenu de l'attention portée sur toi-même, tu ne te permets pas de recevoir de quiconque ou de quoi que ce soit.

IMPLANTS SHICUUUU

Ce sont des implants qui sont secrets, cachés, invisibles, sous couvert, non vus, non-dits, non reconnus et non révélés.

SIGNES, SCEAUX, EMBLÈMES ET IMPORTANCES

Ce sont les étiquettes que tu portes tout le temps, qui n'ont rien à voir avec qui tu es.

QUELLE STUPIDITÉ CHOISIS-TU ?

Afin d'être inconscients, les êtres infinis doivent se créer comme stupides. Les questions qui contiennent la phrase « Quelle stupidité choisis-tu... ? » ne sont pas conçues pour suggérer que tu es stupide. Elles recherchent plutôt à faire remonter l'énergie des moments où tu as choisi un manque de savoir- une stupidité- afin de te créer comme inconscient.

Qu'est-ce qu'Access Consciousness ?

Et si tu étais disposé à prendre soin de toi ?
Et si tu ouvrais les portes pour être tout ce que tu as décidé qu'il n'était pas possible d'être ?
Que faudrait-il pour que tu te rendes compte à quel point tu es essentiel aux possibilités du monde ?

Access Consciousness est un ensemble simple d'outils, techniques et philosophies qui te permettent de créer des changements dynamiques dans tous les domaines de ta vie.

Access te procure des éléments de base, étape par étape, qui te permettent de devenir totalement conscient et de commencer à fonctionner comme l'être conscient que tu es véritablement. Ces outils peuvent être utilisés pour changer tout ce qui ne marche pas dans ta vie, afin que tu puisses avoir une autre vie et une autre réalité.

Tu peux accéder à ces outils par le biais d'un assortiment de classes, livres, téléclasses et autres produits, ou avec un Facilitateur Certifié d'Access Consciousness ou un Facilitateur Bars d'Access Consciousness.

L'objectif d'Access est de créer un monde de conscience et d'unité. La conscience est la capacité à être présent dans ta vie à tout moment, sans jugement porté ni sur toi-même, ni sur quelqu'un d'autre.

La conscience inclut tout et ne juge rien. C'est la capacité à tout recevoir, à ne rien rejeter et à créer tout ce que tu désires dans la vie, bien plus que ce que tu as actuellement et plus que tu ne peux imaginer.

Pour plus d'information à propos d'Access Consciousness, ou pour trouver un Facilitateur d'Access Consciousness dans ta région, visite :

http://www.accessconsciousness.com/
www.garymdouglas.com

Index Des Titres et En-Têtes De Chapitres

Préface..7

1 Franchir le pas vers quelque chose de différent......................9
Vous Faire Confiance en tant qu'Homme / Faire Confiance
aux Autres Hommes 9
Créer un Partenariat avec les Hommes 12
Se Couper de Son Sens de la Beauté......................................18
"Nous Nous Soutenons les Uns les Autres" 20
La Gentillesse qu'Ont les Hommes 24
Créer une Séparation 28
Énergie Sexuelle et Recevoir 31
Choisir Quelque Chose de Différent 33
Changement contre Différent 36
Que Puis-Je Faire de Différent ? 41
Possibilité, Choix, Question et Contribution 48
As-Tu Été Encouragé à Être un Homme ? 50

**2 Créer le Sexe et les Relations à partir d'une Conscience
de Ce Qui est** 53
Création contre Invention 53
La Manière dont les Choses Paraissent contre La Façon dont
les Choses Sont 55

La Règle de la Bite 57
Si Tu es un Homme, Tu as Tort.. 59
L'Invention de la Contraception 63
Et Si la Réussite N'était Qu'un Choix ? 65
Tu Peux Créer – ou Tu Peux Inventer... 67
Créer Quelque chose Qui Est Différent 69
Vous Rendez-Vous Moins Sexuel ?... 71
Essaies-Tu de Soigner Ceux qui Sont Mourants par Manque
d'Énergie Sexuelle ?... 73
Attraction Sexuelle 77
Concentration sur la Création 79
Partir en Vacances... 80
A quoi ressemblerait la Création du Sexe et des Relations
à partir d'une Réalité Totalement Différente ? 83

3 Tu es le Produit de Qualité 85
Les Démons de la Nécessité 85
Insuffler la Conscience dans le Monde d'un Démon 91
Rends-tu Quelqu'un Vertueux ? 93
Passer un Accord et Tenir ses Engagements.............................. 95
Est-ce Que ça Va Développer Mon Ordre du Jour ?.................. 97
Quand Tu es le Meneur, tu Deviens le Produit de Qualité 99
Le Tort autour du Désir du Sexe..103
Présence Totale dans le Sexe et la Copulation..........................104
Entraînement Culturel 105
Être l'Énergie Sexuelle que Tu Es 108
Qu'Est-ce Que j'Aimerais Créer pour Moi ?.............................110
Orgasme par Contraction / Orgasme par Expansion 112
Intégrité avec Soi 118

4 Deviens le Roi des Possibilités 123
La Saison Éternelle du Mécontentement..................................123

Un Mécontentement Tordu qui Crée une Séparation
entre les Hommes 127
Et S'il N'y Avait Aucune Notion de Besoin dans Ta Vie ? 129
Être Sans Défense 133
Va-t-Elle Faire de Moi un Produit de Qualité ? 134
Éviter la Joie du Sexe et de la Copulation 135
L'Allumeur que Tu Es 137
L'Excitation Ultime 142
Le Sexe est une Force de Vie 148
Te Considérer comme Précieux 150
Qu'est-Ce Qu'il Faudrait pour que Cette Relation Fonctionne ? 151
La Subtilité de Conscience que Tu As Vraiment 152
L'Érection que tu Pourrais Choisir 154
Franchis le Pas vers le Rôle du Roi 160
Et Si Tu Étais Prêt à être le Roi des Possibilités ? 162

5 Le Sexe, la Copulation et les Relations Phénoménaux que Tu Pourrais Choisir 167

Créer des Incidents Accentués par les Démons 167
Ça n'est pas "Juste Arrivé" 172
" Je Veux qu'Il Renonce à Sa Vie pour Moi " 176
Romantisme 179
" Il Semble que J'Attire les Femmes Mariées " 180
Est-ce Que Tu Renonces à Toi-Même ? 184
Inculcation des Réalités 187
Sois Honnête par rapport à Où Tu en Es dans Ta Vie 191
Comment Puis-je utiliser à Mon Avantage le fait d'Être un
Mec Débauché ? 193
Utiliser ton Énergie Sexuelle 196
Que Crées-Tu avec Ton Énergie Sexuelle ? 200
Le Sexe Fantastique 202
Ne Rends Pas les Jugements des Autres Vrais 204

6 Qu'est-ce que Tu Désires Vraiment ? 209
Et Si Tout le Monde Était Disposé à Être une Salope ? 209
Que Veux-Tu Avoir dans Ta Vie ? 210
Choisir la Conscience 213
Tu Dois Le Désirer 215
Est-ce que Tu te Donnes Tort pour la Vérité que Tu Es ? 216
Une Relation Idéale avec une Femme 218
Passer du Temps Ensemble 219
Quelle est la Chose la Plus Importante pour Moi ? 223
Fais une Liste : " Ce que je Voudrais chez un Partenaire ? " 224
Tu as Aussi Besoin d'une Liste de "Je ne Veux Pas Avoir" 225
Quelle Stupidité Utilises-tu pour Créer les Femmes que Tu Choisis ? 226
Ne Pas Avoir Besoin d'une Femme 228
"J'ai Arrêté de Créer" 230
Renoncer à Ta Voix 231

7 Être Bon au Lit 235
Crée une Réaction Galvanique dans Son Corps 235
Aller Lentement 236
Apprendre à Connaître les Parties du Corps des Femmes 236
Quel Genre de Toucher Aimerait-Elle ? 237
Libido Réduite 238
Stimuler Son Corps 242
Masturbation 243
Recevoir 246
Créer une Vibration Moléculaire entre Toi et la Femme 248
Parle-Lui 250
Les Gens se Connectent par leurs Corps 251
"Tu Es à Moi" 252
Que Veut Cette Personne ? / Qu'Est-ce Que Je Veux ? 253
Harceler 256

8 Qu'est-ce qu'un Gentleman ? 263
Être un Gentleman...263
Un Gentleman Choisit la Possibilité plutôt que le Jugement 268
Demande-Lui de Franchir le Pas vers une Plus Grande Possibilité..... 269
Tu Dois Créer à partir de Ta Réalité 273
Qu'est-ce Que Tu Veux Créer ? 276
Pourquoi Est-ce que le Désir est Considéré un Tort ? 277
Être Méchant envers les Autres Hommes 282
Essayer de Piquer les Femmes des Autres Hommes 284
Taxes 287
Une Réalité Sexuelle au-delà de Cette Réalité 288
Tout ça Est un Jugement du Recevoir.. 289
Quel Genre de Futur Essaie-t-Elle de Créer ? 294
Cesser d'Être Stoppé.. 298
L'Énergie de Limitation 306

9 Que veux-tu réellement dans une relation ? 311
La Perfection des Femmes...311
Pornographie... 314
Les Sortilèges que Nous Créons...315
"Je ne Peux Pas m'Empêcher de Penser à Elle" 318
"Je L'Ai Demandé"..321
As-Tu Assez d'Argent pour Elle ? 323
Le Sexe Amoureux que Tu Aimerais Avoir 325
Pourquoi les Femmes Veulent S'Enfuir 328
"Je Ne Devrais Pas La Quitter" 330
Renoncer à Toi-Même 334
Qu'est-ce Qui T'Exciterait dans Ta Vie ? 336
Tu Dois Faire un " Accord et Tenir ses Engagements " 337
Engagement...339
Que Puis-Je Être ou Faire de Différent Qui Changerait Tout Ça ? 344
Essayer d'Ignorer Ton Corps 345

10 La Présence Agressive de la Sexualness..................................349
Présence Agressive.. 349
Choisir pour Toi...351
Être Sexuellement Agressif...353
Fonctionner à partir de la présence..354
La Femme Qui N'a Pas Besoin de Toi......................................355
La Non-Nécessité Agressive 359
La Sexualness Agressive 360
Quand une Femme ne Peut pas Avoir un Orgasme..................361
Est-ce qu'Elle Aime Faire l'Amour *avec* Son Corps –
ou *en* tant que Corps ?..363
"Il y a une Énergie avec Mon Pénis" 364
"Pourquoi Ne Puis-Je Pas Avoir de Multiples Orgasmes, Moi Aussi ?"....366
Te Donner du Plaisir Toi-même.. 368
"Comment ce Serait de Coucher avec Cet Homme ?".............370

11 Choisir l'Engagement 373
Virilité et Masculinité 373
Un Courant d'Énergie 375
Combien de Futurs As-Tu Créés Qui Bloquent Ta Capacité à Créer ?......378
Arriver Là Où Il y a un Vrai Choix.. 380
Engagement en tant que Décision/ Engagement en tant que Choix...381
L'Engagement comme un Choix en Dix Secondes...................382
Créer une Relation avec l'Enfant de Ta Partenaire...................385
Qu'Est-ce qu'un Père pour Toi ? 386
Ne Crée Pas un Conflit ou une Séparation chez Tes Gosses 389
Quand Essaies-Tu de L'Amener à Te Préférer à Sa Mère ? 392
"J'ai Essayé d'Être le Papa Cool"...394
Apprends à Être Manipulateur..397

12 Décrypter les sous-entendus des femmes 401
Entraînement Culturel 402

"J'Attire Souvent des Homos" 402
Où As-Tu Besoin de Mettre Ton Énergie ? 404
Une Relation Avec un Gosse en Prime 405
Une Vie Non Définie 407
Gérer la Colère d'une Femme 408
Présence Agressive dans les Relations 410
Comment Aborder une Femme 410
"Le Mot *Engagement* Me Bloque Toujours" 411
Tu Peux Être Toi Sans une Femme 413
Tu Vas Toujours Aller vers la Relation Parce que C'est ce
Que Veut la Femme 415
La Femme N'Est Pas la Source de Ta Réalité Sexuelle 417
Combien de Jobs T'a-t-On Donnés ? 418
Le Job de Te Juger Toi-même 421
Quel Est le Sous-entendu Ici Que Je Ne Reconnais Pas ? 422
Quelle Partie de "Les femmes Ont un Sous-entendu" Ne Piges Tu Pas ? 425
"Nous Avons une Relation Maintenant" 427

La Formule de Déblayage d'Access Consciousness 429

Glossaire 433

Qu'est-ce qu'Access Consciousness ? 441

Index Des Titres et En-Têtes De Chapitres 443

www.ingramcontent.com/pod-product-compliance
Lightning Source LLC
Chambersburg PA
CBHW050425240426
43661CB00055B/2281